R Commander를 이용한

행정통계분석

정건섭 · 김성우

도서출판 대영문화사

머리말

오늘날 정보통신의 발달과 사회가 고도로 전문화·분업화되면서 행정을 둘러싼 사회 현상도 복잡화되고 있다. 행정의 효율성을 높이고 합리적인 사회문제 해결을 위한 행정의 역할 역시 고도의 전문성을 필요로 하고 있다. 이런 측면에서 행정통계론은 과학적 방법으로 행정 현상에 대한 이해와 실증분석을 통한 예측 능력을 높이는 지식을 제공할 것이다. 통계학적 지식의 중요성이 증대되면서 많은 대학에서 행정통계론 강의를 개설하고 있지만, 이를 이해하고 사회 현상에 접목하기란 좀처럼 쉬운 일이 아니다. 따라서 이 책은 통계학 비전공자를 대상으로 복잡한 이론보다 기초적인 통계학적 지식을 통해 사회 현상을 관찰, 분석, 기술하고, 이를 기초로 추론해 나가는 데 초점을 두었다. 즉, 행정통계론의 실용적 측면에서 집필했다.

통계학 교재들은 수없이 많이 나와 있다. 그리고 행정통계학의 경우에도 시중에 많은 좋은 서적이 나와 있음은 주지의 사실이다. 그럼에도 불구하고 R과 R Commander(Rcmdr)를 이용한 행정통계론 관련 서적은 우리가 알기로는 이 책이 처음인 것으로 알고 있다. 이와같이 R과 Rcmdr를 이용한 처음의 시도가 학생들과 독자들에게 어떻게 다가갈지 솔직히 걱정 반 기대 반으로 상당히 걱정되는 마음이 앞선다. 이러한 인식에 따라 우리가 이 책을 집필하는 데는 나름대로 몇 가지 중요한 이유가 있었다.

개인 PC의 발달과 함께 복잡한 통계학적 수리 연산을 대신할 수 있는 다양한 형태의 통계 프로그램이 개발 및 상용화되고 있다. 대중적으로 알려진 SPSS, SAS부터 STATA, Minitab 등 종류가 다양하다. 하지만 개인 사용자가 이들 프로그램을 구입하여 활용하기에는 경제적 부담이 크다. 이러한 이유로 Excel 등에서 제공하는 통계 분석 툴을 활용하기도 한다. 최근 이러한 경제적 부담을 완화시켜줄 수 있는 오픈 소스 형태의 프로그램이 개발되어 제공되고 있는데, 가장 대표적인 것이 R이라는 프로그램이다. R은 언제든지 http://www.r-project.org 사이트에서 무료로 다운받아 학교나 직장에서 개인이 자유롭게 사용할 수 있다.

또한 R 프로그램은 확장성이 다양하다는 장점이 있다. 전문화된 패키지(package)를 통해 기능을 확장시킬 수 있다. 최근 R 관련 패키지들이 질적 · 양적 측면 모두 급속도로 확산되고 있다는 것이다. 2002년 100여 개 정도에 불과하던 패키지가 2013년에는 R 프로그램 안에 4,000개 이상이 구성되어 있다. 이러한 확장성으로 인해 시중에 나와 있는 대부분의 고가의 소프트웨어 통계분석 작업이 R에서 가능할 뿐만 아니라, 특화된 패키지를 통해 더욱더 심도 있는 분석 작업이 가능하다. 그러나 R을 사용하기에는 약간의 인내가 필요하다. R 프로그램은 명령어(commander) 방식의 프로그램이다. 이런 이유로 윈도우 환경에 익숙한 학생들의 경우 처음부터 "R 프로그램은 어려운 프로그램이다"라는 선입관으로 쉽게 포기하게 된다.

이러한 초기의 어려운 점을 감안하여 윈도우 환경에 익숙한 독자를 위해 이 교재는 Rcmdr라는 윈도우 환경의 R 프로그램을 통한 행정통계 분석기법을 소개했다. Rcmdr는 SPSS와 같이 메뉴 방식의 통계분석이 가능하다는 장점이 있다. 따라서 통계학을 처음 만나는 독자의 경우 좀 더 쉽게 접근할 수 있을 것이다. 또한 30여 개 이상의 윈도우용 Rcmdr plug-in 프로그램이 사용 가능하게 구성되어 있다. 해당 plug-in을 선택하여 특화된 고급 통계분석이 가능하다. 나아가 R에서 사용되는 명령어를 통해 분석할 수 있다는 측면에서 활용성은 매우 높다. 좀 더 심도 있는 작업을 위한 독자라면 명령어 방식으로 전환이 필요하다.

이 책은 행정통계학 관련 분야의 이론들에 대해 심도 있게 설명하기보다는 실제의 자료 또는 가상 자료를 통해 다양한 통계적 분석 방법을 적용하여 결과를 얻고 해석하는 실무자(practitioner) 관점에서 집필되었다. 아무튼 Rcmdr을 이용하여 나름대로 최대한 쉽게 설명하려고 노력했다. 수리통계학적으로 엄격한 가정과 조건을 쉽게 설명하는 과정에서 다소 독자가 이해하기 어려운 부분이나, 잘못된 형태의 표현, 오류들이 발생할 수 있다. 앞으로 이들 오류에 대해서는 꾸준히 보완 수정해 나갈 것을 약속드린다.

이 책이 출판되기까지 물심 양면으로 도움을 준 대영문화사 임춘환 사장님과 임직원 여러분께 깊은 감사의 말씀을 전한다. 그리고 취업 준비에 바쁜 와중에도 고생한 부경대학교 행정학과 황현수 군과 남홍비 양에게도 심심한 감사의 말을 전한다.

끝으로 이 책에서 사용된 자료들은 대영문화사 홈페이지(http://www.dymbook.co.kr)에서 다운받아 볼 수 있음을 밝혀둔다.

2014년 1월

저자 정건섭 · 김성우

차 례

머리말 / 5

제 1 장 통계학과 통계분석 도구 ······ 13

제 1 절 통계와 통계학 ······ 13

1. 자료의 수집과 정리 / 13
2. 통계와 통계학 / 14

제 2 절 행정통계와 통계분석 도구 ······ 15

1. 통계학의 기원과 발전 / 15
2. 행정통계학의 필요성 / 17
3. 통계분석 도구의 활용 / 18

제 3 절 R Commander의 설치 및 기초 ······ 20

1. R Commander 설치하기 / 20
2. R Commander 둘러보기 / 26
3. 데이터 불러오기 / 30
4. 자료의 변경 및 관리하기 / 32

제 2 장 자료의 수집과 정리 ······ 37

제 1 절 자료의 수집과 정리 ······ 37

1. 자료의 수집 방법 / 37

2. 모집단과 표본 / 38
3. 변수의 유형 / 39

제 2 절 자료의 구분 및 척도 ………… 40
1. 자료의 구분 / 40
2. 자료의 척도 / 40

제 3 절 자료의 정리 ………… 42
1. 표와 그림에 의한 자료의 정리 / 42
2. 수치에 의한 자료의 특성 / 45

제 4 절 R Commander를 이용한 기술통계 분석 연습 ………… 53
1. 도표의 작성(빈도분석) / 53
2. 그래프 그리기 / 54
3. 기술통계 / 58

제 3 장 확률과 확률분포 ………… 60

제 1 절 확률의 기초 ………… 60
1. 확률의 정의 / 61
2. 확률의 공리 및 덧셈 법칙 / 62
3. 조건부 확률과 곱셈 법칙 / 65
4. 결합(동시)확률과 주변(한계)확률 / 67
5. 베이즈 정리 / 68

제 2 절 확률변수와 확률분포 ………… 70
1. 확률변수 / 70
2. 확률분포 / 72
3. 확률분포의 기댓값과 분산 / 73

제 3 절 주요 확률분포 ………… 75
1. 이항분포 / 75
2. 포아송분포 / 78
3. 정규분포 / 79
4. 표준정규분포 / 80

제 4 절 R Commander를 이용한 연습 ………… 82

1. R Commander를 이용한 이항확률 계산 / 82
2 R Commander를 이용한 포아송분포 / 84
3. R Commander를 이용한 정규분포 / 85

제 4 장 표본추출과 표본분포 ······ 88

제 1 절 표본추출 ······ 89
1. 표본과 모집단 / 89
2. 표본추출 방법 / 90
3. 표본오차 / 93
4. 모집단의 크기와 표본의 크기 / 95

제 2 절 표본분포 ······ 96
1. 표본 통계량과 모수의 관계 / 96
2. 표본 평균의 분포 / 97
3. 표본 비율의 분포 / 100
4. 두 표본 평균 및 두 표본 비율차의 분포 / 101

제 5 장 통계적 추정 ······ 104

제 1 절 점추정과 바람직한 추정량 ······ 105
1. 점추정 / 105
2. 바람직한 추정량의 조건: 불편성, 효율성, 일치성 / 105
3. 바람직한 추정량을 산출하는 방법 / 109

제 2 절 구간추정 ······ 110
1. 모평균의 구간추정 / 111
2. T 분포를 이용한 모평균의 추정 / 113

제 3 절 R Commander를 이용한 실습 ······ 118
1. R Commander를 이용한 T 분포의 확률 계산 / 118
2. R Commander를 이용한 T 분포 모양 그리기 / 120

제 6 장 가설의 설정과 검정 ······ 122

제 1 절 추리통계와 가설검정 ······ 123
1. 추리통계와 가설검정 절차 / 123

2. 가설의 설정 / 124
3. 가설검정 방법의 선정 / 126
4. 가설의 판정 / 126
5. 양측검정과 단측검정 / 130

제 2 절 가설검정의 오류 ······ 133

제 7 장 *T* 검정 ······ 135

제 1 절 *T* 검정의 기초 ······ 135
1. *T* 검정의 활용 / 135
2. *T* 검정에 필요한 조건 / 136

제 2 절 *T* 검정을 통한 가설검정 ······ 137
1. 단일표본 *T* 검정 / 137
2. 독립표본 *T* 검정 / 138
3. 대응표본 *T* 검정 / 139

제 3 절 R Commander를 이용한 가설검정 ······ 140
1. 단일표본 *T* 검정 / 140
2. 두 집단 간의 평균 차이 검정 / 142
3. 대응표본 *T* 검정(짝을 이룬 *T* 검정) / 147

제 8 장 분산분석 ······ 151

제 1 절 분산분석의 개요 ······ 152
1. 분산분석의 활용과 가설의 설정 / 152
2. 분산분석의 가정 / 152
3. 분산분석의 원리 / 153

제 2 절 R Commander를 이용한 일원분산분석 ······ 155

제 9 장 χ^2 검정과 비모수검정 ······ 162

제 1 절 비모수검정 ······ 162

제 2 절 χ^2 검정 ······ 163
1. 적합도 검정 / 165

2. 동질성 검정 / 167
3. 독립성 검정 / 168

제 3 절 기타 비모수적 통계검정 ······ 170
1. 윌콕슨 검정 / 170
2. 크러스칼-왈리스 검정 / 171

제 4 절 R Commander 비모수 통계학의 가설검정 ······ 173
1. χ^2분석에 의한 가설검정 / 173
2. 윌콕슨 검정 / 178
3. 크러스칼-왈리스 검정 / 182

제 10 장 상관분석 ······ 186

제 1 절 상관분석의 기초 ······ 186
1. 공분산과 상관계수 / 186
2. 상관분석의 요건 및 가정 / 188

제 2 절 상관분석의 가설 및 검증 ······ 189
1. 상관분석의 가설 및 검증 / 189
2. 편상관분석 / 190
3. 순위상관 관계 / 191

제 3 절 R Commander를 이용한 상관분석 ······ 192
1. 상관분석 / 192
2. 편상관분석 / 194
3. 순위상관 관계 / 197

제 11 장 단순회귀분석 ······ 200

제 1 절 회귀분석의 기초 ······ 201
1. 통계적 관계와 함수적 관계 / 201
2. 가설의 설정과 회귀모형 / 203

제 2 절 단순회귀분석의 이론적 기초 ······ 206
1. 표본 회귀식의 결정 / 206
2. 회귀식의 전제 조건 / 209

3. 회귀식의 오차항 / 210
4. 회귀식의 적합도 / 212
5. 회귀식의 선형 관계 및 회귀계수에 대한 가설 검증 / 214

제 3 절 R Commander를 이용한 단순회귀분석 ······ 215

제 12 장 다중회귀분석 ······ 219

제 1 절 다중회귀분석 개요 ······ 219

제 2 절 다중회귀분석의 가정 및 이론적 기초 ······ 220
1. 다중공선성의 문제와 해결 / 222
2. 수정된 결정계수 / 223
3. 표준회귀계수 / 224
4. 독립변수의 선택 및 방법 / 224

제 3 절 더미변수를 이용한 회귀분석 ······ 225

제 4 절 R Commander를 이용한 다중회귀분석 ······ 227
1. 다중회귀분석 / 227
2. 다중공선성의 진단과 잔차분석 / 229
3. 표준화된 회귀계수 / 232
4. 다중회귀분석의 요약 및 해석 / 233
5. 더미변수를 이용한 회귀분석 / 234

<부록 1> 설문 및 코딩 자료 ······ 243
<부록 2> 각종 통계표 ······ 247

참고 문헌 / 256
찾아보기 / 258

제 1 장 통계학과 통계분석 도구

제 1 절 통계와 통계학

1 자료의 수집과 정리

우리는 매일 다양한 형태의 매체를 통해 수많은 숫자 또는 통계 수치를 만나게 된다. 예를 들어 "코스피지수가 2,000포인트를 넘었다" 또는 "내년 정부 예산은 357조 7,000억 원으로 올해와 비교해 4.6%가 증가했다.", "500명을 조사한 결과 음주와 흡연을 동시에 하면 구강암 발생률이 15배 높아진다." 등과 같은 다양한 정보를 접하게 된다. 이러한 통계 수치는 개별적인 자료로부터 생성된다. 코스피지수는 증권거래소에 상장된 개별 기업의 주식가격을 가중평균한 값으로 계산된다. 정부 예산은 1년간 정부를 운영하는 데 필요한 경비로 모든 세부 항목에 대한 경비의 합으로 계산된다. 구강암 관련 자료 역시 500명의 관찰 자료를 기초하여 나타낸 통계 결과이다. 이처럼 통계 수치는 관찰을 통해 수집된 자료 및 정보를 가공하여 나타냄으로써, 전체 자료의 특성을 더욱 쉽게 이해할 수 있도록 해준다. 이러한 측면에서 통계의 가장 기본적인 기능은 방대한 자료의 특징을 한눈에 이해할 수 있도록 요약·정리해주는 일이다(이준형, 2000: 24).

자료의 통계적 요약과 정리는 특정한 사건이나 현상에 대한 이해와 더불어 의사결정 과정에서 정보를 제공해준다. 정부는 내년도 경제성장률에 기초하여 세수를 결정하고, 지출 내용인 예산안을 결정하게 된다. 정부뿐만 아니라 기업도 통계에 기초해 경영전략을 수립한다. 소비자의 욕구 수준을 파악하여 상품을 개발하고, 최적의 생산 요소 결합과 함께 마케팅 전략을 세우게 된다. 이러한 과정에서 개인의 소득 및 소비자 행동 등 다양한 형태의 통계 자료가 활용된다. 다양한 통계분석 기법이 동원되는 조직적 차원에서뿐만 아니라, 개인도 통계 수치를 통해 정보를 얻고 이를 기초로 의사 결정을 내리게 된다. 기상청이 발표하는 비가 올 확률을 보고 우산을 준비하기도 한다. 흡연자는 폐암 발생 확률을 접하고 금연을 결심하기도 한다. 이처럼 우리는 많은 통계 자료를 통해 정보를 얻고, 의사결정을 내리고 있다.

2 통계와 통계학

통상적으로 통계라고 하면 수치화된 통계 수치 또는 통계 자료를 의미한다. 즉, 통계는 조사를 통해 수집된 자료들을 수치로 종합해놓은 것을 말한다. 정부예산액, 인구증가율, 재정자립도, 주택보급률, 물가지수 등은 대표적인 정부 통계의 예들이다. 이러한 각종 통계는 정치·경제·사회 현상을 분석하고자 할 때, 통계분석 방법의 기초 자료로 이용될 수 있다.

반면 통계학이란 연구 목적에 필요한 자료 및 정보를 최적의 방법으로 수집하고, 수집한 자료를 과학적이고 논리적인 이론에 의해 정리하는 학문이다(통계용어사전, 1987). 따라서 통계는 통계분석의 원자료(raw data)가 되고, 통계학은 통계를 이용하는 분석도구를 가리킨다(김호정, 2013: 4). 이런 측면에서 사회 및 자연 현상에서 자료 수집과 분석에 기초하여 의사 결정을 내리는 데 필요한 방법론을 다루는 학문이 통계학인 것이다.

우리는 수많은 정보의 홍수 속에서 살고 있지만 실제로 우리가 대하는 정보는 정보라고 하기보다는 자료인 경우가 더 많다. 이러한 자료를 정리하고 분석 및 가공하여 비로소 가치있는 정보를 생산할 수 있다. 이렇게 자료를 가치있는 정보로 만드는 기술 중에서 가장 과학적인 방법이 통계학이다. 즉, 불확실한 상황에서 합리적인 의사 결정을 할 수 있도록 돕는 도구가 통계학인 것이다(박주문, 2010: 11).

학문으로서 통계학은 추정을 위한 통계 방법을 개발하는 학문 분야의 수리통계학과 행정학, 경제학, 정치학 등과 같은 특정 분야에 수리통계 방법을 적용하는 응용통계학으로 구분된다. 또한 통계학을 다루는 분야에 따라 기술통계학(descriptive statistics)과 추리통계학(inferential statistics)[1]으로 분류된다. 기술통계학은 어떠한 통계집단에 대해 그 구조나 특성을 파악하기 위해 평균, 중위수, 표준편차 등의 기술적인 측정치로 나타내어 그 통계집단에 관한 사실이나 현상에 대해 요약된 정보를 제공한다. 이처럼 자료의 정리와 요약을 주목적으로 하는 통계학 분야를 기술통계학이라 한다. 반면 추리통계학은 정리된 자료로부터 자료가 나온 대상, 즉 모집단의 아직 알려지지 않은 사실에 대해 추측, 추정, 또는 추론을 주요 목적으로 한다.

따라서 기술통계학은 자료의 정리 및 요약을 통해 "사물의 상태가 어떠한가?(how things are?)"에 주안점을 둔다면, 추리통계학은 주어진 자료를 바탕으로 모수의 추정, 가설검정 등을 통해 "모집단에 대한 일반적 특성은 무엇인가?"가 주요 관심 영역으로 볼 수 있다(Hays, 1981: 1). 즉, 추리통계학은 일종의 귀납법(induction) 방식으로 모집단으로부터 추출된 표본에 근거하여 그 모집단에 대한 일반화(generalization)를 도모하거나, 또는 반복된 표본 추출에 기초하여 일반 법칙을 형성하는 것으로 볼 수 있다(Blalock, 1981: 2).

제2절 행정통계와 통계분석 도구

1 통계학의 기원과 발전

로마 황제 튤리스(Tullis)는 세금 징수를 위해 5년마다 로마 인구 조사를 실시했으며, 카이사르(Caesar)는 이를 로마 제국 전역으로 확대하여 세금을 징수했다. 총조사를 의미하는 센서스(census)의 어원은 'censors'(라틴어)로 세금을 의미하며, statistics

1) 추리통계학은 아일랜드 맥주회사 양조 화학 기사였던 고셋(W. S. Gosset, 1876-1937)의 student's t distribution을 기원으로 한다고 볼 수 있다. 그 후 케임브리지대학교 수학과 출신인 피셔(R. A. Fisher, 1890-1962)가 농사 시험자의 통계 기사로 근무하면서 포장시험의 설계 방법과 포장시험을 통해 얻은 자료에 대한 새로운 통계적 해석 방법을 창출하여 실험계획법의 기초를 만들었으며, 이 실험계획법의 분석 방법은 오늘날 분산분석법(analysis of variance)이 효시라고 할 수 있다(이준형, 2000: 25).

(통계학)의 라틴어 어원은 'status'로 국가를 의미한다. 이처럼 초기 통계학은 국가를 유지하기 위한 수단으로 활용되었다.

이와같이 인구 통계만을 조사하다가 17세기부터 영국에서 출생률과 사망률을 조사하기 시작했다. 크림전쟁(1853~1856) 중 간호사였던 나이팅게일(Florence Nightingale)은 사망자 수와 사망 원인 그래프로 표현한 [그림 1-1]과 같이 Polar Diagram[2]을 작성했다.

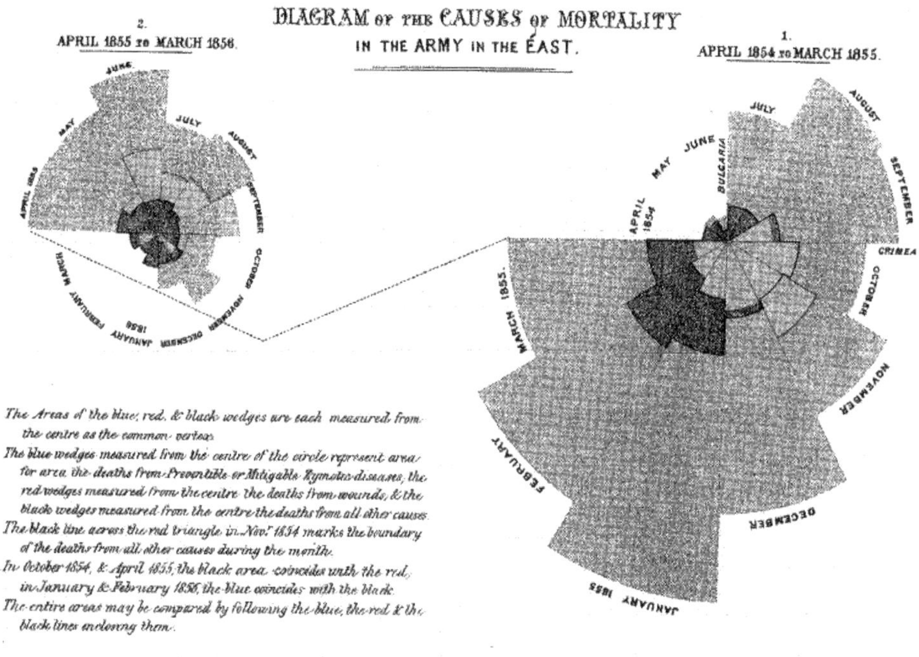

그림 1-1 나이팅게일의 Polar Diagram

*자료: 권세혁(2010: 3)에서 재인용.

사회조사는 19세기 후반부터 사회과학자들에 의해 사용되기 시작했다. 마르크스(Karl Marx)는 1880년에 2만 5천 명의 프랑스 노동자를 대상으로 그들의 정치적 태도와 성향에 대한 우편 조사를 시행했고, 베버(Max Weber)는 직접 관찰과 조사연구

---

2) Cohen(1984). Florence Nightingale. *Scientific American*, 250(3): 128-137.

를 통해 노동자들의 심리, 태도, 직업관 등을 연구했다. 20세기에 들어오면서 미국의 사회학자들에 의해 사회조사방법론 연구가 활발하게 진행되었다. 한편, 미국 통계국(Bureau of Census)은 표본추출 방법과 자료 수집 방법의 발전에 기여했고, 갤럽(Gallup)과 같은 사회여론 조사기관 역시 다양한 형태의 사회조사방법론을 발전시켰다(권세혁, 2010: 4-5).

2 행정통계학의 필요성

사회과학에서 이용되는 통계는 일종의 응용통계학으로서 통계분석 기법들을 현실 문제에 적용하며 바람직한 해결책을 모색하려는 학문이라고 할 수 있다. 따라서 사회과학의 통계학이란 사회 현상을 객관적이고 과학적으로 기술하고 설명하며 예측함으로써 의사결정과 정책 결정에 도움을 주기 위한 학문이라고 할 수 있다. 구체적으로 표현하면 정치 · 행정 · 사회의 현상에 관한 자료를 수집하고 정리하여 간단명료하게 표현하며, 계량적으로 분석하는 절차와 방법의 체계를 의미한다(김호정, 2005: 26-27).

행정통계학은 수리통계학에서 개발한 통계 방법을 행정의 각 분야나 정책학에 적용하는 응용통계학이다. 따라서 행정통계학은 행정학이나 정책학 분야에서 다루는 여러 현상에 대해 기술통계학이나 추리통계학적 방법을 도입하여 그 현상들의 일반성이나 법칙성을 파악하여, 그 현상을 기술 · 정리하여 표현하고, 나아가 현상의 변화를 확률론을 기초로 하여 추론하는 학문이다(박주문, 2010: 13-14).

통계는 개인 또는 집단에서 생산되는데 그 중에서 가장 방대하고 활용빈도가 높을 뿐만 아니라, 국민의 생활과 관련된 통계는 통계의 기원에서 알 수 있듯이 정부 부문의 통계이다. 정부 통계의 생산 및 이용은 그 목적과 목표가 다양하게 표출되어 나타난다. 효율적인 행정 업무 수행 또는 원활한 정책 목표 달성을 위해서나 행정 관련 제반 업무의 실태 파악을 위해 각종 통계가 생산 및 이용되고 있다.

아울러 행정 및 정책 연구에서 통계학적 지식에 대한 필요성과 적용 범위는 크게 넓어지고 있다. 최근 주택, 교통, 환경문제 등 도시행정 서비스 전반에 걸친 행정 욕구가 증대되고 있을 뿐만 아니라, 정책 결정 과정에 과학적이고 합리적인 분석에 대한 요구가 증가하고 있다. 한편, 행정조직 내부에서도 목표 달성도 및 조직효과성을 높이기 위한 경험적이고 과학적인 연구에도 통계분석 방법이 광범위하게 활용되고 있다.

이러한 맥락에서 행정통계론은 행정 및 정책 결정 과정에 중요한 도구로 활용된다. 과학적이고 계량적인 접근 방법은 행정을 둘러싼 현상에 대해 객관적으로 이해할 수 있도록 정보를 제공할 뿐만 아니라, 정책대안들에 대한 결과 예측에 필요한 지식을 제공함으로써 정책실패를 줄여줄 것이다. 한편, 미래의 행정 수요 및 잠재인 사회적 위험 요소를 사전에 예측함으로써 행정의 선제적 대응성을 높여 사회적 비용을 최소화할 것이다. 따라서 행정통계론에 대한 체계적인 이해와 활용은 현대의 행정 현상에 대한 이해를 넘어, 과학적이고 합리적인 정책대안의 발굴과 더불어 국가 발전을 위한 핵심적인 요소가 된다.

3 통계분석 도구의 활용

행정통계학은 행정 현상과 관련된 자료를 정리함으로써 사회 현상에 대해 파악을 쉽게 하고, 나아가 정책 결정을 위한 도구로써 활용하게 된다. 사회 현상을 설명하고 분석할 때 방대한 자료를 분석하게 될 뿐만 아니라, 다양한 형태의 통계학적 분석기법을 동원해 미래를 예측함으로써 더욱 합리적인 정책대안을 발굴하게 된다. 통계학적 분석기법은 일반적으로 표본을 통해 모집단의 특성 및 변수 간의 관계 분석에 활용되는데, 이러한 과정에서 수리적 모형과 복잡한 연산 작업이 요구된다. 이러한 연산 작업은 전문화된 통계분석 프로그램을 통해 이루어진다. 최근 PC의 발전으로 인해 개인용 컴퓨터에서도 이들 통계분석 프로그램을 이용해 대용량의 자료를 분석하고 복잡한 수리적 계산이 용이하게 되었다.

통계분석을 위한 프로그램들은 다양하게 개발되어 있다. 대표적으로 SPSS(statistical package for the social science), SAS(statistical analysis system), MINITAB, STATA 등이 기초 통계 및 고급 통계분석을 위해 사용되고 있다. 기타 AMOS, Eview, LISREL 등은 특정 모형을 분석하기 위해 고안된 통계 프로그램들이다. 이들 대부분의 프로그램은 다양한 분석기법이 포함되어 있고, 사용자의 편의에 맞게 설계되어 있다. 하지만 비용 측면에서 고가라는 단점으로 일반적인 사용자의 접근이 쉽지 않은 상황이다.

이들 고가의 통계 프로그램과 대조적으로 "R"이라는 프로그램은 무료로 배포되고 있다. R은 통계 계산과 그래프 작성을 위한 언어와 환경으로 뉴질랜드 오클랜드(Auckland)대학교의 이하카(Ross Ihaka)와 젠틀맨(Robert Gentleman)이 1995년 개발[3]하고, R-Core팀이 1997년 결성된 후 2002년 R재단(R Foundation)이 설립되어 전 세계에 무료로 배포되고 있다. R은 Unix와 유사한 OS로 다양한 인터페이스와 DBMS 데이터를 수용하며, 그래픽 기능이 강한 S언어 환경에서 개발되었다. 따라서 S코드 대부분은 수정 없이 R에서 실행이 가능하다.

R의 장점은 작고 효과적이며 대화식 프로그램 수행이 가능하다는 것이다. 대용량 데이터 관리 및 처리, 행렬 연산이 가능하며 Freeware and Open Source 개념을 지향하여 GPL(General Public License) 개념으로 CRAN(Comprehensive R Archive Network)에서 배포한다. 그러므로 R은 전 세계 연구자에 의해 개발된 알고리즘과 함수 활용을 가능하게 한다. 다양한 확장성 및 범용성을 가지고 있어 UNIX, Mac, Windows 운영 체계 등의 사용이 가능하며 Java, C, Fortran 프로그래밍 언어에 인터페이스가 제공되고 있다.

프로그램의 편리성과 확장성 등을 따져봤을 때 고가의 유사 프로그램과 비교해도 전혀 손색이 없을 뿐만 아니라, 'base'에 포함되지 않는 함수가 포함된 다양한 패키지를 설치해 사용할 수 있다. 하지만 SPSS 등과는 달리 명령어에 의해 구동되는 R을 이용해 통계분석을 실행하기 위해서는 분석에 사용되는 명령어를 익혀야 한다. 이런 측면에서 통계분석 입문자의 경우 복잡한 통계학적 지식의 학습과 동시에 각종 명령문까지 습득해야 되므로 고역이 아닐 수 없었다. 그러나 최근 R 재단의 정회원이자 사회학자인 폭스(John Fox) 교수에 의해 R Commander라는 R 패키지가 개발 배포됨으로써 이러한 단점이 해결되었다. R Commander는 SPSS와 비슷하게 메뉴 방식으로 통계분석을 실시할 수 있을 뿐만 아니라 R에서 사용하는 명령문으로도 분석이 가능하다는 장점이 있다. 하지만 MS 윈도우즈 운영 체계에서는 해당 패키지가 안정화되지 않아 오류가 발생하는 경우가 있다.[4]

---

3) R은 두 사람의 이름 첫 글자를 따서 이름이 지어졌다.

4) 오류 부분에 대해서는 명령어를 통해 분석이 가능하다. 따라서 오류가 발생하는 부분에 대해 몇 가지 명령어들을 익혀두면 쉽게 문제 해결이 가능하다. 한편 고급 통계분석을 위해 R Commander에 추가로 패키지를 설치함으로써 기능을 확장할 수 있다.

제3절 R Commander의 설치 및 기초

1 R Commander 설치하기

1) R 다운로드 및 설치하기

R Commander는 R 플랫폼에 기초한 다양한 패키지 중의 하나로 R이 설치되어 있어야 한다. R 프로그램은 http://www.r-project.org에서 다운이 가능하다. R 설치를 위해 [그림 1-2]에서와 같이 R 홈페이지(http://www.r-project.org) 메뉴의 'CRAN'을 클릭하면 'CRAN Mirrors' 페이지가 활성화된다.

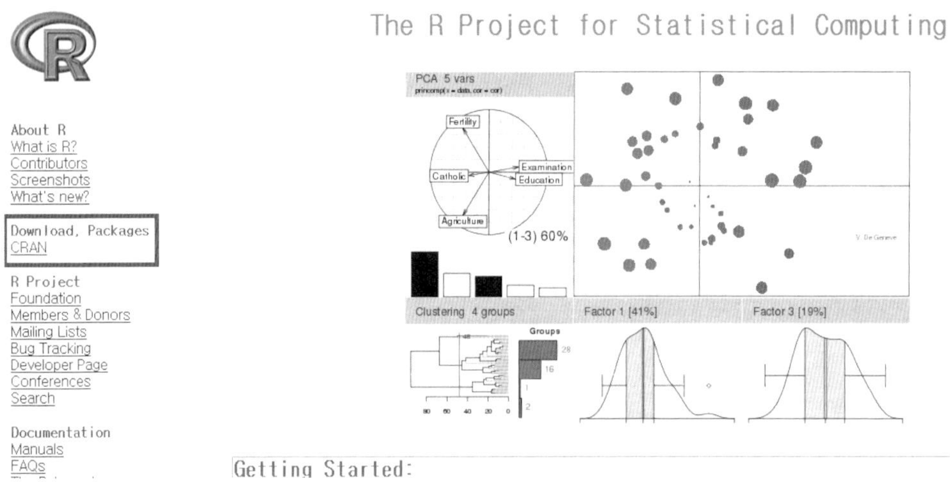

그림 1-2 R 홈페이지 메인 화면

'CRAN Mirrors 창에서 'Korea'는 2개의 URL(http://cran.nexr.com과 http://biostat.cau.ac.kr/CRAN)이 제공되고 있는데 어느 곳이든 상관없다. 해당 URL에 접촉하면 [그림 1-4]에서와 같이 리눅스, 맥, MS 윈도우즈와 같은 OS환경에 맞는 다운로드를 선택하게 되어 있다. 사용자의 OS에 맞게 선택하면 된다. 이 교재에서는 'Download R for Windows'를 선택했다. [그림 1-5]와 같이 다운로드할 세부 디렉토리를 선택하는 화면이 나오는데, 여기에서 'base'의 'install R for the first time'을 선택하면,

그림 1-3 CRAN Mirrors

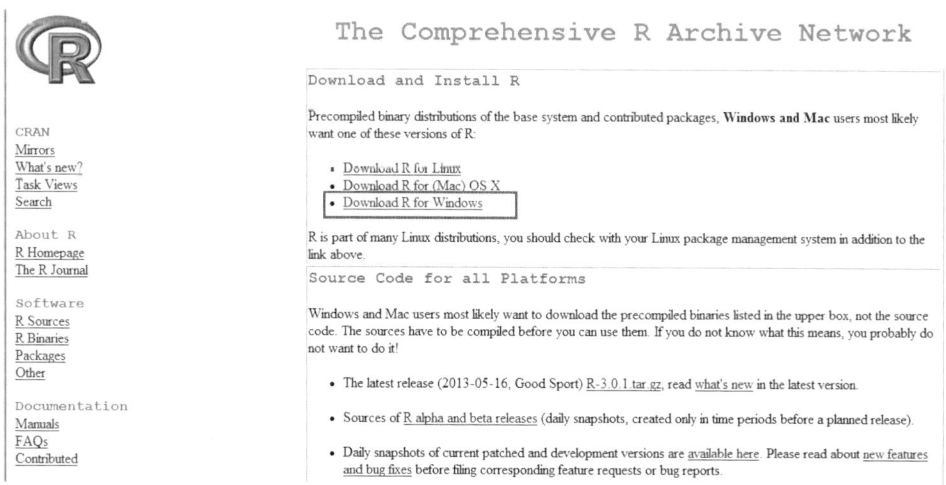

그림 1-4 R 다운로드 OS의 선택

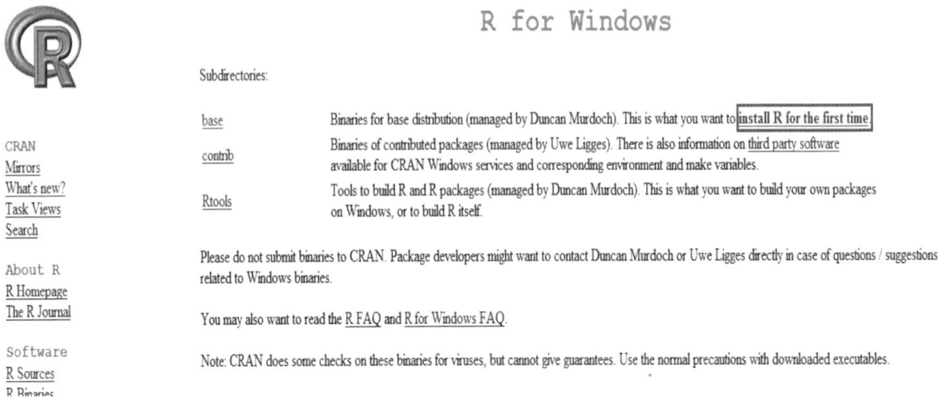

그림 1-5 R 다운로드 선택 창

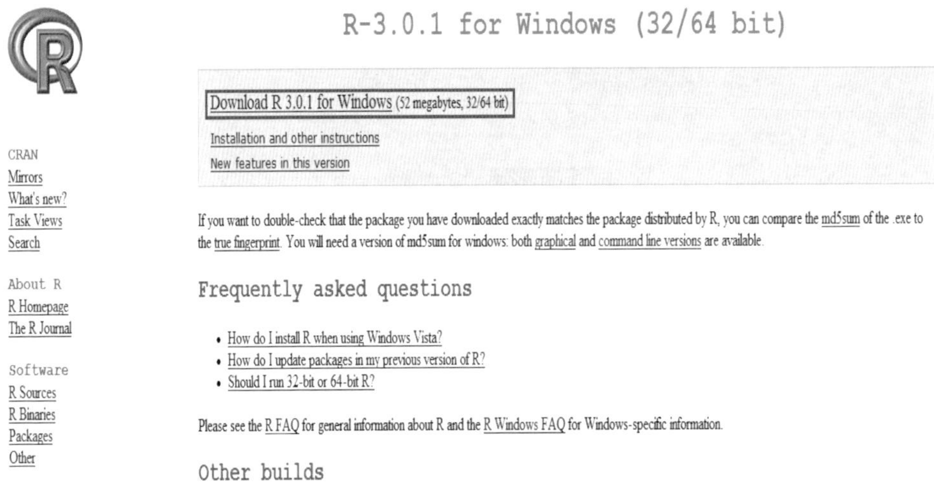

그림 1-6 R 다운로드

2013년 기준으로 R 3.0.x 버전을 다운로드할 수 있는 창이 활성화되면 해당 프로그램을 다운로드받는다.

다운로드받은 프로그램을 클릭하면 설치가 시작되는데, [그림 1-7]과 같이 설치 과정을 진행하면 된다. 대부분 기본 값으로 '다음'을 클릭하여 설치하면 된다.

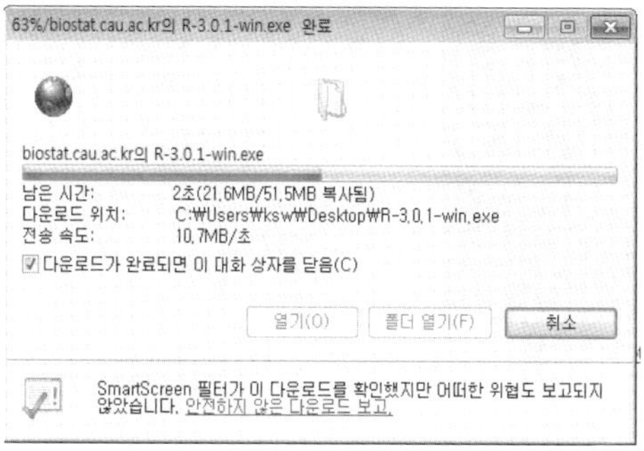
63%/biostat.cau.ac.kr의 R-3.0.1-win.exe 완료
biostat.cau.ac.kr의 R-3.0.1-win.exe
남은 시간: 2초(21.6MB/51.5MB 복사됨)
다운로드 위치: C:₩Users₩ksw₩Desktop₩R-3.0.1-win.exe
전송 속도: 10.7MB/초
다운로드가 완료되면 이 대화 상자를 닫음(C)
열기(O)
폴더 열기(F)
취소
SmartScreen 필터가 이 다운로드를 확인했지만 어떠한 위협도 보고되지 않았습니다. 안전하지 않은 다운로드 보고.

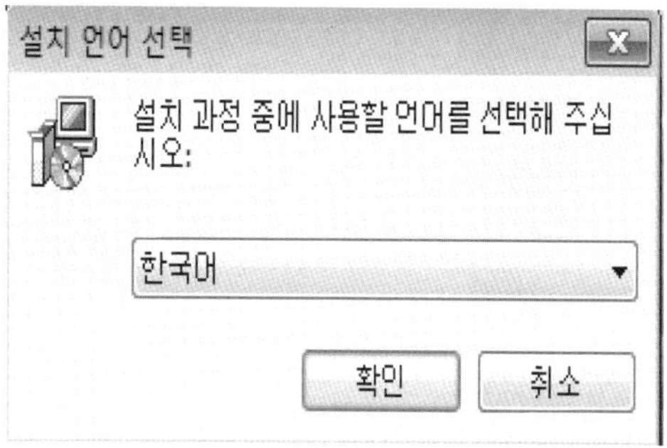
설치 언어 선택
설치 과정 중에 사용할 언어를 선택해 주십시오:
한국어
확인
취소

설치 - R for Windows 3.0.1
R for Windows 3.0.1 의 설치에 오신 것을 환영합니다
이 프로그램은 R for Windows 3.0.1 을(를) 설치할 것입니다.
설치를 계속하시기 전에 실행 중인 모든 프로그램의 종료를 권합니다.
설치를 계속 하시려면 "다음"을, 종료하시려면 "취소"를 클릭하십시오.
다음(N) >
취소

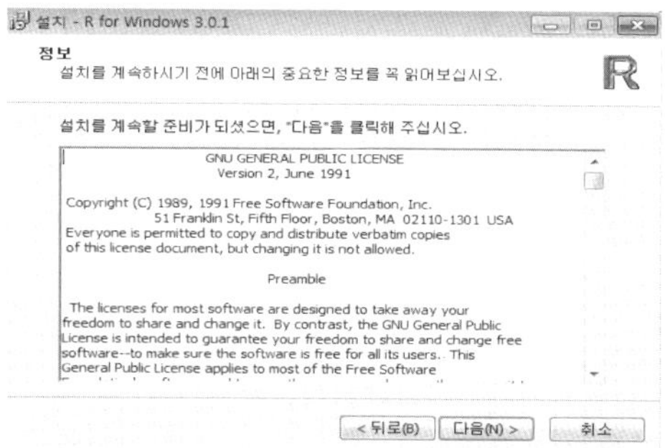
설치 - R for Windows 3.0.1
정보
설치를 계속하시기 전에 아래의 중요한 정보를 꼭 읽어보십시오.
설치를 계속할 준비가 되셨으면, "다음"을 클릭해 주십시오.
GNU GENERAL PUBLIC LICENSE
Version 2, June 1991
Copyright (C) 1989, 1991 Free Software Foundation, Inc.
51 Franklin St, Fifth Floor, Boston, MA 02110-1301 USA
Everyone is permitted to copy and distribute verbatim copies
of this license document, but changing it is not allowed.
Preamble
The licenses for most software are designed to take away your
freedom to share and change it. By contrast, the GNU General Public
License is intended to guarantee your freedom to share and change free
software--to make sure the software is free for all its users. This
General Public License applies to most of the Free Software
< 뒤로(B)
다음(N) >
취소

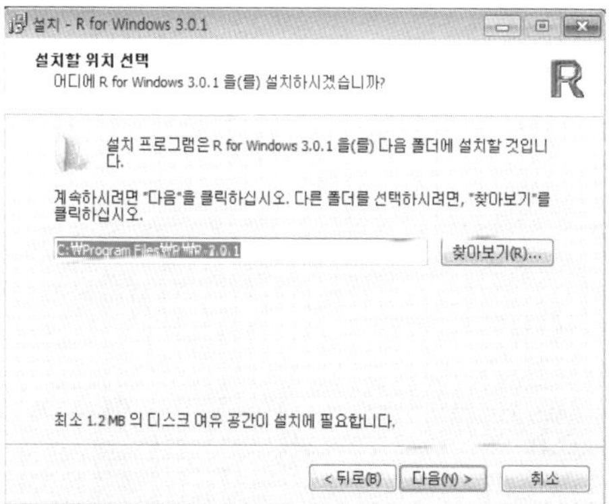
설치 - R for Windows 3.0.1
설치할 위치 선택
어디에 R for Windows 3.0.1 을(를) 설치하시겠습니까?
설치 프로그램은 R for Windows 3.0.1 을(를) 다음 폴더에 설치할 것입니다.
계속하시려면 "다음"을 클릭하십시오. 다른 폴더를 선택하시려면, "찾아보기"를 클릭하십시오.
C:₩Program Files₩R₩R-3.0.1
찾아보기(R)...
최소 1.2 MB 의 디스크 여유 공간이 설치에 필요합니다.
< 뒤로(B)
다음(N) >
취소

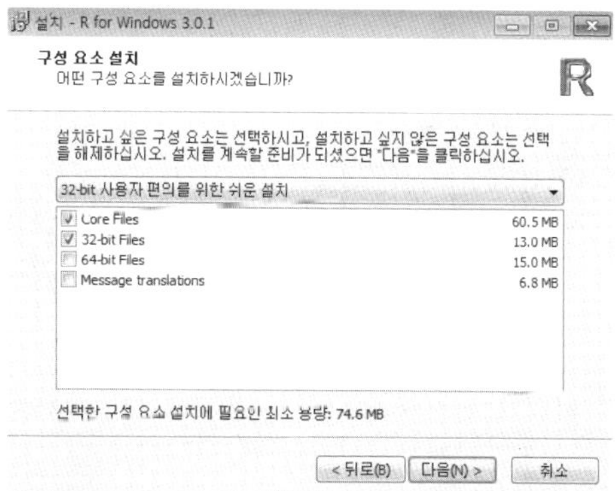
설치 - R for Windows 3.0.1
구성 요소 설치
어떤 구성 요소를 설치하시겠습니까?
설치하고 싶은 구성 요소는 선택하시고, 설치하고 싶지 않은 구성 요소는 선택을 해제하십시오. 설치를 계속할 준비가 되셨으면 "다음"을 클릭하십시오.
32-bit 사용자 편의를 위한 쉬운 설치
Core Files 60.5 MB
32-bit Files 13.0 MB
64-bit Files 15.0 MB
Message translations 6.8 MB
선택한 구성 요소 설치에 필요한 최소 용량: 74.6 MB
< 뒤로(B)
다음(N) >
취소

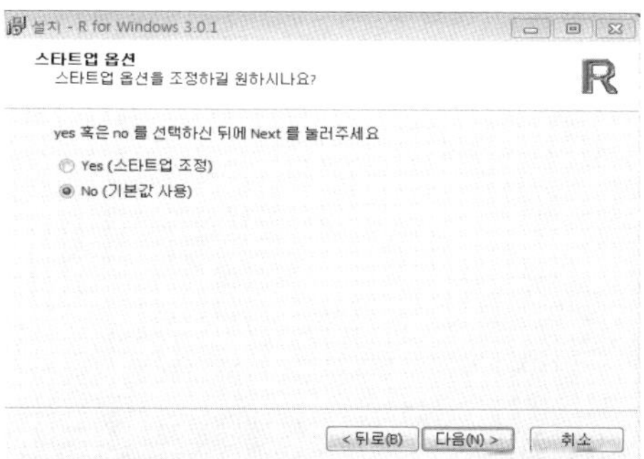
설치 - R for Windows 3.0.1
스타트업 옵션
스타트업 옵션을 조정하길 원하시나요?
yes 혹은 no 를 선택하신 뒤에 Next 를 눌러주세요
Yes (스타트업 조정)
No (기본값 사용)
< 뒤로(B)
다음(N) >
취소

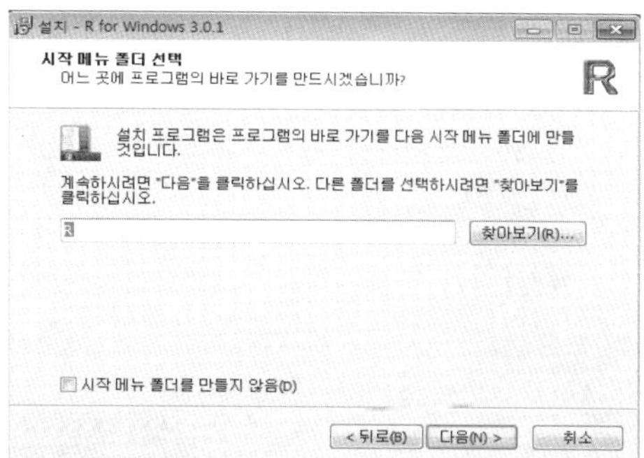
설치 - R for Windows 3.0.1
시작 메뉴 폴더 선택
어느 곳에 프로그램의 바로 가기를 만드시겠습니까?
설치 프로그램은 프로그램의 바로 가기를 다음 시작 메뉴 폴더에 만들 것입니다.
계속하시려면 "다음"을 클릭하십시오. 다른 폴더를 선택하시려면 "찾아보기"를 클릭하십시오.
R
찾아보기(R)...
시작 메뉴 폴더를 만들지 않음(D)
< 뒤로(B)
다음(N) >
취소

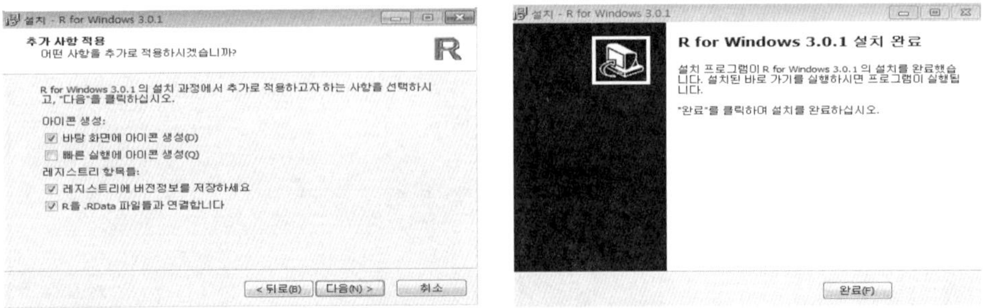

그림 1-7 R 프로그램의 설치

설치가 완료되면 바탕 화면에 'R'이라는 아이콘이 생성된다. 설치된 R을 실행하면 [그림 1-8]과 같다. 화면 상단에는 파일, 편집, 보기, 패키지, 윈도우즈, 도움말 등의 R 프로그램과 관련된 여러 가지 메뉴가 들어 있고, 메뉴를 통해 편리하게 R 프로그램 파일 처리, R 편집기, 패키지 불러오기, 그 밖에 도움말 기능들을 이용할 수 있다. 하단의 R 콘솔 화면은 R 코드를 작성하여 실행시킬 수 있는 화면이다.

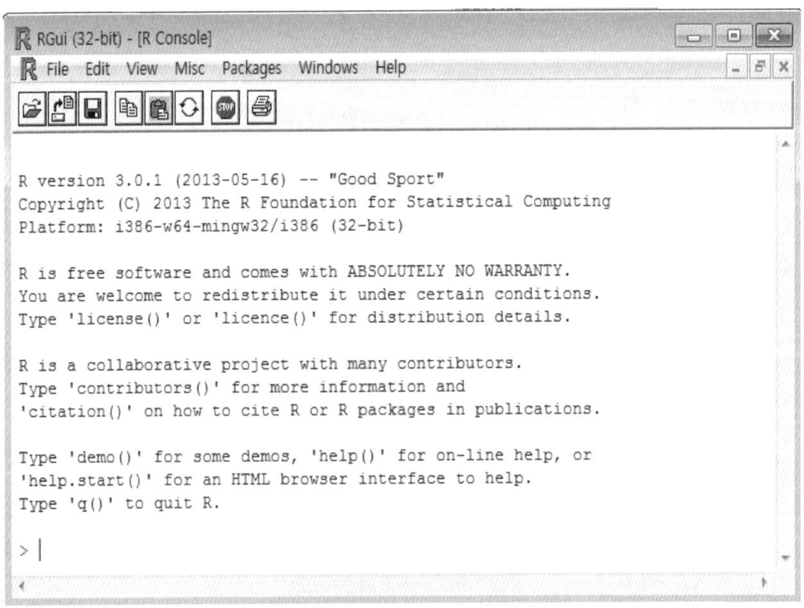

그림 1-8 R 시작 화면

2) R Commander의 설치

R Commander 패키지를 설치하기 위해서는 [그림 1-9]와 같이 R의 상위 메뉴에 있는 'package' → 'Install package(s)'를 차례로 선택한다. 지역 선택을 위한 'CRAN Mirror' 창이 활성화되는데 'Korea(Seoul 1)'를 선택한 후 'OK'를 클릭한다. 이후 설치할 'packages' 대화상자가 활성화되면 'Rcmdr'을 선택하고 'OK'를 클릭한다. '개인 library를 사용할 것인가?'[5]에 대한 질문과 설치 위치에 대한 대화창이 활성화되는데, 각각 'OK'를 선택하면 자동으로 설치가 진행된다.

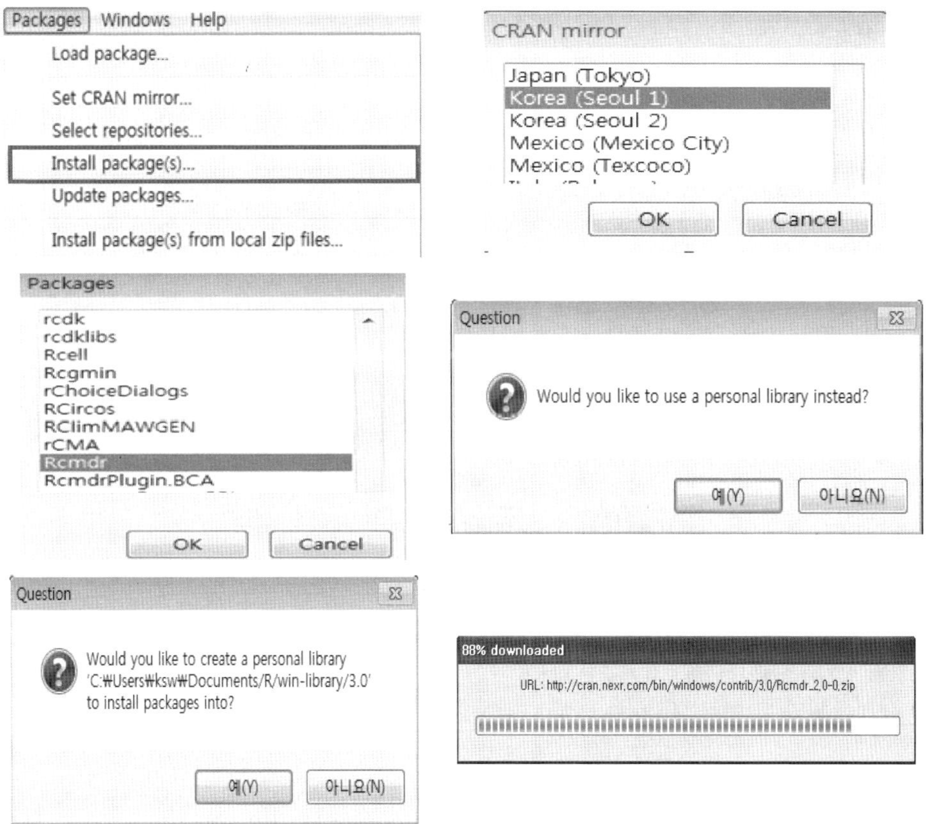

그림 1-9 R Commander 패키지 설치

5) 64bit의 경우에는 이런 메시지가 나타나지 않음.

R Commander 패키지가 설치되면 [그림 1-10]과 같이 R의 상위 메뉴에 있는 'package' → 'Load package'를 차례로 선택하면, 실행할 패키지를 선택하기 위한 'Select one'이라는 대화상자가 활성화된다. 이때 'Rcmdr'를 선택하고 'OK'를 클릭하면, [그림 1-10]에서와 같이 R Commander를 실행하기 위해 추가적인 패키지 설치가 필요하다는 메시지와 함께 설치를 물어보는 창이 활성화된다. 'OK'를 클릭해 추가적인 패키지들을 설치한다.

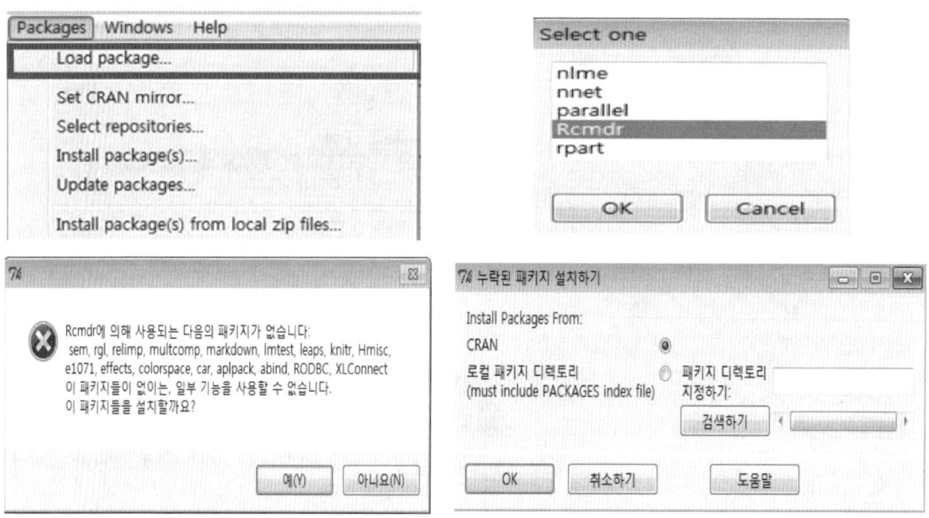

그림 1-10 R Commander 관련 패키지 설치

설치가 완료되면 R의 상위 메뉴에 있는 'package' → 'Load package'를 차례로 선택한 후 'Select one'이라는 대화상자에서 'Rcmdr'를 선택하고 'OK'를 클릭하면 [그림 1-11]과 같이 R Commander 창이 활성화된다.

2 R Commander 둘러보기

R Commander [그림 1-11]과 같이 ❶부분은 '메뉴', '데이터', '모델', 'R 스크립트',

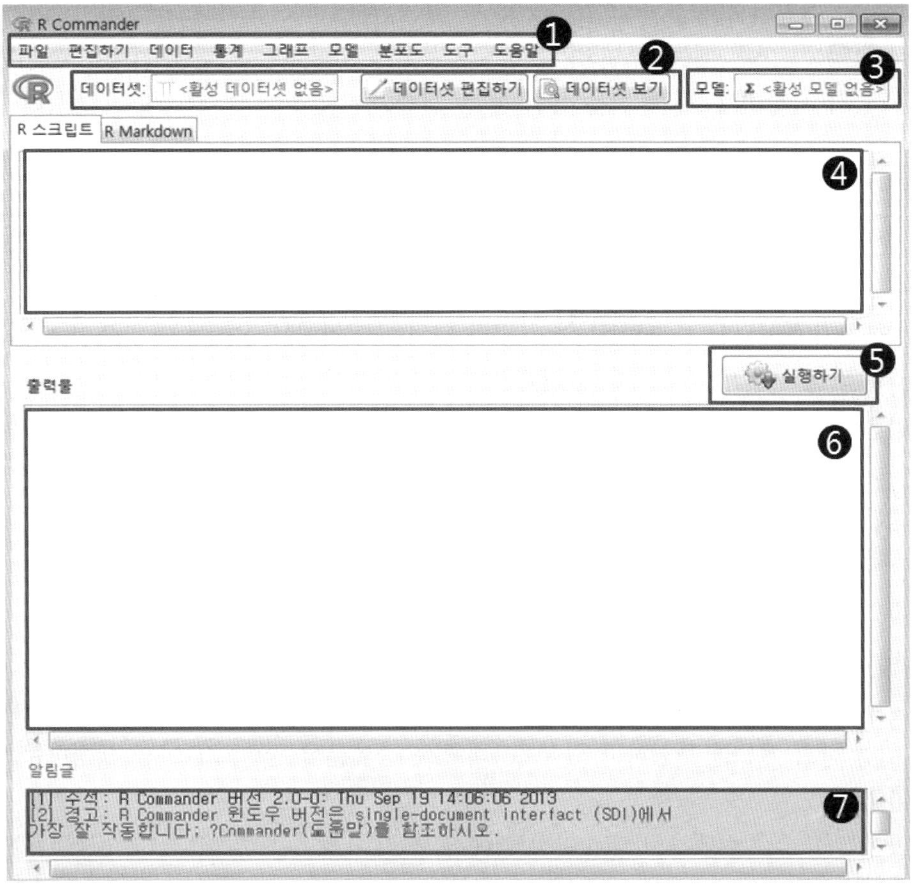

그림 1-11 R Commander

'실행하기', '출력', '알림' 등 7개의 주요 부문을 구성된다. 메뉴는 R Commander의 다양한 기능을 선택하는 데 이용된다. 메뉴는 '파일', '편집하기', '데이터', '통계', '그래프', '모델', '분포도', '도구', '도움말'로 구성되고, R Commander의 기능을 실행하기 위한 하위 메뉴를 구성하고 있다.

데이터(❷) 부분은 R Commander에서 분석을 위해 R Commander에 불러온 데이터를 선택[6]하기 위한 '데이터셋'과 데이터셋을 편집할 수 있는 '데이터셋 편집하기',

6) R Commander는 여러 개의 데이터셋을 불러들여 통계분석이 가능하다. '데이터셋' 창에서 이 중 하나를 선택하여 분석을 할 수 있다.

활성화된 데이터 내용을 확인할 수 있 수 있는 '데이터셋 보기'로 구성되어 있다.

모델(❸)은 상위 메뉴 '모델'의 추가적인 분석에 사용되는 모델을 선택 또는 상태를 제공하는 창이다. 해당 창은 상위 메뉴 '모델' → '활성 모델 선택하기' 기능과 동일하다.[7)]

R 스크립트(❹) 창은 R Commander 상위 메뉴를 통해 실행시킨 R의 명령을 제시할 뿐만 아니라, 연구자가 직접 R 명령어를 입력하여 R Commander를 실행시키기 위해 사용하는 창이다.[8)]

실행하기(❺)는 'R_스크립트' 창에 직접 입력한 명령어를 실행하기 위한 버튼이다.

출력물(❻)은 실행된 R Commander의 결과를 제시하는 창이다.

알림글(❼)은 R Commander의 실행과 관련된 오류 등 다양한 메시지를 제공하는 창이다.

메뉴(❶)는 '파일', '편집하기', '데이터', '통계', '그래프', '모델', '분포도', '도구', '도움말'로 구성된다. '파일' 메뉴는 스크립트 및 작업공간, 출력물 등을 저장하고, 프로그램을 종료하기 위해 사용된다. '편집'은 스크립트 및 출력물을 편집하는 데 사용되는 메뉴로 복사, 붙여넣기, 자르기, 찾기 등의 기능을 선택할 수 있다.[9)] '데이터'는 자료를 읽어들이고 조작하는 데 필요한 항목을 담고 있다. 통계는 기초 통계를 실시하기 위한 하위 메뉴를 포함하고 있다. '그래프'는 통계분석 관련 그래프를 생성하는 메뉴이다.

'모델' 메뉴는 '통계'분석 메뉴의 실행에서 얻은 기초적인 통계분석 결과뿐만 아니라 모형의 진단 및 가설 검정 등 다양한 추가 정보를 얻기 위한 메뉴이다. '분포도'는 각종 통계분석에 기초가 되는 분포도를 나타내는 도구이다. '도구'는 R Commander와 연계된 다양한 추가적인 패키지를 설치 및 구동하는 메뉴이다.[10)] '도움말'은 R Commander 관련 소개와 기능에 대한 추가적인 정보를 제공하는 메뉴이다. '도움말' → 'R Commander 소개'를 클릭하면 개발자인 폭스 교수가 제공하는 R Commander 매뉴얼 번역(한글)문을 pdf 파일로 확인할 수 있다.

---

7) 해당 창에 대한 활용은 이 교재의 11장 다중회귀분석에 소개되어 있다.
8) R 스크립트 창에 명령어를 입력하고 ❺ '실행하기' 버튼을 클릭하면 상단 메뉴를 선택하여 실행하는 것과 동일하게 R Commander가 구동된다.
9) MS 윈도우즈의 기본 단축기인 ctrl+c, ctrl+v의 단축키로도 복사, 붙여넣기 등의 작업이 가능하다.
10) 추가적인 패키지 구성을 통해 생존분석 등 다양한 고급 통계분석이 가능하다.

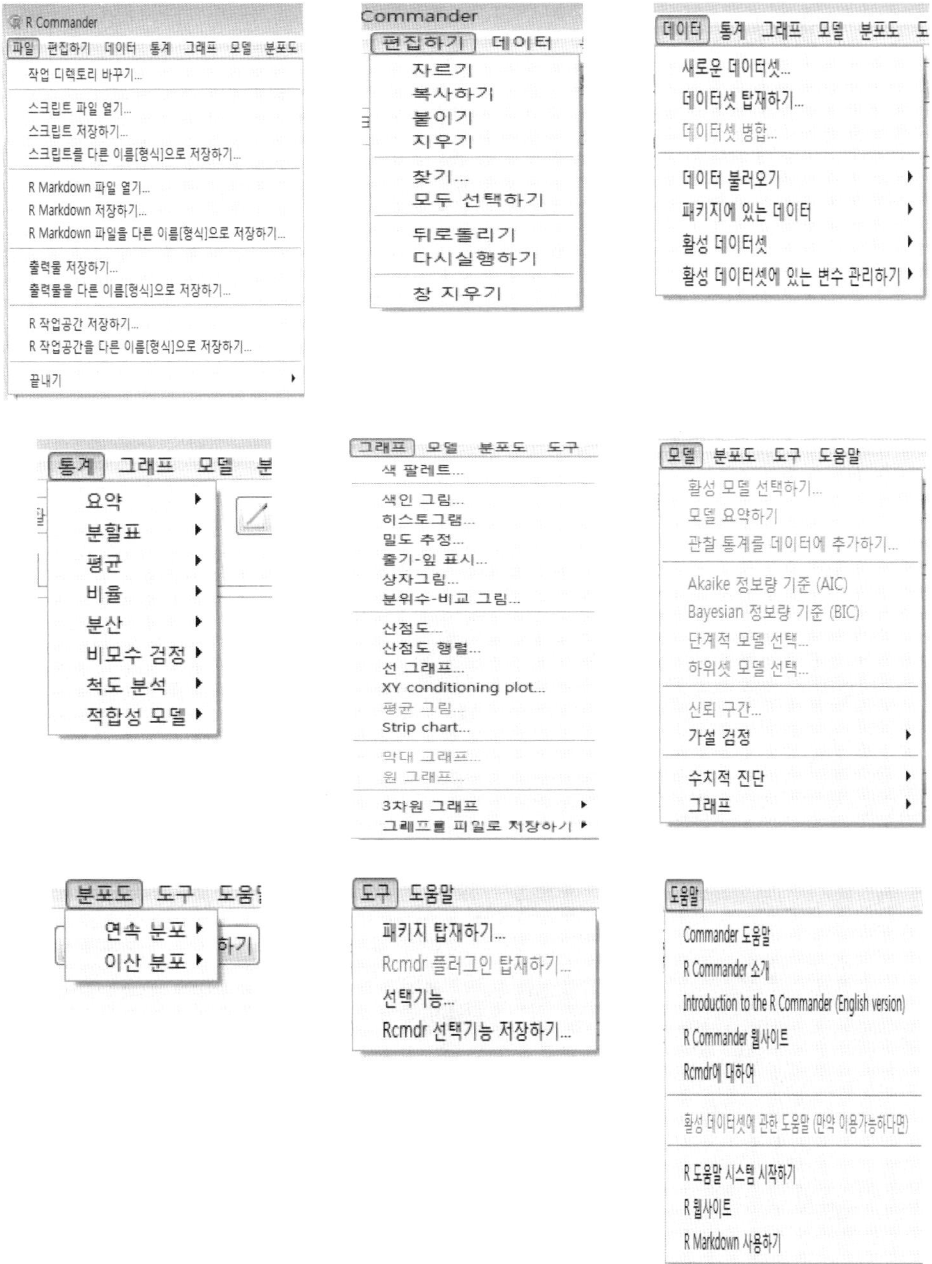

그림 1-12 R Commander 메뉴들

3 데이터 불러오기

통계분석을 통해 R Commander에서 자료를 입력할 수 있지만, 대부분 외부로부터 자료를 불러와 분석을 실행하게 된다. R Commander에서는 '데이터 메뉴'를 통해 텍스트 파일, SPSS, SAS, Minitab, STATA, Excel 등 다양한 형태의 자료를 불러들일 수 있다. 이를 위해 상위 메뉴에서 '데이터' → '데이터 불러오기'에서 해당 형태의 데이터를 불러오면 된다. 하지만 OS가 MS 윈도우즈인 경우 데이터 불러오기 작업에 오류가 발생하는 경우가 있다.[11] 따라서 'R 스크립트' 창의 명령어를 통해 분석에 필요한 데이터를 불러보자.

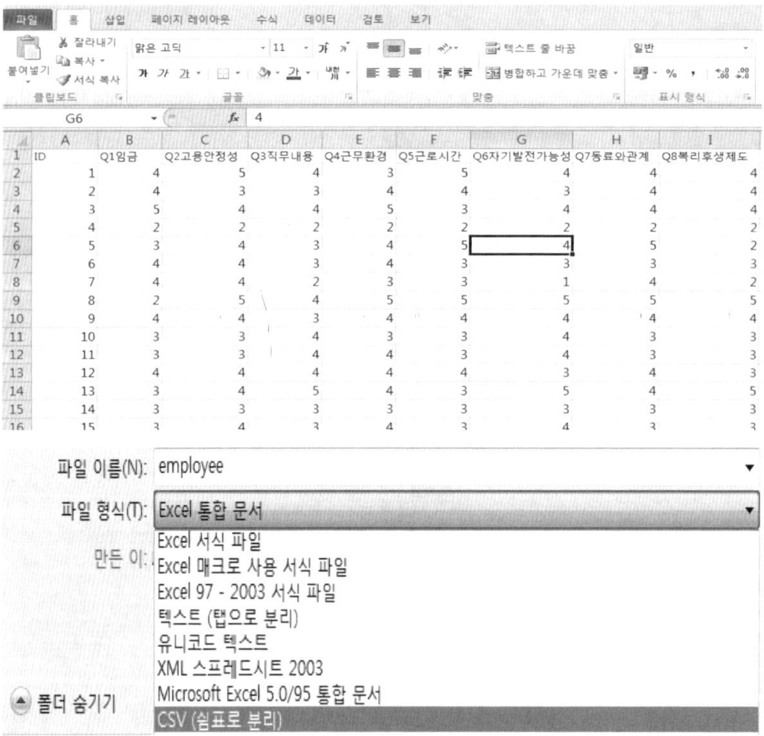

그림 1-13 Excel을 통한 자료의 코딩

11) MS 윈도우즈 운영 체제 내에서도 64bit에서는 이러한 에러가 발생하지 않는다.

데이터를 불러오기에 앞서 R Commander에서 불러들일 수 있도록 데이터 파일을 '데이터명.csv'[12]파일로 전환이 필요하다. '데이터명.csv'로 저장하기 위해 우선 Excel을 통해 [그림 1-13]과 같이 첫 행에는 변수명을 입력하고 둘째 행부터 데이터의 코딩을 완료한 후, 상단 메뉴 중 '파일'→' 다른 이름으로 저장'을 선택한 후 파일의 저장 위치와 파일명을 입력한 후 '파일 형식(T)'에 'csv(쉼표로 분리)'를 선택하고 파일을 저장하면 된다.[13]

만일 해당 자료를 'C:\test' 폴더에 'employee.csv'라는 이름으로 저장했다면 R Commander에서 'C:\test'에 저장된 'employee.csv' 파일을 불러오기 위해 [그림 1-14]에서와 같이 'R 스크립트' 창에 'setwd("C:/test")'를 입력하고 아래에 있는 '실행하기' 버튼을 클릭해 작업 폴더를 지정한다. 이때 주의해야 할 점이 있는데, 'MS 윈도우즈'의 경우 화면 창에서 주소목록을 복사해 붙여넣기를 할 경우 'C:\test'로 표시가 된다. 하지만 R에서는 폴더 구분자를 '\'아닌 '/'로 구분하고 있어 주의해야 한다.

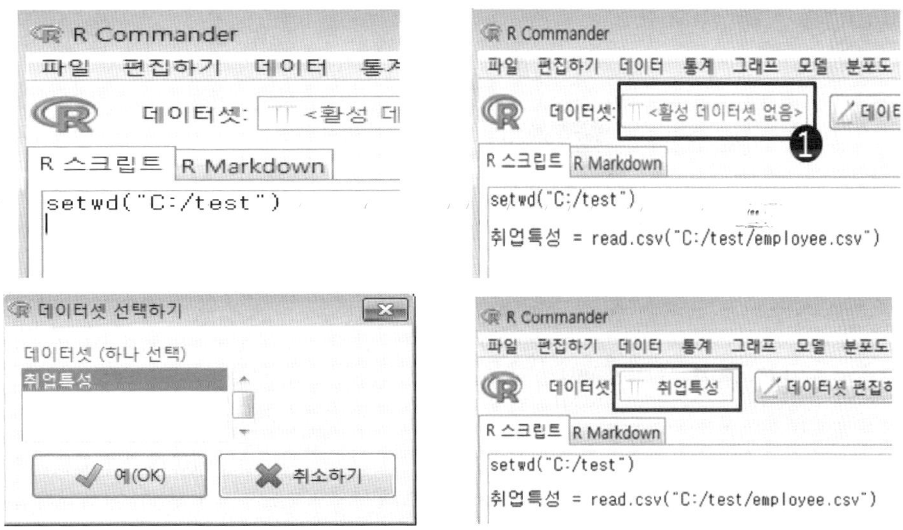

그림 1-14 자료 불러오기

12) 명령어를 통해서도 텍스트 파일, SPSS, SAS, Minitab, STATA, Excel 등 다양한 형태 파일을 불러올 수 있지만 R에서도 일반적으로 사용되는 파일 형식인 'CSV' 파일 형태로 저장하여 명령어를 통해 불러들이는 것이 오류 발생에 대한 불편을 줄일 수 있다.

13) 이 교재에서는 C:/test 폴더에 대학 졸업생 취업 관련 설문 조사 결과인 'employee.csv' 파일과 2013년 기초자치단체의 재정 자료인 'lfin.csv' 파일을 저장했다(해당 자료에 대한 설명은 부록 참조).

작업 폴더가 지정한 이후 파일을 불러오기 위해 'R 스크립트' 창에 '취업특성= read.csv("C:/test/employee.csv")'14)을 입력하고 '실행하기'를 클릭한다. 이후 [그림 1-14]의 데이터셋(❶)을 클릭하면 '데이터셋 선택하기' 대화상자가 활성화된다. R Commander로 불러온 '취업특성'을 선택하고 '예(OK)'를 클릭하면 '취업특성' 데이터가 활성화된다.15)

활성화된 자료를 확인하려면 '데이터셋 보기'를 클릭하면 [그림 1-15]와 같이 취업 특성 자료를 확인할 수 있다.

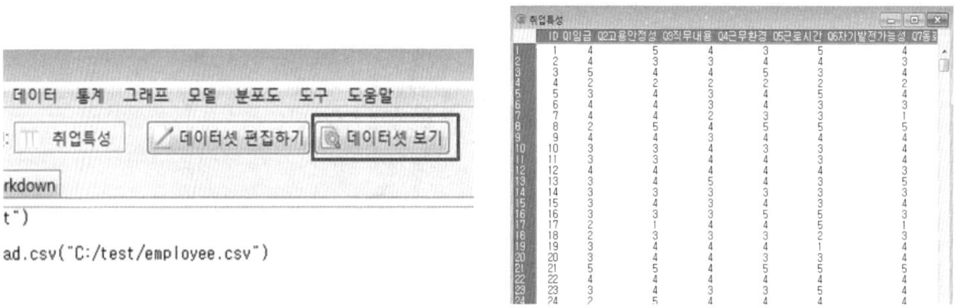

그림 1-15 활성화된 데이터셋

4 자료의 변경 및 관리하기

1) 변수값의 변경

입력된 변수값을 다른 값으로 변경하고자 할 경우 상단의 메뉴에 '데이터'→'활성 데이터셋에 있는 변수 관리하기' → '변수를 다시 코딩하기'를 순서대로 선택하면 '변수 다시 코딩하기' 대화상자가 활성화된다.

---

14) 해당 명령어는 "C:/test"에 있는 "employee.csv"라는 파일을 열어 "취업특성"으로 정의하라라는 명령어이다.

15) 동일한 방법으로 R 스크립트 창에 'setwd("C:/test")' 입력 후 실행하기 '지방재정 = read.csv("C:/test/lfin.csv")' 입력 후 '실행하기'를 클릭하면 지방재정 자료를 불러와 활성화할 수 있다.

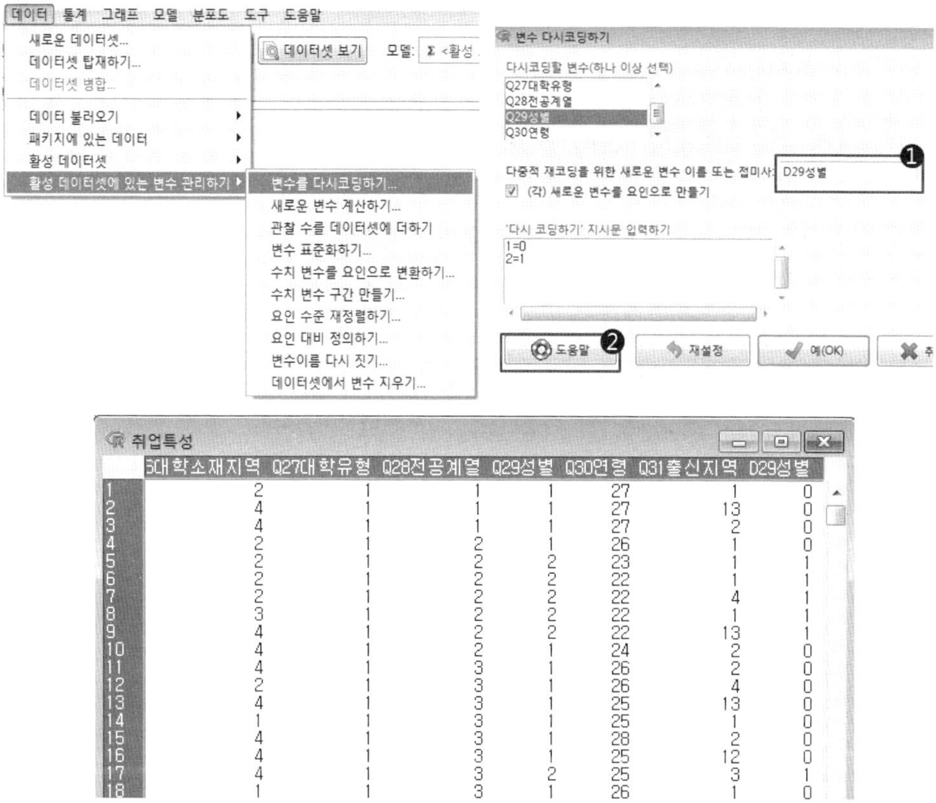

TIP

R Commander의 R 스크립트 창에 "취업특성$D29성별 ← Recode(취업특성 $Q29성별, '1=0; 2=1', as.factor.result=TRUE)"의 명령어를 입력하고 '실행하기'를 클릭해도 동일한 결과가 출력된다.

그림 1-16 변수값 변경하기

예를 들어 성별변수[16]의 값을 '1' → '0'으로, '2' → '1' 변경하고자 한다면, [그림 1-16]에서와 같이 'Q29성별' 변수로 선택하고, ❶에 'D29성별'[17]이라고 입력한 후 '다시 코딩하기 지시문 입력하기[18]'에 '1 = 0', '2 = 1'을 입력한 후 '예(OK)'를 클릭한다.

---

16) 'Q29성별' 변수는 '남자=1', '여자=2'로 코딩되어 있다.

17) 새로운 변수명으로 저장할 경우에 [그림 1-16]의 ❶에 새로운 변수값을 입력한다. 만일 새로운 변수값을 입력하지 않으면 기존 변수에 덮어쓰기가 된다.

변경된 내용을 확인하려면 데이터셋에 있는 '데이터셋 보기'를 클릭하면 변경된 변수값을 확인할 수 있다.[19]

2) 자료의 특성 설정 및 라벨 붙이기

R Commander로 자료를 통계분석에 앞서 자료의 특징이 질적 자료인지, 아니면 양적 자료인지의 설정이 필요하다. 일반적으로 코딩 자료의 경우 명목척도로 측정된 변수라도 숫자로 구분하고 있다.[20] 이런 경우 R Commander에서는 해당 자료를 양적 자료로 인식하게 된다. 따라서 빈도분석 등 질적 자료의 분석을 위해서는 자료의 특성을 질적 자료로 설정해주어야 한다.

그렇다면 '취업특성' 자료에서 'Q29성별' 변수를 질적 변수로 변환하고, '1=남자', '2=여자'의 라벨을 붙여보자. 자료의 변환을 위해 [그림 1-14]와 같이 데이터셋에 '취업특성'을 활성화시킨다. [그림 1-17]과 같이 상위 메뉴 중 '데이터' → '활성 데이터셋에 있는 변수 관리하기' → '수치 변수를 요인으로 변환하기'를 차례로 선택하면, '수치 변수를 요인으로 변환하기' 대화상자가 활성화된다. 직절(요인) 변수로 변환할 'Q29성별'을 선택한다. '요인 수준'에 대한 옵션 상자에 '수준 이름 제공하기'[21]를 선택한다. 다음 다른 이름으로 해당 변수를 질적 변수화하려면 [그림 1-17] ❶ 부문에 새로운 이름을 입력한 이후 예(OK)를 클릭하고, 같은 이름으로 정의하려면 새로운 이름 입력 없이 '예(OK)'를 클릭하면 된다. 이후 'level Names'을 붙이기 위한 대화상자가 활성화되는데 이때 해당 숫자에 라벨값(1=남자, 2=여자)을 입력하고 '예(OK)'를 클릭하면 질적 변수(요인 변수)로 정의된다. 변경된 내용을 확인하려면 데이터셋에 있는 '데이터셋 보기'를 클릭하면 붙어 있는 것을 확인할 수 있다.

---

18) 지시문은 다양한 형태이다. 명령어 1=2는 변수값 '1'을 '2'로 변경하라는 명령어이다. 한편 명령어 1="남자"는 변수값 '1'을 '남자'라는 텍스트 변수값으로 변경하라는 명령어이다. 1 : 5=1은 1부터 5까지 변수값을 1로 변경하라는 의미이다. 기타 명령어에 대한 내용은 ❷ 도움말을 클릭하면 된다.

19) 데이터셋 보기에 활성화되지 않은 경우에는 상위 메뉴 '데이터' →'활성 데이터셋' →'활성 데이터셋 다시 활력넣기(refresh)'를 클릭해주면 된다.

20) 예를 들어 설문 응답을 코딩할 경우 '남자=1', '여자=2' 또는 매우 불만=1. 불만=2, 보통=3, 만족=4, 매우 만족=5 등의 형태의 숫자 형태로 자료를 코딩한다.

21) '요인 수준'에서 '수준 이름 제공하기'를 선택해야지만 해당 숫자에 남자, 여자와 같은 라벨을 붙일 수 있다.

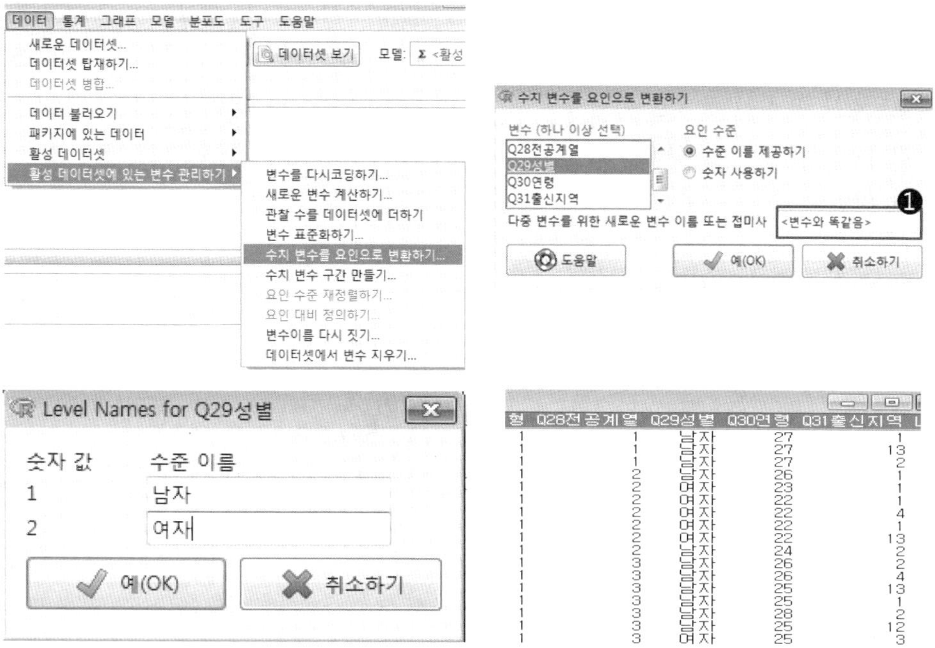

그림 1-17 변수의 특성 및 질적 변수의 라벨 붙이기

3) 변수값의 계산

수리적 계산을 통해 새로운 변수를 설정하는 경우가 있다. 예를 들어 양적 자료인 토익 성직과 학점을 '(학점×100)+토익 성적'과 같이 수리적 계산을 통해 '입사 성적'이라는 변수로 재정의하거나, 질적 변수(서열척도인)인 문1부터 문10[22]까지 변수를 '(문1 + 문2 + 문3 + 문4 + 문5 + 문6 + 문7 + 문8 + 문9 + 문10)/10'의 수리적 계산을 통해 양적 자료[23]인 '직업 만족'이라고 정의할 경우가 발생한다.

R Commander에서 수리적 계산을 통해 새로운 변수를 구성하고자 할 경우 상위 메뉴의 '데이터'→'활성 데이터셋에 있는 변수 관리하기'→'새로운 변수 계산하기'를

22) '[문1] 임금' ~ '[문10] 사회적 평판' 변수는 '매우 불만=1', '불만=2', '보통=3', '만족=4', '매우 만족=5'로 코딩되어 있다.

23) 리커트(Likert) 타입의 척도는 관련성이 높은 태도 변수를 하나로 묶어 상위 개념의 새로운 변수로 사용하게 된다.

차례로 선택하면, [그림 1-18]과 같이 '새로운 변수 계산하기' 대화창이 활성화된다. '입사 성적'이라는 변수를 정의하기 위해 '새로운 변수 이름'에 'Q40입사성적'을 입력하고 '계산 표현식'에 'Q23졸업평점 × 100 + Q24토익점수'을 입력한 이후 '예(OK)'를 클릭하면 새로운 변수(Q40입사성적)가 생성된다. 해당 변수는 '데이터셋 보기'를 클릭하면 확인할 수 있다.

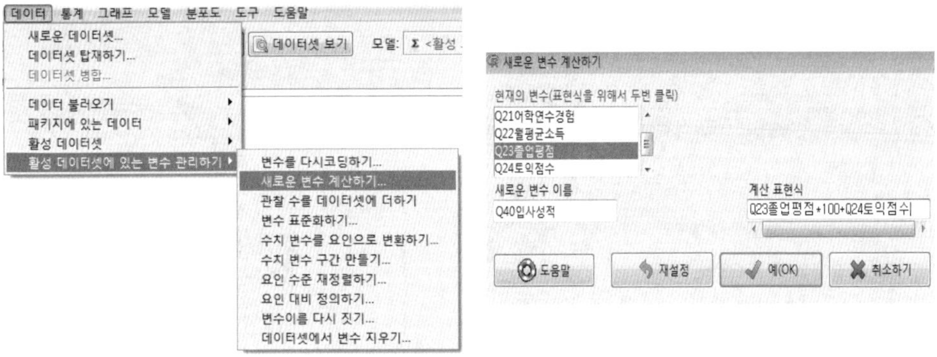

그림 1-18 변수값의 계산

제2장 자료의 수집과 정리

제1절 자료의 수집과 정리

1 자료의 수집 방법

자료(data)는 다양한 변수들의 관찰 및 실험을 기록한 결과로 볼 수 있다. 통계분석이란 어떠한 특정 집단을 대상으로 자료를 수집하고 정리한 후 이를 활용하여 대상 집단에 대한 통계적 추론을 하는 과정을 말한다. 그러나 자료가 대상 집단의 특성을 잘 나타내지 못한다면 아무리 훌륭한 통계분석 방법을 활용해도 그 분석 결과는 아무런 의미가 없게 된다. 따라서 자료는 대상 집단의 특성을 잘 대표하도록 수집되어야 한다.

사회과학에서는 일반적으로 연구 대상인 모집단의 일부분인 표본의 자료를 통해 모집단의 특성을 파악하는 표본조사를 실시한다. 특히 표본의 선정 과정에서 잘못된 표본을 추출할 경우 전체 모집단의 특성을 고루 반영하지 못해 자료에 편의(偏倚, bias)가 발생하게 된다. 이러한 잘못된 자료 수집으로 발생한 오류는 어떠한 고급 통계분석 방법으로도 바로잡을 수 없다. 이러한 오류는 잘못된 정책 및 의사 결정을 내리는 원인이 된다.

예를 들어 우리나라 도시의 평균 가구 수입을 조사하고자 한다. 그런데 자료의 수집이 일부 잘사는 대도시 지역의 자료들로 구성되어 있다면, 이러한 자료에 어떠한 통계분석 기법을 적용해도 상향된 도시가구 수입이 나올 수밖에 없다. 또 다른 예로, 정당의 선호도에 대한 대한민국 성인 남녀를 대상으로 조사하고자 한다. 그런데 지역별로 고르게 자료를 수집하는 것이 아니라 다른 지역과 비교해 일부 특정 지역에 지나치게 많은 자료를 수집한다면 그 결과는 특정 정당에 대한 선호도가 우세하게 나올 수밖에 없게 된다.

따라서 연구 목표 대상 집단에 대한 보편적이고 일반적인 특성을 잘 포함할 수 있는 표본의 선정과 자료의 수집은 좋은 통계분석 결과를 도출한다. 그뿐만 아니라 그러한 결과는 모집단에 대해 일반화(generalization)를 가능케 한다.

2 모집단과 표본

정부는 대학의 반값 등록금 관련 정책을 수립하는 데 전국 대학의 학과별 신입생의 평균 등록금에 대한 자료가 있어야 한다. 한편, 소득별 보육료 지원 정책을 수립하기 위해 전국 가구당 소득과 보육료 지원 대상자가 몇 명인지에 대한 정확한 자료가 필요하다. 이렇듯 연구자가 특정 정보를 얻기 위해 특정 집단에 대해 자료 수집이 이루어진다. 이때 연구자의 관심 대상이 되는 전체 집단을 모집단(population)이라고 한다. 반값 등록금과 관련해서는 전국 대학의 학과별 신입생이 연구 대상이 되는 모집단이 될 것이다. 한편 보육료 정책의 경우 전국의 모든 가구가 모집단이 된다. 이러한 연구자의 관심이 되는 전체 집단(모집단)을 모두 조사하면, 이를 전수조사라고 한다.[1)]

그러나 이와같이 대상 집단 전체(모집단)를 조사하는 전수조사는 시간과 비용이 너무 많이 들기 때문에 현실적으로 어려움이 생긴다. 따라서 시간과 비용을 고려하여 모집단의 부분인 표본(sample)을 추출해서 조사하는 것이 더욱더 현실적이라 할 수 있다. 앞의 반값 등록금 예에서 전수조사 대신 전국의 50개 대학을 표본으로 추출하여 각 학과별 신입생의 등록금을 조사했다면 이는 표본추출을 통한 조사가 된다. 보육료 지원 정책 수립을 위해 전수조사 대신 전국의 3,000가구를 뽑아 자료를 수집했다면, 이 역시 표본조사이다.

1) 통계청에서 매 5년마다 실시하는 "인구 및 주택 총조사"는 대상 집단을 우리나라 전 국민을 대상으로 전수조사를 실시한다.

여기서 모집단의 특성을 나타내는 수치, 예를 들어 모집단의 평균(μ), 표준편차(σ), 분산(σ^2) 등을 모수(parameter)라 하고, 표본의 특성을 나타내는 수치인 표본의 평균($\overline{X}$), 표준편차(S), 분산(S^2) 등을 통계량(statistic)이라고 한다. 일반적으로 표본조사의 목적은 표본의 결과를 이용하여 모집단의 특성을 추정하는 것이다.

3 변수의 유형

항상 일정한 값을 갖는 것을 상수(constant)라 하고, 여러 번 측정할 때 그 값이 변할 수 있는 것은 변수라 한다. 예를 들어, 몸무게, 키, 소득, 성별 등은 고정값을 가지고 있지 않다. 즉, 여성이든 남성이든지, 50kg이든 60kg이든지, 170cm이든 180cm이든지, 연봉 3,000만 원이든 4,000만 원이든지 그 값들은 대상에 따라 변할 수 있다. 이때 관찰된 특성에 따라 그 값을 알맞은 크기나 수로 표현한 것을 변수의 값이라고 한다.

몸무게, 키, 소득과 같이 숫자로 나타낼 수 있으면 이를 양적 변수(quantitative variable)라 하고, 성별과 같이 여성인지 아니면 남성인지와 같은 척도에 의해 나타낼 수 있는 변수를 질적 변수(qualitative variable)라 한다. 또한 몸무게, 키, 시간 등 한 변수의 값이 연속적인 척도에 의해 얻어져 셀 수 없는 경우에는 연속변수(continuous variable)라 하고, 어떤 대학교의 학생 수, 어떤 공공기관의 하루 민원 처리 건수 등 셀 수 있는 경우에는 이산변수(discrete variable)[2]라 한다.

그리고 예를 들어 "가구당 소득은 소비 지출에 영향을 미친다"라는 가설을 설정하고 이를 검정하고자 할 때 원인이 되는 가구당 소득은 독립변수(independent variable)가 되고, 소비 지출은 종속변수(dependent variable)가 된다. 또한 독립변수는 종속변수의 영향 요인, 결정 요인, 혹은 선행변수, 원인변수라 부르기도 하며, 종속변수는 결과변수로 부르기도 한다.

2) 실제로 우리가 기록하는 대부분의 값은 이산값(discrete value)이다. 왜냐하면 단순화나 계량화를 위해 올림을 하거나 내림을 하기 때문이다. 그러나 통계분석에서는 궁극적으로 모든 관찰값을 연속값(continuous value)으로 변환하여 다루게 된다(박주분, 2010: 21).

제2절 자료의 구분 및 척도

1 자료의 구분

우리가 정보를 얻고자 하는 대상의 특성을 분석하기 위해 자료를 수집해야 한다. 이러한 자료는 양적 자료와 질적 자료로 구분할 수 있다. 양적 자료 또는 양적 변수(quantitative variable)란 관찰 대상의 특성을 수치로 표현 가능한 변수로 측정한 측정값을 의미한다. 질적 자료 또는 질적 변수(qualitative variable)란 관찰 대상을 측정 수치로 표현이 불가능한 것으로 단순히 숫자 등으로 구분한 측정값을 의미한다.

예를 들어 성별, 종교 등의 변수는 남자 또는 여자, 기독교, 불교, 천주교 등 구분만 가능한 변수를 질적 변수라고 한다. 물론 이들 측정값은 "남자=0", "여자=1"로 숫자를 부여할 수 있지만, 이 역시 단순히 구분 기호에 불과하다. 반면, 양적 변수의 경우 응답자의 연령, 영어 성적, 나이 등과 같이 대상의 특성이 숫자로 표현되는 변수를 말한다.

이러한 양적 자료와 질적 자료는 어떠한 척도에 의해 분석 대상이 측정되었는가에 따라 구분되기도 한다. 명목척도와 서열척도로 측정된 자료의 경우 질적 자료가 되고, 등간척도와 비율척도로 측정된 자료의 경우 양적 자료가 된다.

2 자료의 척도

1) 명목척도

명목척도(nominal scale 또는 nominal measurement)란 변수의 특성을 단순히 분류·식별하기 위해 사용되는 척도이다. 예를 들어 성별, 종교, 지역 등이 여기에 해당된다. 즉, 단순 분류(구분)만을 위해 사용하는 척도로서 요소들을 특정 범주(class)에 할당하거나 식별을 위해 숫자를 부여하는 것이다. 예를 들어, 컴퓨터 프로그램 코딩에서는 (남=1, 여=2 ; 수도권=1, 지방=2 ; 회사원=1, 공무원=2, 주부=3, 학생=4) 등으로 표시할 수 있다.

2) 서열척도

서열척도(ordinal scale 또는 ordinal measurement) 또는 순서척도란 명목척도에서와 같이 특성을 분류 · 식별할 수 있을 뿐만 아니라, 그 결과 값이 '크다', '중간', '적다'와 같이 순서화할 수 있는 척도를 말한다. 일반적으로 설문조사에서 많이 사용하고 있는 리커트(Likert)[3] 타입의 5점 척도인 '매우 만족', '만족', '보통', '불만', '매우 불만' 등으로 구분된 척도의 경우 선호도의 순서를 평가한 서열척도이다. 즉, 서열 결정과 부여된 숫자들 간의 대소(大小)를 결정하기 위한 것으로 척도들 간의 질적 수준 차이가 동등한[4] 것은 아니다. 또한 서열척도에서 일반적으로 '0'은 최하 선호도를 나타내는 부호일 뿐 "아무것도 없다"는 의미가 아니다.

3) 등간척도

등간척도 또는 간격척도(interval scale 또는 interval measurement)란 서열척도와 같이 서열화가 가능할 뿐만 아니라, 이들 서열 간 간격이 동일한 척도를 의미한다. 이러한 등간척도의 경우 해당 특성이 전혀 없는 상태인 절댓값 '0'(absolute zero)이 존재하지 않는다. 대표적인 예로 IQ, 종합주가지수,[5] 온도 등이 있다. 온도의 경우 0℃와 10℃ 간의 간격과 10℃와 20℃ 간의 간격은 같다는 것이고, 0℃의 경우 온도가 없다는 것이 아니라, 물이 어는 점의 온도를 0℃로 정의할 뿐이다.

4) 비율척도

비율척도(ratio scale 또는 ratio measurement)란 등간측도가 갖고 있는 특성과 함께

---

3) 사회과학에서 종종 자료 취득의 어려움으로 말미암아 종종 리커트 척도를 등간(간격)척도로 간주해 쓰기도 한다. 그러나 엄밀히 말해 리커트 척도는 서열(순서) 척도이다.

4) 다시 말해 서열척도의 차이, 예를 들어 '좋다'(1), '보통'(2), '싫다'(3)으로 분류된 자료에서 '좋다'와 '보통'의 차이(1-2)와 '보통'과 '싫다'의 차이(2-3)는 같지 않다.

5) 우리나라의 종합주가지수의 경우 1980년 1월 4일 기준 상장 종목 전체의 시가 총액을 100으로 기준으로 하여, 현재의 상장 종목의 시가 총액을 보여주는 수치이다.

절댓값 '0(absolute zero)'이 측정한 척도[6]를 의미한다.

예를 들어, 근무 연수 20년은 10년보다 2배 많이 근무했다고 말할 수 있다. 근무 연수 0년은 실제로 근무 연수 없다는 것을 의미한다. 즉, 등간척도와의 차이점으로서 절댓값 '0'이 존재한다는 것이다. 그리고 어떤 측정 대상이 등간척도로 측정되었다면 이는 비율척도로 표시할 수 있지만 그 반대의 경우는 반드시 성립하지 않는다.

표 2-1 자료와 척도

자료의 구분	척도	특징	사칙 연산	예
질적 자료	명목척도	특성의 분류 · 식별	사칙 연산이 불가능	성별, 종교
	서열척도	순서화, 서열화	〈, 〉	학력
양적 자료	등간척도	절대 0값 (×)	〈,〉, +,-	IQ, 온도
	비율척도	절대 0값 (O)	〈,〉,+,-,×,÷	신장, 연령

제3절 자료의 정리

자료의 양이 너무 많은 경우 자료의 의미를 파악하기 어렵기 때문에 중요한 사실에 대한 요약 정리가 필요하다. 수집된 자료를 정리함으로써 대상의 특성을 쉽게 파악하고, 정책 및 의사 결정에 근거 자료로 활용할 수 있다. 자료를 정리하는 방법에는 표 또는 그림으로 나타내는 방법과 수치로 표현하는 것으로 나뉜다.

1 표와 그림에 의한 자료의 정리

일반적으로 질적 자료의 경우 단순한 분류 또는 서열화가 가능한 자료로 이들 자료에 대해서는 수집된 자료를 성질이나, 크기가 유사한 묶어 분류함으로써 자료의 특

6) 예를 들어 신장, 연령, 투표율, 공무원 봉급, 근무 연수 등이다. 즉, 완전한 수리적 조작(가감승제, +, —, ×, ÷)이 가능하다.

성에 대해 쉽게 이해할 수 있다.

1) 도수분포표

성질이나 크기가 유사한 묶음으로 자료를 분류한 표를 도수분포표(frequency distribution)라고 한다. 특성을 단순히 분류·식별이 가능한 명목척도와 서열척도로 측정된 자료의 경우 도수분포표를 이용하여 자료의 특성을 쉽게 파악할 수 있다. <표 2-2>는 기초자치단체 226곳의 2009년 대비 2013년 인구 증감을 조사한 자료이다. 조사 대상의 51.77%인 117개 기초자치단체가 2009년과 비교해 2013년 인구가 감소했고, 인구가 증가한 기초자치단체는 48.23%로 나타났다.

표 2-2 기초자치단체의 인구 증감

	감소	증가	계
빈도	117	109	226
비율(%)	51.77%	48.23%	100%

주: 2009년 대비 2013년 주민등록 인구.

이와 같은 도수분포표는 2009년 대비 2013년 인구가 증가 또는 감소의 범주(집단)로 구분하여,[7] 이들 범주(집단)에 속한 기초자치단체의 수를 나타내는데 이것을 빈도(frequence)라고 한다. 한편, 조사 대상 전체 중에서 해당 범주에 속한 비율을 나타내는데, 이것을 상대적 빈도(relative frequency) 또는 백분율이라고 한다. 이러한 상대적 빈도는 둘 이상의 범주(집단)를 비교하는 데 유용한 방법이다.

2) 도표

도수분포표는 자료를 정리하고 요약하는 역할을 한다. 하지만 좀 더 시각적 효과를 갖기 위해 그래프로 표현함으로써 자료의 특성을 좀 더 쉽고 명확히 파악할 수 있

7) 양적 자료의 경우 서열 자료 형태로 구간을 설정하여 범주(집단)를 구분하게 된다. 예를 들어 '연령'이라는 양적 자료를 도수분포표로 작성한다면, '20세 미만', '20세 이상~30세 미만', '30세 이상~40세 미만', '40세 이상~ 50세 미만', '50세 이상' 등으로 범주를 구분하게 된다. 이때 일반적으로 구간의 폭은 동일하게 하고, 범주(집단)의 수는 5~20개로 하는 것이 일반적이다.

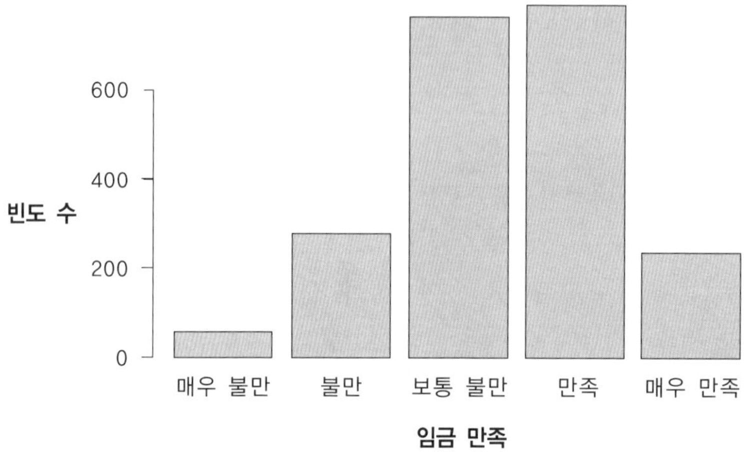

그림 2-1 대졸 취업자의 현 직장 임금에 대한 만족도

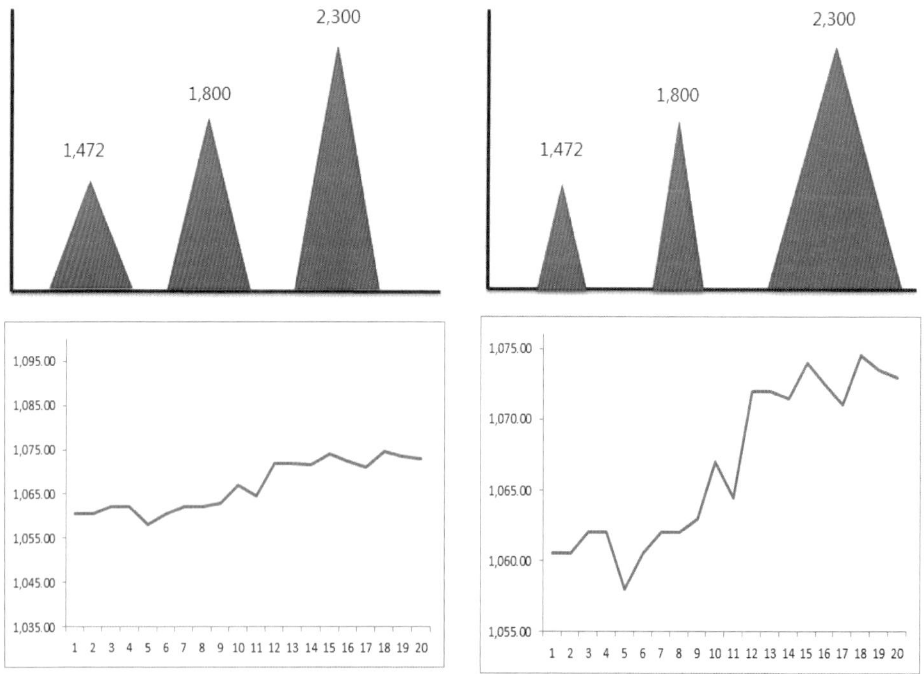

그림 2-2 도표를 통한 착시 현상

다. 도표에는 일반적으로 막대그래프, 원형그래프, 시계열 자료에 적합한 꺾은선 그래프 등이 있다. [그림 2-1]은 대졸 취업자의 현재 직장 임금에 대한 만족도를 막대그래프로 나타낸 것이다.

하지만 도표를 통해 자료를 정리할 경우 시각적으로 착시 현상을 발생시킬 수 있는데 이러한 점에 주의를 해야 한다. 우선 높이를 이용하는 막대그래프의 경우 면적에 따라 시각적 효과가 다를 수 있다. 따라서 모든 막대그래프의 경우 넓이가 같아야 한다. 다음으로 꺾은선 그래프를 통한 시간에 따른 자료의 변화를 내타내는 경우 같은 자료를 사용해서 자료를 나타내고 있지만, 눈금의 단위를 어떻게 하느냐에 따라 변동의 정도에 대한 인식이 달라질 수 있다. [그림 2-2]는 동일한 자료에 대해 면적과 눈금의 단위를 달리해 착시 현상을 보여주는 예이다.

2 수치에 의한 자료의 특성

일반적으로 양적 자료의 경우 질적 자료로 변환하여 도수분포표와 도표 등을 이용해 자료의 특성을 이해할 수 있다. 하지만 더욱 간단한 수치로 자료의 특성을 파악하고 이해한다면, 의사 결정을 위한 비교·평가가 더욱 용이할 것이다. 예를 들어 [그림 2-3]과 같이 대졸 취업자의 어학 성적을 각각의 범주로 나누고 이를 도표로 표현

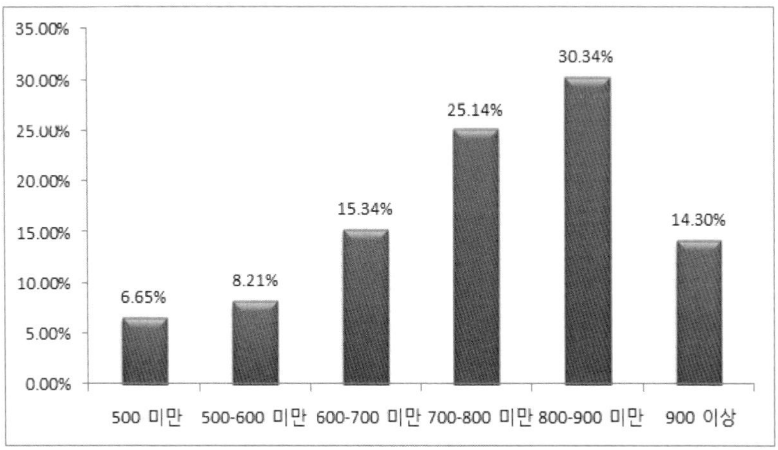

그림 2-3 대졸 취업자의 영어 어학 성적

하는 것보다 "평균 어학 성적이 763점이다"라고 표현하는 것이 대상 집단에 대한 특징을 쉽게 이해할 수 있다.

이렇듯 자료의 특성을 숫자로 요약하여 표현할 수 있는데, 이렇듯 자료의 특성을 나타내는 값으로 대푯값, 분포도, 비대칭도 등이 주로 이용된다.

1) 대푯값

대푯값은 앞의 평균 어학 성적과 같이 하나의 숫자로 자료의 특성을 나타내는 값으로 자료들이 어디에 집중되어 있는지를 나타낸다. 대푯값을 이러한 의미에서 집중경향값 또는 중심경향값이라고도 한다. 자료의 특징을 대표할 수 있는 위치를 수치로 나타내는 대푯값으로는 앞서 살펴본 산술평균(mean)과 더불어, 중앙값(median), 최빈값(mode) 등이 사용된다.

(1) 산술평균

산술평균(mean)[8]은 사회과학에서 대푯값으로 가장 많이 활용하는 것으로 각 자료의 관찰값을 모두 합쳐 자료의 개수만큼 나누어 계산한다.

$$\overline{X} = \frac{\sum X}{n} = \frac{X_1 + X_2 + X_3 + X_4 + \cdots + X_n}{n} \qquad \text{(식 2-1)}$$

일반적으로 모집단의 평균을 로마자 'μ'라고 표기하고, 표본의 평균은 '$\overline{X}$'로 구분하여 표기한다.[9] 이러한 평균은 모든 자료를 이용하여 대푯값을 나타낸다는 측면에서 우수성이 있다. 하지만 양적 자료에서만 활용이 가능하고, 극단적인 이상값이 존재할 경우 대표성에 문제가 발생한다.[10]

---

8) 평균은 대푯값의 일종인데 값을 얻는 방법에 따라 산술평균, 기하평균, 조화평균이 있다. 통상 평균이라는 용어는 산술평균을 말한다. 이 책에서도 특별한 설명이 없는 평균(값)은 산술평균(값)을 의미한다.

9) 모집단의 평균은 'μ', 표본의 평균은 평균 '$\overline{X}$'로 구분하여 표기한다. μ는 로마자의 m으로 평균(mean)을 나타낸다. 그리고 Σ는 로마자 S에 해당하는데 합계(summation)를 의미한다.

10) 예를 들어 '1, 2, 3, 1, 1, 3, 4, 1, 5, 100'이라는 자료가 있다고 가정하면, 100이라는 이상값으로 인해 평균값으 12.1이다. 이러한 평균값은 실제 자료의 특징을 잘 반영하지 못하는 단점이 있다.

(2) 최빈값

최빈값(mode)은 도수가 가장 많은 자료의 값이나 명칭을 가리키는 대푯값이다. 이는 양적 자료에서뿐만 아니라 질적 자료인 명목과 서열척도에서도 이용된다.[11] 대략적인 대푯값을 신속하게 파악하고자 할 때 유리한 점이 있으나, 대푯값으로서의 정확성과 신뢰성이 확보될 수가 없다는 단점을 동시에 갖고 있다. 또한 최빈값은 가장 도수가 높은 값만을 기록하므로 분포의 중심과 동떨어진 값일 수도 있기 때문에 등간・비율 자료에 쓰이는 경우는 매우 드물다. 따라서 질적 자료와 평균값을 보완하는 측면에서 활용된다.

(3) 중앙값

중앙값(median)[12]은 수집된 자료를 크기순으로 나열했을 때 중앙에 오는 자료의 값을 말한다. 이러한 중앙값은 극단적인 값에 의해 평균값이 대푯값으로 부적절할 경우 평균을 보완하거나 평균 대신으로 사용한다.[13] 예를 들어, 자료의 분포가 좌우 대칭의 분포와 다르게 지나치게 어느 한쪽으로 치우칠 때 산술평균보다는 중앙값이 더 좋은 대푯값이 될 수 있다.

(4) 대푯값의 비교

앞서 간략하게 살펴보았지만 일반적으로 가장 광범위하게 사용되는 대푯값은 평균이다. 중앙값은 자료가 양 끝쪽으로 지나치게 치우칠 경우 평균을 대체하거나 보완하는 역할을 한다. 한편, 최빈값은 정확성 및 신뢰성의 부족으로 말미암아 그 사용 범위가 제한적으로 적용된다.

[그림 2-4]에서 볼 수 있는 바와 같이 평균값(μ), 중앙값(Me), 최빈값(Mo)이 같을 때에는 가운데 그림 (b)와 같이 좌우 대칭 분포를 띠고 있다. 그러나 최빈값(Mo) >

---

11) 최빈값이 하나도 없을 수도 있고, 가장 빈도가 높은 두 개의 이상의 값을 가져도 무방하다. 예를 들어 5점 척도의 물음에 1, 2, 3, 4, 5으로 응답한 경우 최빈값이 없고 1, 2, 2, 3, 3으로 응답한 경우 최빈값은 두 개의 최빈값(2, 3)을 갖는다. 실제로 분포들을 분류하는 유용한 방법 중의 하나가 최빈값의 개수이다. 하나의 최빈값을 갖고 있는 경우 이를 단일봉우리형(unimodal), 두 개의 최빈값을 갖고 있을 때는 쌍봉우리형(bimodal), 그리고 세 개의 최빈값을 갖는 경우 삼봉우리형(trimodal) 분포라고 말한다.

12) 예를 들어, 자료가 1, 2, 3, 4, 5의 경우 중앙값은 3이고, 자료가 1, 2, 3, 4, 5, 6인 경우 중앙값은 (3+4)/2=3.5가 된다.

13) 평균값의 경우 매우 극단적인 값을 포함하고 있는 자료의 경우 이들 극단적인 값의 영향으로 자료의 특성을 나타내는 대푯값으로 사용하는 데 문제가 발생할 수 있다.

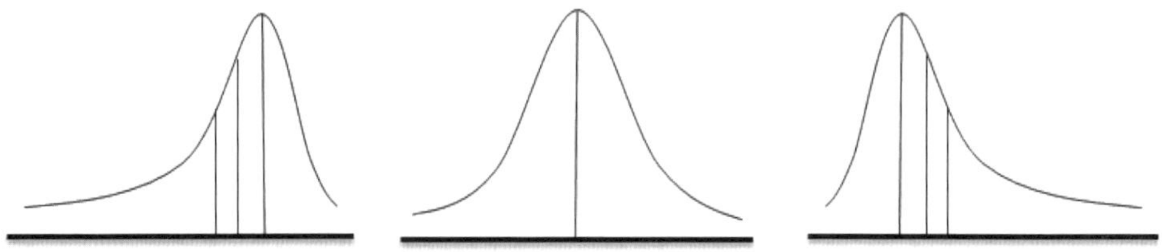

그림 2-4 분포도에 따른 집중경향값(산술평균, 중앙값, 최빈값) 비교

중앙값(Me) > 평균값(μ)의 순으로 된다면 그림 (a)와 같이 왼쪽꼬리 분포의 형태를 취한다. 평균값(μ) > 중앙값(Me) > 최빈값(Mo)의 순으로 된다면 그림 (c)와 같이 오른쪽꼬리 분포 모양을 갖는다. 따라서 평균값(μ), 중앙값(Me), 최빈값(Mo)이 서로 다를 때에는 최빈값(Mo) > 중앙값(Me)의 경우 왼쪽꼬리 분포 형태를, 최빈값(Mo) < 중앙값(Me)의 경우 오른쪽꼬리 분포의 형태를 띤다.

2) 분포도

양적 자료의 대푯값(집중경향값 또는 중심경향값)만으로 자료의 특성을 나타내는 데 한계가 있을 수 있다. 자료가 대푯값을 중심으로 몰려 있는지, 아니면 넓게 흩어져 있는지에 대한 정보는 앞서 살펴본 대푯값을 통해 획득이 불가능하다.

따라서 대푯값의 불완전성을 보완하기 위해 자료에 대한 퍼짐 정도, 즉 분포도의 분산에 대한 정보가 요구된다. 이와 관련되는 분포도에는 범위, 사분위편차, 평균편차, 분산 및 표준편차 등이 많이 사용된다.

(1) 범위

범위(range)는 어떤 자료집합의 가장 큰 측정값(최댓값)에서 가장 작은 측정값(최솟값)을 뺀 값이다. 따라서 범위는 분포도를 측정하는 방법 중에서 가장 간단하고 편리하다. 그러나 최댓값과 최솟값 두 개만을 고려하므로 범위 내에 어떠한 변화나 특징을 전혀 반영하지 못한다. 또한 개방 구간의 경우 범위를 구할 수 없다. 이러한 단점들로 인해 신뢰할 만한 분포도의 척도로 사용하기는 매우 어렵다.

(2) 사분위편차

사분위편차(quartile deviation: QD)는 모든 자료를 크기순으로 나열하여, 최솟값에서 시작하여 큰 방향으로 75% 위치에 있는 자료(3분위자료: Q_3)에서 최솟값에서 25%에 위치해 있는 자료(1분위수: Q_1)의 차이로 계산된다. 따라서 사분위편차는 최댓값과 최솟값만을 고려하는 범위보다 중간에 위치한 값들을 어느 정도 고려한 값으로 극단적인 값들의 영향을 적게 받게 된다. 이러한 측면에서 사분위편차는 범위에 비해 분포도의 값 측면에서 조금 더 우수하다.

$$QD = \frac{(Q_3 - Q_1)}{2} \qquad \text{(식 2-2)}$$

(3) 평균편차

평균편차(mean deviation: MD)[14]는 평균과 관찰값 간의 편차의 평균값을 의미한다. 즉, 평균으로부터 관찰된 값들이 평균적으로 얼마나 떨어져 있는지를 나타낸다. 여기서 모든 자료에 대해 편차를 구하고 이를 모두 합치면 0이 된다(즉, $\sum(X_i - \overline{X}) = 0$). 이는 양의 편차와 음의 편차가 상쇄(cancel out)되기 때문이다.

$$MD = \frac{\sum(X_i - \overline{X})}{n} \qquad \text{(식 2-3)}$$

(4) 절대편차

평균편차의 단점을 보완하기 위한 절대편차(absolute deviation: AD)는 평균과 떨어진 정도의 절댓값의 평균[15]을 의미한다.

$$AD = \frac{\Sigma |X_i - \overline{X}|}{n} \qquad \text{(식 2-4)}$$

---

14) 여기서 편차(deviation)란 관찰값이 평균의 중심으로부터 떨어져 있는 거리를 의미한다. 관찰값이 평균보다 크면 양의 편차를 반대로 평균보다 작으면 음의 편차를 가진다.

15) 절댓값은 수학적 응용(가감승제) 계산이 불가능하다.

(5) 분산과 표준편차

분산(variation)[16]과 표준편차(standard deviation)는 자료의 분포도를 나타내는데 가장 많이 쓰이는 수치이다. 분산은 관찰치가 평균으로 떨어진 거리를 제곱한 값을 관측값으로 나눈 것으로 평균과 관측값 간에 거리의 제곱의 평균이다. 이렇듯 평균으로부터의 편차를 제곱해 계산하기 때문에 평균으로부터 멀리 떨어진 관찰값일수록 그 의미가 증폭되어 나타난다. 이런 분산값의 제곱근을 구한 것이 표준편차이다.[17]

$$\sigma^2 = \frac{\sum(X_i - \overline{X})^2}{N}, \quad \sigma = \sqrt{\frac{\sum(X_i - \overline{X})^2}{N}} \qquad \text{(식 2-5)}$$

$$S^2 = \frac{\sum(X_i - \overline{X})^2}{n-1}, \quad S = \sqrt{\frac{\sum(X_i - \overline{X})^2}{n-1}} \qquad \text{(식 2-6)}$$

(여기서 σ^2, σ: 모집단의 분산 및 표준편차, S, S^2: 표본의 분산 및 표준편차)

표본분산 및 표준편차(S^2, S)의 경우 N 대신 $n-1$로 나누어준다. (식 2-6)에서 만약 $(n-1)$ 대신에 n을 사용해 제곱편차의 평균을 구하게 되면 모집단의 분산 및 표준편차(σ^2, σ)을 과소평가하게 되어 편의(bais)된 추정값을 얻게 된다. 즉, 모집단의 분산 및 표준편차를 추정하는 데 적절한(편의되지 않는: unbaised) 분산 및 편차를 구하기 위함이며, 이를 자유도(degree of freedom: $d.f.$)라고도 한다.

(6) 변동계수

표준편차 및 분산은 자료들의 흩어진 정도(degree of dispersion)를 측정하기 위해 많이 이용된다. 그러나 집단 내 자료들 간의 실제 차이가 작은 집단이라도 다른 집단에 비해 평균이 크면 표준편차도 함께 증가하는 현상이 발생한다. 이러한 이유로 말미암아 표준편차는 평균이 상이한 집단들 간에 실질적(상대적) 차이를 구분하지 못하게 된다. 따라서 이러한 실질적(상대적) 차이를 측정하기 위해서는 표준편차를 평균

16) 분산 (식 2-6)을 보면, 샘플 수(n)가 커지면 커질수록, 자료의 관측값(X_i)들이 평균값($\overline{X}$)과 멀리 떨어져 있지 않을수록, 즉 평균값과 조밀하게 가까이 있을수록, 분산(또는 표준편차)이 적어짐을 알 수 있다.

17) 분산은 편차를 제곱했기 때문에 단위의 불일치 문제가 생긴다. 예를 들어, 길이 단위인 m: meter를 제곱하면 면적(m^2: area) 단위가 된다. 그러나 표준편차는 분산에 제곱근이므로(표준편차= $\sqrt{\text{분산}}$) 분산의 특성을 모두 가지고 있을 뿐만 아니라 관찰값 및 대푯값과 동일 단위로 사용되므로, 엄격히 말해 분산보다는 표준편차의 사용이 더욱더 바람직하다고 하겠다.

으로 나누게 되는데 이렇게 계산된 값을 변동계수(coefficient of variation: CV) 또는 변이계수라고 한다.[18)]

$$CV = 100 \times \frac{표준편차}{평균} \qquad (식\ 2\text{-}7)$$

예를 들어 A고등학교 수학성적 평균이 80점, 표준편차는 20점이라 하고, B고등학교의 경우 수학 평균 점수가 80점, 표준편차는 15점이라고 가정하자. 표준편차인 분포가 A고등학교가 크다. 따라서 단순히 A고등학교가 B고등학교에 비해 수학 성적에 대한 편차가 크다고 할 수 있는가? 하지만 이러한 비교는 문제가 발생될 수 있는데, A고등학교와 B 고등학교 간 평균값이 차이가 나기 때문이다. 따라서 변동계수를 살펴보면 A고등학교 25%, B고등학교 30%로 오히려 편차는 B고등학교가 더 큰 것을 알 수 있다.

A고등학교의 변동계수: 100 × (20/80) = 25%
B고등학교의 변동계수: 100 × (15/50) = 30%

이렇듯 평균값이 커서 표준편차도 따라서 커지는 현상이 발생하는데, 이런 경우 평균값의 크기에 좌우되지 않고 자료들 간의 실질적 격차를 비교할 경우 표준편차보다는 변동계수(CV)를 사용하는 것이 바람직하다.

3) 왜도와 첨도

자료의 특성을 파악하기 위해 대푯값 및 분포도와 함께, 분포가 기울어진 방향과 정도를 나타내는 왜도(skewness)와 분포가 얼마나 중심에 집중되어 있는가를 나타내는 첨도(kurtosis)를 사용한다.[19)] 앞의 대푯값의 비교에서 평균값(μ), 중앙값(Me), 최빈값(Mo)의 정보를 이용하여 어떠한 분포도의 모양을 갖추었는지 대략 알 수 있었다.

그러나 이러한 대푯값들만을 가지고 기울어진 정도의 크기를 알 수 는 없다. 따라서 왜도를 이용하여 어떤 분포가 어느 정도 더 왼쪽 또는 오른쪽으로 더 기울어져 있

18) 도시 간 주요 지표들의 분포도나 격차를 비교할 때, 평균값의 차이가 심하면 표준편차 또는 분산의 비교보다는 변이계수를 이용한 비교가 더욱더 타당한 기준이 될 수 있다(김호정, 2013: 80).

19) 왜도와 첨도의 경우 자료의 정규분포성을 알아보기 위해 사용되는 것이 일반적이다.

는지 그 기울어짐의 정도 또는 강도를 알 수 있다.

(1) 왜도(비대칭도)

왜도는 자료의 분포가 대칭인지 아닌지뿐만 아니라 방향성 정도를 확인하기 위한 특성값으로, 자료의 기울어진 정도를 수치로 표현하는 척도이다.

$$S_k = \sum_{i=1}^{n} \frac{[(X_i - \overline{X})/S]^3}{(n-1)} \qquad \text{(식 2-8)}$$

[그림 2-5]와 같이 $S_k=0$ 이면 좌우 대칭, $S_k<0$이면 왼쪽꼬리 분포, $S_k>0$이면 오른쪽꼬리 분포를 나타낸다.

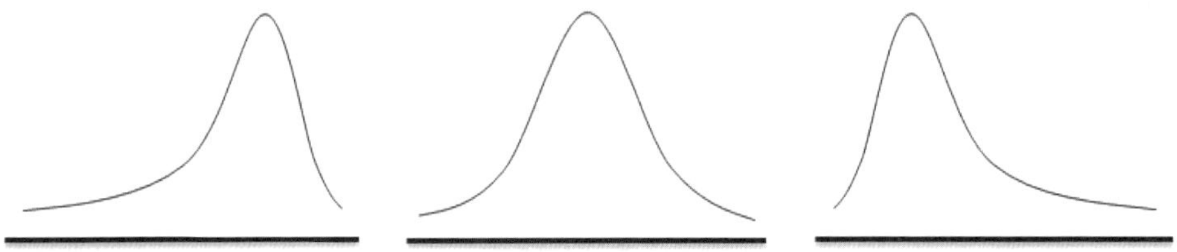

$S_k < 0$ (a) 왼쪽꼬리 분포 | $S_k=0$ (b) 좌우 대칭 | $S_k>0$ (C) 오른쪽꼬리 분포

그림 2-5 왜도에 따른 분포의 모양

(2) 첨도

첨도는 자료의 분포가 얼마나 뾰족한지를 나타내는 척도로 첨도가 큰 값을 가지면 뾰족한 봉우리를 갖고 작은 값을 가지면 평평한 봉우리를 갖게 된다.

$$K_t = \sum_{i=1}^{n} \frac{[(X_i - \overline{X})/S]^4}{(n-1)} - 3 \qquad \text{(식 2-9)}$$

여기서 [그림 2-6]과 같이 $K_t=0$ 정규 분포형, $K_t>0$ 정규 분포형보다 상대적으로 더 뾰족, $K_t<0$ 정규 분포형보다 완만한 분포를 나타낸다.

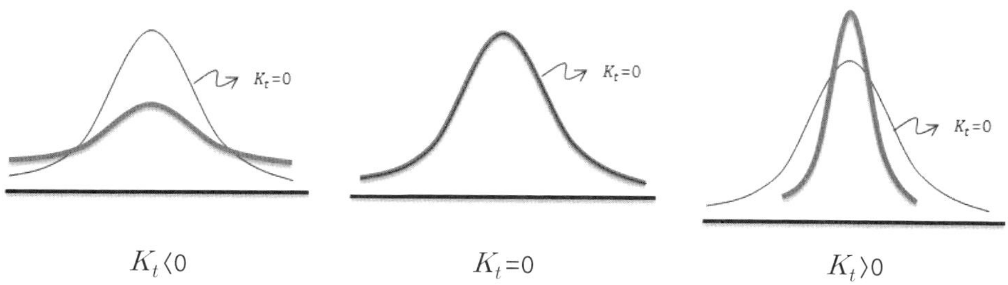

(a) 완만한 모형 (b) 정규분포 모형 (C) 뾰족한 모형

그림 2-6 첨도에 따른 분포의 모양

제4절 R Commander를 이용한 기술통계 분석 연습

1 도표의 작성(빈도분석)

R Commander를 이용해 질적 자료의 빈도분석을 실행하기 위해 우선 데이터셋에서 ‘지방재정’ 데이터를 선택한다. 빈도분석을 위해 ‘Q4인구증감’ 변수를 질적 변

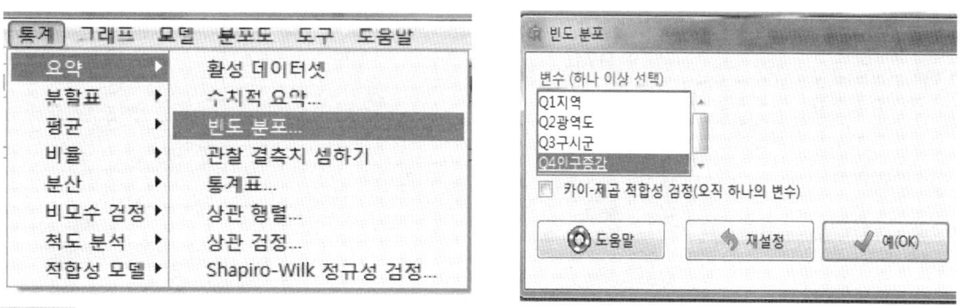

TIP

빈도분석은 질적 자료만 가능하기 때문에 사전에 요인변수로 설정되어 있어야 한다. 변수의 설정에 대해서는 1장의 ‘R Commander의 설치 및 기초’를 참고하면 된다.

그림 2-7 빈도분석 실행 절차

```
> .Table <- table(지방재정$Q4인구증감)
> .Table  # counts for Q4인구증감
감소 증가
117  109
> round(100*.Table/sum(.Table), 2)  # percentages for Q4인구증감
 감소  증가
51.77 48.23
> remove(.Table)
```

그림 2-8 빈도분석 결과

수로 정의하고, 하위 수준의 라벨을 부여한다.[20] 상단의 메뉴에서 '통계' → '요약' → '빈도분포'를 선택하면 [그림 2-7]과 같이 '빈도분포' 대화상자가 활성화된다. 빈도분석에 필요한 변수(Q4인구증감)를 선택하고 '예(OK)'를 클릭하면 [그림 2-8]과 같은 결과가 출력된다.

'Q4인구증감'에 대한 빈도분석 결과 [그림 2-8]을 표로 정리하면 <표 2-3>과 같다. 226곳의 기초자치단체별 2009년 대비 2003년 인구 증감에 대한 조사 결과는 조사 대상의 51.77%인 117개 기초자치단체에서 인구 감소를 보였고, 48.23%인 109개 기초자치단체는 2009년에 비해 2013년 인구가 증가한 것으로 나타났다.

표 2-3 빈도분석 결과의 자료 정리

	감소	증가	계
빈도	117	109	226
비율(%)	51.77%	48.23%	100%

2 그래프 그리기

대학 졸업생 취업 특성에 대한 응답자의 전공 계열의 빈도를 막대그래프로 표현해

20) Q4인구 증감변수는 감소=1, 증가=2로 코딩되어 있다. 요소(질적)변수로 정의와 라벨붙이기는 제1장 제3절 R Commander의 설치 및 기초를 참조하기 바란다.

보자.

먼저 R Commander 데이터셋에서 '취업특성' 자료를 선택한다. 그래프를 그리기에 앞서 'Q28전공계열' 변수를 질적변수로 정의하고 하위 수준의 라벨을 부여한다.[21] 이후 [그림 2-9]와 같이 상단의 메뉴에서 '그래프' 메뉴를 선택하면 다양한 형태의 세부 메뉴가 활성화된다. '막대그래프'를 선택하면, '막대그래프' 대화상자가 활성화된다. 우선 막대그래프를 그리기 위한 변수(Q28전공계열)를 선택하고 '그림 이름표'에 그래프 제목과 x-축 이름표, y-축 이름표에 각각 텍스트로 입력하면 된다. 만일 해당 부분에 입력을 원하지 않는다면, 기본값으로 설정된 '<auto>'라는 텍스트를 삭제하면 된다.[22] 이후 '예(OK)' 단추를 누르면 [그림 2-9]와 같이 막대그래프 창이 활성화된다.

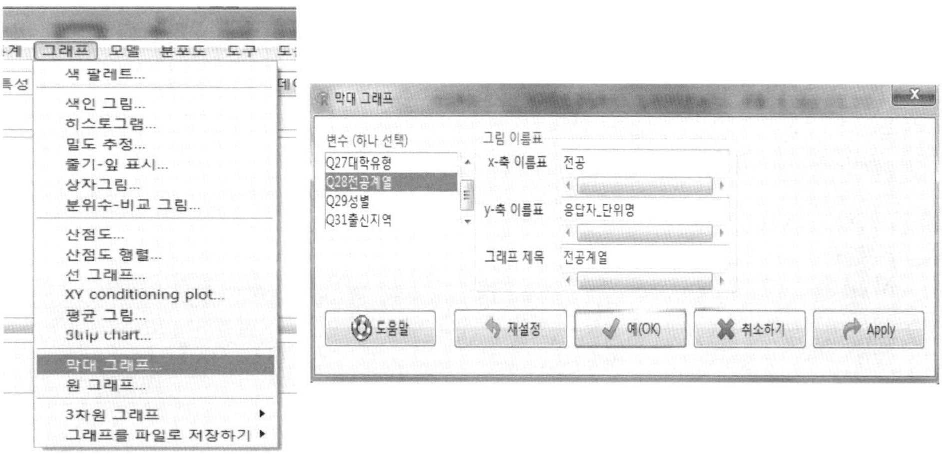

TIP

그림의 이름표는 직접 텍스트로 입력하면 된다. 입력하지 않고 공백으로 두어도 상관없다.

그림 2-9 막대그래프 그리기 실행 절차

---

21) 'Q28 전공계열' 변수는 '인문 계열=1', '사회 계열=2' '공학 계열=3' '자연 계열=4'로 코딩되어 있다.

22) 이 교재에서는 x-축 이름표에 '전공', y-축 이름표에 '응답자_단위명', 그래프 제목에 '전공계열'이라고 입력했다.

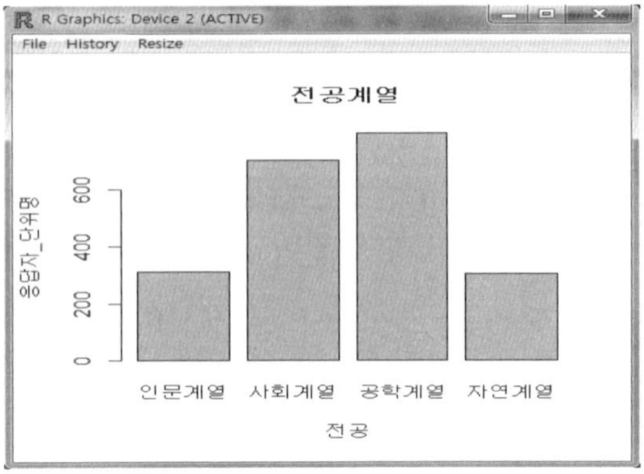

그림 2-10 막대그래프 그리기 실행 결과

만일, 두 변수를 기준으로 그래프를 그리고자 한다. 예를 들어 성별(Q29성별)에 따른 평균 토익점수(Q24토익점수[23])를 그래프로 나타내고 싶다면 [그림 2-11]과 같이 '그래프'→'평균그림'을 차례로 선택한다.[24]

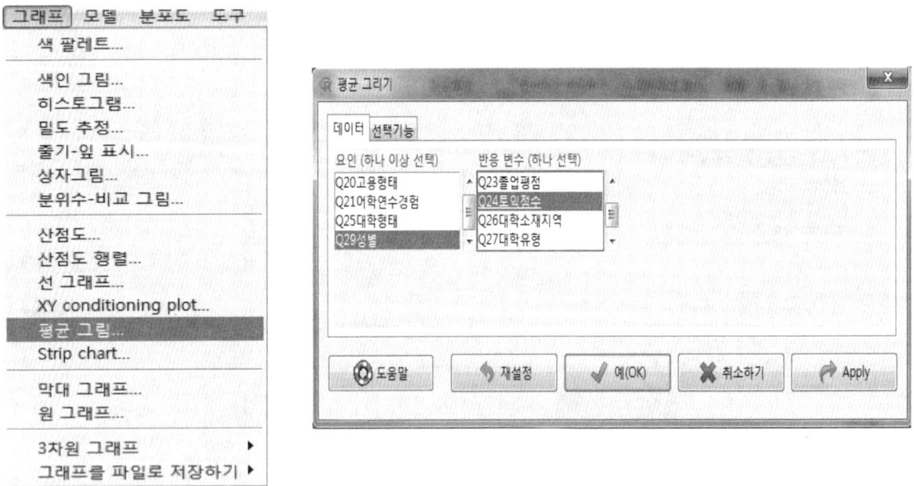

23) 'Q24토익점수'는 양적 자료로 졸업생의 토익시험성적을 입력한 값이다.
24) 이때 'Q29성별' 변수는 사전에 질적(요소)변수로 정의되어 있어야 한다. 질적(요소) 변수의 설정은 제1장 R Commander의 설치 및 기초를 참조하기 바란다.

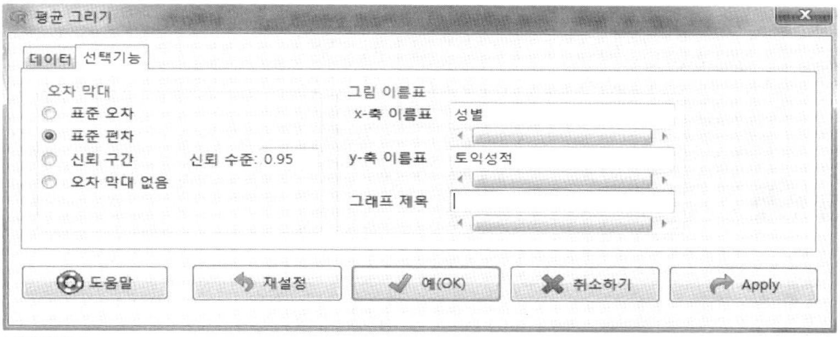

TIP

X-축, Y-축, 그림 제목을 텍스트 형태로 입력이 가능하다. 오차 막대에 대한 옵션 선택이 가능하다. 해당 예제에서는 옵션으로 '표준편차'를 선택하자.

그림 2-11 집단별 평균그림 실행 절차

[그림 2-11]과 같이 '평균그리기' 대화상자가 활성화되면 '데이터' 창에서 '요인'은 'Q29성별'을 선택하고, '반응변수' 'Q24토익성적'을 각각 지정한다. '선택 기능' 탭에서는 오차 막대에 대한 옵션을 선택할 수 있다. [그림 2-11]과 같이 '표준편차'를 선택한 후 '예(OK)'를 클릭하면 [그림 2-12]와 같은 그림창이 활성화된다. 그림을 보면 남

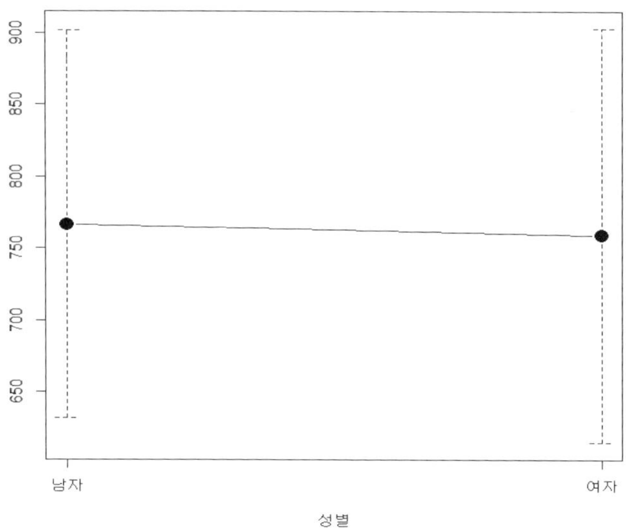

그림 2-12 집단별 평균그림 실행 결과

자 졸업생의 평균 토익성적은 여자 졸업생에 비해 높지만, 표준편차는 여자 졸업생이 더 넓은 것을 알 수 있다.

3 기술통계

R Commander를 이용하여 2009년도 기초자치단체의 재정자립도와 20013년도의 재정자립도에 대한 기술통계분석을 실시해 보자. 분석을 위해 우선 데이터셋에서 '지방재정' 데이터를 선택한다. R Commander 상단의 메뉴에서 '통계' → '요약' →

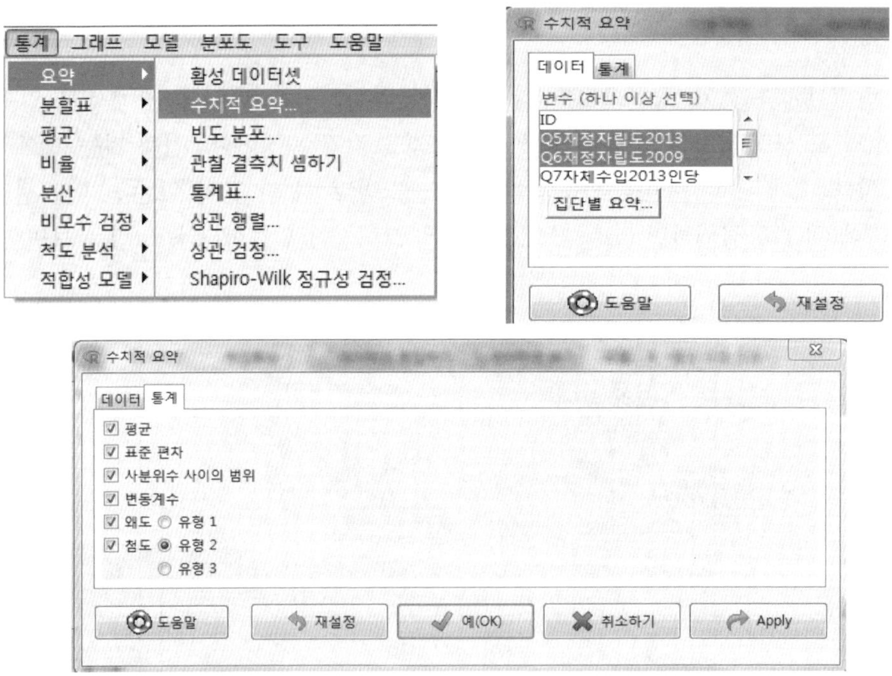

TIP

유형 선택은 출력 결과의 모형을 나타내는 것으로 큰 의미는 없다.
데이터 선택에서 'Ctrl'키를 누른 상태에서 마우스로 여러 변수의 선택이 가능하다. 한편 모든 변수에 대한 기초적인 대푯값(평균, 최솟값, 중앙값, 최댓값 등)을 구하기 위해서는 '통계'→'요약'→'활성 데이터셋'을 클릭하면 된다.

그림 2-13 기술통계 분석 실행 절차

'수치적 요약'을 선택하면 [그림 2-13]과 같이 '수치적 요약' 대화상자가 활성화된다. 먼저 '데이터' 탭에서 기술통계 분석 대상 변수인 'Q5재정자립도2013'과 'Q6재정자립도2009'를 선택한다. 다음 옆쪽 '통계' 탭에서 필요한 옵션을 선택한 이후 '예(OK)'를 클릭하면 [그림 2-14]와 같이 기술통계 분석 결과가 출력된다.[25)]

```
>numSummary(지방재정[,c("Q5재정자립도2013", "Q6재정자립도2009")], statistics=c("mean",
"sd", "IQR", "quantiles", "cv", "skewness", "kurtosis"), quantiles=c(0,.25,.5,.75,1), type="1")

                   mean       sd      IQR     cv        skewness  kurtosis
Q5재정자립도2013 26.6385 14.92312 21.550 0.5602090 0.9436155 0.2673977
Q6재정자립도2009 28.5177 17.09490 22.225 0.5994487 1.1231521 0.6530862

                   0%    25%    50%  75%    100%  n
Q5재정자립도2013 7.3   14.325 22.4 35.875 75.9  226
Q6재정자립도2009 7.2   15.125 23.0 37.350 85.7  226
```

그림 2-14 기술통계 분석 결과

출력된 결과를 정리하면 <표 2-4>와 같다. 2013년 기초자치단체별 재정자립도는 최솟값이 7.3% 최댓값이 75.9%로 기초자치단체별 재정 격차가 큰 것으로 나타났다. 중앙값은 22.4%, 평균값은 26.64%로 나타났다. 왜도(skewness)는 0.94로 정규분포에 비해 오른꼬리 분포를 나타내고 있고, 첨도(kurtosis)의 경우 0.27로 정규분포에 가까운 모양을 하고 있지만 조금 뾰족한 형태인 것으로 나타났다.

2009년 재정자립도와 비교하여 평균값이 28.51%에서 2013년 26.64%로 증가한 것으로 나타나 지방자치단체의 재정자립도가 2009년에 비해 2013년 악화된 것으로 나타났다. 반면, 기초자치단체간 재정자립도 편차는 2009년 변이계수(CV)값이 0.60에서 2013년 0.56으로 감소해 재정자립 간의 편차는 오히려 감소했다.

표 2-4 기초지방자치단체 재정자립도

	N	최솟값	최댓값	중앙값	평균	표준편차	CV	왜도	첨도
2009	226	7.2	85.7	23.0	28.51	14.92	0.60	1.12	0.65
2013	226	7.3	75.9	22.4	26.64	14.92	0.56	0.94	0.27

25) 이 책에서는 모든 옵션을 평균, 표준편차, 사분위수, 변동계수, 왜도, 첨도를 모두 선택했다.

제 3 장 확률과 확률분포

제 1 절 확률의 기초

우리는 생활에서 어떤 일이 일어날 확률이 높다 · 낮다는 표현을 통해 자기의 주장의 신뢰성을 높인다. 흡연자의 폐암 발병 확률이 비흡연자보다 6.5배 높다는 정보에 우리는 흡연과 폐암 발생 간의 관련성이 높다고 인식한다. 한편 확률 형태로 표현되는 정보를 기초로 의사 결정을 내린다. 기상청 홈페이지에 오늘 비가 올 확률이 90%라는 정보를 얻었다면 우산을 챙길 것이다.

확률은 어떤 결과가 나올지 모르는 불확실한 상황에서 의사 결정을 하거나 정책 결정을 하는 데에 아주 유용한 개념이다. 정부의 예산, 인력, 장비는 한정되어 있어 효율적 관리와 집행을 위한 의사 결정에는 직 · 간접적으로 확률의 개념이 내포되어 있다. 예를 들어, 여름철 산사태와 침수에 대비해 사고 확률이 높은 지역을 선정하여 특별관리한다든가, 산불 발생 가능성이 높은 건조 기후 시기에는 입산을 통제한다든지, 각종 질병이 빈번히 발생하는 지역에 방역활동을 강화하는 것 등, 이 모든 행정 관련 사례들은 의식 · 무의식적으로 확률을 주요한 근거로 하여 결정되고 집행된다고 하겠다(김호정, 2013: 97).

이렇듯 확률은 불확실한 결과에 대한 가능성을 수학적으로 표현된 예측이다.[1] 확률이론들은 이후 추론통계학의 기초가 된다. 동전이 앞면이 나올 확률은 1/2, 주사위

1) 우리는 이미 어떤 사건이 일어날 확률을 0과 1 사이, 즉 0%~100% 등의 숫자로 측정하여 표현하는 데 익숙해져 있다.

의 특정 눈금이 나올 확률은 1/6인 것처럼, 확률은 특별한 성질을 갖는 변수의 결과 또는 값의 분수(fraction) 또는 비율(proportion)이라고 말할 수 있다(이준형, 2000: 104).

1 확률의 정의

확률(probability)은 어떻게 정의되는가? 확률의 종류는 크게 객관적 방법과 주관적 방법으로 구분해 설명할 수 있으며, 객관적 방법은 경험적 방법과 논리적 방법으로 다시 구분해 설명할 수 있다.

사회 현상에 대한 자료를 수집할 때 관찰 또는 실험의 결과를 관측을 통해 이루어진다. 이러한 우연한 사건의 결과를 관찰하는 과정을 확률실험(random experiments)이라고 하고, 이러한 관찰이나 실험을 통해 얻어지는 결과나 사건을 사상(event)이라고 한다. 확률실험을 반복적으로 시행할 경우, 특정 사건의 발생빈도에 따라 확률을 정할 수 있다.

경험적 방법은 실제로 경험을 통한 자료의 수집과 분석을 기초로 통계조사를 반복적으로 시행하면 한 사상이 발생하는 상대도수는 일정한 법칙을 따른다는 것을 경험에 비추어 알 수 있다. 예를 들어 구슬이 들어 있는 상자에서 1개의 구슬을 뽑아 색깔을 확인한 이후 다시 상자에 넣는 실험을 가정해 보자. 실험을 100회 반복한 결과 노란색 구슬이 50회 관찰되었다면 상자에서 노란색 구슬이 선택될 확률은 50/100, 즉 1/2이라고 정의한다. 이렇듯 사건의 상대적 발생빈도를 기초로 해당 사건의 확률로 인식하게 되는데, 이러한 실험을 무수히 많이 반복했을 때 특정한 확률 p에 수렴하게 된다. 이때 확률 p를 해당 사건이 일어날 확률로 정의하는 것이다. 이러한 확률적 정의를 경험적 방법에 의한 정의 또는 상대빈도적 정의라고 한다.

$$P(A) = \lim_{n \to \infty} \frac{f}{n} \to p \qquad \text{(식 3-1)}$$

(단, n: 총 시행 횟수, f: 사상 A의 발생 횟수(빈도))

한편 주위 사람들에게 동전을 던져 앞면이 나올 확률이 얼마냐고 물어보면, 1/2이라고 대답한다. 1부터 6까지 숫자가 있는 주사위를 던졌을 때 1이 나올 확률이 얼마

냐는 질문에 1/6이라고 답할 것이다. 그렇다면, 이러한 확률은 실험을 하지 않고도 어떻게 정의한 것일까? 이는 실험을 통해서가 아닌 논리적 추론을 통해 얻은 결과이다. 이렇듯 논리적 추론에 확률을 정의하는 것을 논리적 추론에 의한 확률의 정의라고 한다. 논리적 방법에 의한 확률의 정의는 고전적 확률 개념이라고도 하는데, 17세기 라플라스(Pierre Simon Laplace)에 의해 정립된 확률 개념이다. 수리적인 표현을 하자면 다음과 같다. 확률실험에서 가능한 모든 결과의 집합인 표본공간(sample space)의 각 원소인 사상들이 일어날 확률이 모두 같고, 이들 원소들이 상호배타적(mutual exclusiveness)[2]일 때, n개의 원소로 구성된 사상 A가 일어날 확률로 (식 3-2)와 같이 정의된다.

$$P(A) = \frac{A\text{에 속하는 사상의 개수}}{\text{발생 가능한 모든 사상의 개수}} \qquad \text{(식 3-2)}$$

주관적 방법은 개인적 의견이나 판단 및 경험이 반영된 확률로 볼 수 있다. 각 사상들이 동일하지 않을 수도 있으며, 경험적 객관적 자료를 구하기도 매우 어려운 상황이 있을 수 있다. 이러한 경우 부득이 주관적 판단에 의한 확률을 구할 수밖에 없다. 예를 들면, 어떤 프로야구 전문 해설가는 앞으로 5년 이내에 류현진 선수가 월드시리즈에 진출해서 우승할 확률이 30%라고 말했다고 가정하자. 이는 개인적인 주관에 의해 결정되는 개념의 확률이므로 다른 전문가와 야구팬들의 확률과는 다를 수 있다. 따라서 주관적 확률은 수학적으로 설명하기 어렵다.

2 확률의 공리 및 덧셈 법칙

1) 확률의 공리

앞서 정의한 확률은 다음 몇 가지 공리(axiom)가 만족한다고 가정한다. 먼저 어떤 사건(사상) A가 일어날 확률은 $0 \le P(A) \le 1$ 이라는 것이다. 즉, 어떤 사건의 확률

2) 두 개의 사상 A와 B 간의 공통된 원소가 없는, 즉 $A \cap B = \varnothing$인 두 사상을 상호배타적인 사상이라고 한다. 즉, $P(A \cap B) = 0$인 경우를 말한다.

이라는 것은 음수의 값도 1을 넘는(초과한) 값도 될 수 없다는 것이다. 확률이 0이라는 것은 어떤 사건이 일어날 가능성이 없다는 것이고, 1이라는 것은 어떤 사건이 100% 발생한다는 의미이다. 둘째, 확률실험을 통해 얻을 수 있는 모든 결과의 집합인 표본공간 S에 대해 $P(S)=1$이라는 것이다. 동전 던지기를 가정했을 때 표본공간 S={앞면, 뒷면}일 것이다. 따라서 동전 던지기를 하면 앞면 또는 뒷면의 결과를 관찰할 수 있을 것이다. 따라서 $P(S)$의 확률은 1이 되고, 반대로 $P(S^c)=0$이 된다. 셋째, 표본공간의 사상들이 상호배타적일 때 사상 A 또는 B가 일어날 확률($P(A\cup B)$)은 $P(A)+P(B)$와 같다. 즉, 상호배타적인 사상의 경우 그 합집합의 확률은 각 사상의 확률의 합과 같다(박명섭 · 박광태 2008). 즉, 동전 던지기에서 앞면(1/2) 또는 뒷면(1/2)이 나올 확률은 $1/2+1/2=1$이 된다.

〈확률의 공리〉

1. 어떤 사건(사상) A가 일어날 확률은 $0\leq P(A)\leq 1$
2. 표본공간 S에 대해 $P(S)=1$
3. 상호배타적인 사상 A, B에 대해 $P(A\cup B)=P(A)+P(B)$

2) 확률의 덧셈 법칙

확률의 덧셈 법칙은 두 가지 사상 가운데 어느 한 가지 사상이 일어날 확률, 즉 A 또는 B가 일어날 확률을 의미하고, 수리적으로 $P(A\cup B)$으로 표현한다. 확률의 덧셈 법칙의 정의는 (식 3-3)과 같다.

$$P(A\cup B)=P(A)+P(B)-P(A\cap B) \qquad \text{(식 3-3)}$$

그러나 사상 A, B가 상호배타적인 경우 $(A\cap B)=\varnothing$이므로 $P(A\cap B)=0$이 된다. 따라서 상호배타적 사상의 경우 공리 3과 같이 $P(A\cup B)=P(A)+P(B)$으로 정의할 수 있다.

먼저 상호배타적인 경우의 예를 통해 살펴보자. 어떤 설문조사의 응답자 100명의 학력을 조사해 보니 초등 이하 25명, 중등 25명, 고등 25명, 대학 이상이 25명이었다. 여기서 한 사람을 뽑을 때 중등 이하(초등 또는 중등 학력)의 학력 소지자가 뽑힐 확률은 (25+25)/100 = 1/2이다. 확률의 덧셈 법칙을 이용한다면, 초등 이하의 학력을 $P(A)$, 중등 이하의 학력을 $P(B)$라 하면, $P(A \cup B)=P(A)+P(B)=(25/100)+(25/100)=50/100$이 될 것이다.

그림 3-1 상호배타적인 경우

상호배타적이 아닌 경우 확률을 덧셈 법칙을 이용해 보자. 고등학교 재학생 100명을 대상으로 사교육에 대한 조사를 해 보았다. 영어 과외를 받는 학생은 70명, 수학 과외를 받고 있는 학생은 60명, 그리고 영어와 수학을 모두 받는 학생은 50명으로 조사되었다. 여기서 1명의 학생을 무작위로 추출했을 때 영어 또는 수학 과외를 받을 확률은 "(영어 또는 수학 과외를 받는 학생 수[3])/전체"일 것이다. 따라서(70+60−50)/100=80/100이다. 확률의 덧셈 법칙을 이용하면, $P(A \cup B)=P(A)+P(B)-P(A \cap B) = (70/100)+(60/100)-(50/100)=80/100$이다.

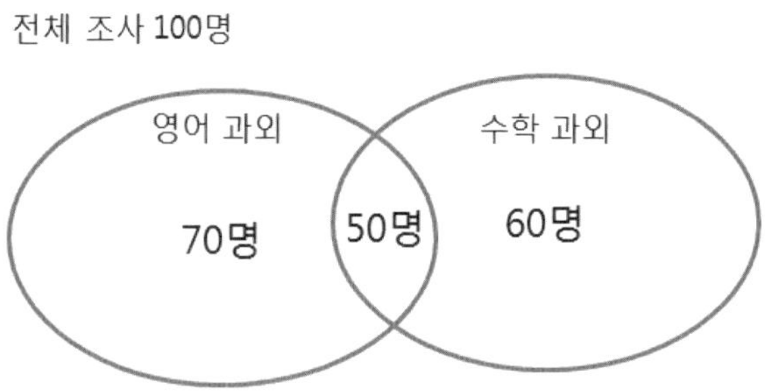

그림 3-2 상호배타적이 아닌 경우

---

3) 영어 또는 수학 과외를 받는 학생의 수는(영어 과외를 받는 학생 수+수학 과외를 받는 학생 수)−(영어와 수학을 동시에 과외를 받는 학생 수)이다. 즉, $A \cup B=A+B-(A \cap B)$이다.

3 조건부 확률과 곱셈 법칙

조건부 확률(conditional probability)이란 것은 앞에 일어난 사상(사건)의 결과에 따른 조건에서 다음 사상(사건)이 일어날 확률을 의미한다. 예를 들어 흰 공 2개와 검은 공 2개가 있는 주머니에서 한 개씩 두 번을 뽑는 실험을 한다고 가정한다. 그리고 첫 번째 뽑힌 공을 주머니에 다시 넣지 않고, 두 번째 공을 뽑는 비복원추출(sampling without replacement)을 할 경우를 생각해 보자. 두 번째 흰 공이 뽑힐 확률은 첫 번째 어떤 공이 뽑혔는지에 따라 달라질 것이다. 즉, 첫 번째 흰 공이 뽑혔다면 주머니에 흰 공 1개와 검은 공 2개가 남게 되어 두 번째 흰 공이 뽑힐 확률은 1/3이 될 것이다. 이렇듯 사상(사건) B가 일어난 조건에서 사상(사건) A가 일어날 확률은 수리적으로 $P(A|B)$로 표현하고, 조건부 확률 $P(A|B)$에 대한 정의는 (식 3-4)와 같다.

$$P(A|B) = \frac{P(A \cap B)}{P(B)} \qquad \text{(식 3-4)}$$

조건부 확률은 어떤 사건이 일어난 조건하에서 특정 사상(사건)이 발생할 확률을 의미하는 것으로 이들 사상(사건) 간의 관계가 매우 중요한 요소가 된다. 즉, 사상(사건)이 상호독립적이냐 아니냐가 매우 중요한 요소가 된다. 앞의 비복원추출에서와 같이 A(첫 번째)라는 사상(사건)에 따라 B(두 번째) 사상(사건)이 일어날 확률이 달라진다면 A사상은 B사상에 종속되어 있다고 한다. 즉, 사상(사건) A와 B는 상호독립적이지 않다고 할 수 있다.

하지만 앞의 실험에서 첫 번째 뽑힌 공을 주머니에 다시 넣는 복원추출(sampling with replacement)의 경우는 첫 번째 흰 공이 뽑힌 조건에서 두 번째 흰 공이 뽑힐 확률은 2/4이다. 반대로 첫 번째 검은 공이 뽑힌 조건에서 흰 공이 뽑힐 확률 역시 2/4로 동일하다. 즉, 복원추출의 경우 앞의 사건이 뒤에 일어날 사건에 영향을 주지 않는다. 이러한 경우에 A와 B를 상호독립적(independent)인 사상(사건)이라고 한다. A와 B가 상호독립적일 때 조건부 확률은 (식 3-5)와 같이 정의된다.

$$P(A|B) = P(A), \quad P(B|A) = P(B) \qquad \text{(식 3-5)}$$

(단, 사상 A와 B가 상호독립적일 때)

(식 3-5)와 같이 $P(A|B)=P(A)$, $P(B|A)=P(B)$를 만족하게 되면 사상(사건) A와 B는 상호독립적이다라고 할 수 있다. 즉, 사상(사건) A와 B가 상호 독립인 조건이 될 것이다.

3) 확률의 곱셈 법칙

확률의 곱셈 법칙에 의해 구하는 확률은 두 개 이상의 사상이 동시에 발생하는 확률을 의미한다. 따라서 확률의 곱셈 법칙은 여러 개의 사상이 동시에 발생할 확률을 구할 때 사용된다. 예를 들어, 어떤 회사의 신입사원 채용 과정에서 <표 3-1>과 같이 20명의 응시자가 최종면접을 보았다고 한다. 그렇다면 신입사원 1명을 뽑는다고 가정할 경우 지방의 전문대학 출신이 채용될 확률은 얼마인가? 즉, 지방 출신(A)이면서 동시에 전문대학 출신(B)인 확률을 의미한다. 논리적 방법에 의한 확률의 정의에 따라 1/20이 될 것이다.[4)]

표 3-1 최종 면접 응시자의 학력 및 지역별 구성

	고교 졸업	전문대 졸	대학교	대학원 이상	계
수도권	0	1	3	9	13
지방	1	1	2	3	7
계	1	2	5	12	20

한편, 사상(사건) A와 B가 동시에 일어날 확률은 앞서 살펴본 조건부 확률식(식 3-4)을 이용하여 (식 3-6)과 같이 정의할 수 있다.

$$P(A \cap B) = P(B) \times P(A|B) = P(A) \times P(B|A) \qquad (식\ 3\text{-}6)$$

즉, A와 B가 동시에 일어날 확률은 B가 일어날 확률에 B가 일어날 조건에서 A가 일어날 확률의 곱과 같다. 이는 반대로 A가 일어날 확률에 A가 일어날 조건에서 B가 일어날 확률의 곱과 같다는 것이다. 앞의 예에서 지방 출신이면서 동시에 전문

4) $P(A \cap B) = \dfrac{A\text{와 } B\text{에 동시에 속하는 사상의 개수}}{\text{발생 가능한 모든 사상의 개수}} = \dfrac{1}{20}$

대학 출신이 채용될 확률은 먼저 지방 출신이 채용될 확률($P(A)=7/20$)에다 지방 출신인 조건에서 전문대 출신이 채용될 확률($P(B|A)=1/7$)의 곱($P(A)\times P(B|A)=(7/20)\times(1/7)=1/20$)과 같다.

만일 두 사상(사건) A와 B가 상호독립적인 경우는 $P(A|B)=P(A)$, $P(B|A)=P(B)$가 되므로 상호독립적 사상(사건) A, B가 동시에 일어날 확률은 (식 3-7)이 된다.

$$P(A\cap B) = P(A)\times P(B) \qquad \text{(식 3-7)}$$

(단, 사상 A와 B가 상호독립적일 때)

그렇다면 A와 B가 상호독립적인 경우의 예를 살펴보자. 공무원 시험 응시자를 대상으로 남・녀 각각 100명씩 군가산점에 대한 찬성・반대를 물었다. 남자의 경우 80명이 찬성을 했고 여자는 30명이 찬성했다고 하자. 여기서 남・녀 각각 1명의 응시자를 무작위로 뽑았을 때 남・녀 모두 군가산점 제도에 대해 찬성할 확률은 얼마인가? 남자의 찬성 확률을 $P(A)$, 여자의 찬성 확률을 $P(B)$라 하면, A와 B가 상호독립적이므로 (식 3-7)에 의해 $P(A\cap B)=P(A)\times P(B)=(80/100)\times$ $30/100)=2400/10000=0.24$이다.

4 결합(동시)확률과 주변(한계)확률

결합(동시)확률(joint probability)은 앞의 확률 곱셈 법칙에서처럼 두 개 이상의 사상이 동시에 발생하는 확률을 의미한다. 앞의 <표 3-2>를 다시 살펴보기로 하자. 예를 들어, 지방대 출신으로 고교 학력을 갖고 있는 결합(동시) 확률은 1/20이다. 또한

표 3-2 최종면접 응시자의 학력 및 지역별 구성

	고교 졸업	전문대 졸	대학교	대학원 이상	계
수도권	0	1	3	9	13
지방	1	1	2	3	7
계	1	2	5	12	20

수도권 출신으로 대학교 학력을 갖고 있는 동시(결합)확률은 3/20이다. 즉, 가로축(학력)과 세로축(지역)이 교차하는 셀의 확률이 결합(동시) 확률이다.

주변(한계)확률(marginal probability)은 같은 성질을 지닌 동시(결합)확률들의 합을 의미한다. 수도권 출신의 주변(한계)확률은 13/20(즉, 0/20+1/20+3/20+9/20=13/20)이며, 지방 출신의 주변(한계)확률은 7/20(즉, 1/20+1/20+2/20+3/20=7/20)이 된다. 마찬가지로 고교 졸업자의 주변(한계)확률은 1/20(즉, 0/20+1/20=1/20)이며, 대학원 이상 졸업자의 주변확률은 12/20(즉, 9/20+3/20=12/20)이 된다. 이와같이 주변확률은 가로축 또는 세로축 셀들을 합한 확률값으로 볼 수 있다. 물론 동시확률의 총합과 주변확률의 총합은 1이 된다.

5 베이즈 정리

예를 들어 사상 A가 사전에 일어날 확률이 1/2이라고 알려져 있다고 하자. 그런데 사상 A에 대한 추가적인 정보(B)를 얻었다면, 사상 A의 확률을 수정할 필요가 있다. 즉, 어떤 추가적인 정보가 주어졌다면 A의 확률은 $P(A|B)$ 형태인 조건부 확률이 될 것이다. 예를 들어 독감이 걸릴 사상을 A라고 가정해 보자. 고열을 동반한 감기 환자 중 10%가 독감 환자인 것으로 알려져 있다. 그런데, 얼마 전 독감검사 방법이 개발되었는데, 이 검사 방법에 따르면 독감 환자의 99%가 양성반응을 보이고, 비독감 환자의 2% 정도도 양성인 것으로 나타난다고 한다. 만일 고열을 동반한 고열 환자가 해당 검사 방법으로 양성 반응을 보였을 때, 독감에 걸렸을 확률은 얼마인가를 알아보려고 한다.

위의 예와 같이 고열을 동반한 감기 환자 중 10%가 독감 환자라는 사전의 정보에 독감검사 결과 양성이라는 추가적인 정보로 인해 사상 A의 확률은 $P(\text{독감}|\text{양성})$로 수정될 필요가 있다. 이와같이 추가적인 정보를 알기 이전의 확률을 사전확률(prior probability)[5]이라고 하고, 그리고 새로운 정보가 주어졌을 때, 새로운 정보 조건 하에서 확률을 구한다고 하여 사후확률(posterior probability),[6] 즉 $P(\text{독감}|\text{양성})$인 확률을 의미한다. 사후확률은 사전확률보다 의사 결정을 하는 데 더 나은 근거를 제공하

5) 여기에서는 '고열을 동반한 감기 환자 중 10%가 독감 환자이다.' 확률 $P(A_{\text{독}})=0.1$

6) 여기에서는 '양성반응인 조건 하에서 독감 환자일 확률' $P(\text{독감}|\text{양성})$를 의미한다.

는데, 이러한 새로운 정보를 이용해 사후확률을 구하려는 이론이 베이즈 정리(Bayes' theorem)[7]이다. 즉, 베이즈 정리는 사후에 일어날 수 있는 사상에 관한 정보를 가지고 알려지지 않은 어떤 사상의 확률을 구하는 데 사용될 수 있다.

베이즈 정리

표본공간 S를 분할하는 i개의 상호배타적인 사상 A_1, A_2 ...A_i에 대해 임의의 사상 B가 주어졌을 때, 조건부 확률 $P(A|B)$는?

$$P(A_K|B) = \frac{P(B \cap A_K)}{\sum P(B|A_i)P(A_i)}$$ [8]

(단, $P(A_i) > 0$, $P(B) > 0$)

앞의 예를 통해 사후확률, 즉 고열을 동반한 고열 환자가 해당 검사 결과 양성반응을 보였을 때, 독감에 걸렸을 확률을 계산해 보자. 먼저 주어진 문제에서 고열 환자가 독감일 확률 $P(A_{독})$=0.1이다. 그리고 사상 $B_{양}$를 양성반응이라면, 독감 환자가 양성반응을 나타낼 확률 $P(B_{양}|A_{독})$=0.99, 비독감 환자가 양성반응을 보일 확률 $P(B_{양}|A_{비독})$=0.02이다. 검사 결과 양성반응을 보인 환자가 독감에 걸릴 확률($P(A_{독}|B_{양})$)은

$$P(A_{독}|B_{양}) = \frac{P(B_{양} \cap A_{독})}{\sum P(B|A_i)P(A_i)} = \frac{P(A_{독})P(B_{양}|A_{독})}{P(B_{양}|A_{독})P(A_{독}) + P(B_{양}|A_{비독})P(A_{비독})}$$

$$= \frac{0.1 \times 0.99}{(0.1 \times 0.99) + ((1-0.1) \times 0.02)} = 0.8461$$

이다.

---

7) 1986년 챌린저(Challenger) 우주왕복선이 발사되기 전 미 공군에서는 우주선 엔진의 고장 확률을 베이즈 정리를 이용하여 계산한 적이 있는데 35번 중 1번 정도는 고장이 생길 수 있다고 발표했다. 발사대를 떠난 직후 폭발하여 비극적으로 끝난 챌린저 우주왕복선은 25번째 비행이었다(박주문, 2010: 58).

8) 사상 B가 일어났을 경우, 사상 B를 일으킬 수 있는 사건들이 n개 있고, 이를 A_i라고 정의할 때 사건 B가 일어날 확률은 $P(B)=P(B\cap A_1)+P(B\cap A_2)+\cdots+P(B\cap A_i)$ 된다. 따라서 $P(B)=\sum P(B\cap A_i)$ $=\sum P(A_i \cap B)\,P(A_i)$ 이다.

제 2 절 확률변수와 확률분포

1 확률변수

사회 현상에 대한 자료의 수집은 관찰 또는 실험의 결과를 관측함으로써 이루어지게 되는데, 이러한 우연한 사건의 결과를 관찰하는 과정을 확률실험(random experiments)이라고 한다. 한편 이러한 관찰이나 실험을 통해 얻어지는 결과나 사건을 사상(event)이라 하고, 확률실험에서 가능한 모든 결과의 집합을 표본공간(sample space)이라고 한다. 확률변수는 이러한 확률실험을 통해 나타나는 사상에 기초하여 실수값으로 다시 정의한 것으로 각 값이 확률로 나타낼 수 있는 변수를 말한다.

예를 들어 동전 던지기를 할 경우 사상은 앞면과 뒷면이 나올 것이다. 이때 앞면을 '1', 뒷면을 '2'로 다시 정의한다면, 이것은 확률변수가 되고 확률변수 값은 $\{X=x: 1, 2\}$가 될 것이다. 한편, 동전을 세 번 던졌을 경우 앞면이 나온 숫자를 확률변수로 정의한다면, 확률변수 값은 $\{X=x: 0, 1, 2, 3\}$이 될 것이다. 한편, 행정통계론 수업을 듣는 학생을 10명 뽑는 경우 남자가 뽑히면 100, 여자가 뽑히는 경우 500이라는 정수값으로 확률변수를 정의했다면, 확률변수 값은 $\{X=x: 100, 500\}$이 될 것이다. 즉, 확률변수(random variable)란 표본공간을 구성하는 사건에 수치를 부여하는 것으로 두 개 이상의 값을 가지며, 각 값이 취할 수 있는 가능성을 확률로 나타낼 수 있는 변수를 말한다(황인창 외, 2005: 110). 이렇게 변수에 숫자를 부여하는 것은 수리적인 계산이 가능하도록 하기 위해서이다.

많은 통계학 서적에서 예로 들고 있는 동전 던지기를 기초로 설명하면 동전을 두 번 던지는 실험에서 동전의 앞면을 H, 뒷면을 T라고 할 때 동전을 두 번 던지는 시험의 모든 가능한 결과(표본공간)는 <표 3-3>과 같다.

이때 확률변수 X를 앞면이 나온 개수라고 정의하면 확률변수 X가 취할 수 있는 값은 $\{X=x: 0, 1, 2\}$이다. 그리고 확률변수 X는 각각 일어날 확률을 가진다. <표 3-4>과 같이 발생 가능한 모든 확률변수에 각각의 확률을 나타낸 표를 확률분포표(probability distribution)라고 한다.

표 3-3 표본공간 및 확률변수

표본공간	확률변수(X)
HH	2
HT	1
TH	1
TT	0

표 3-4 확률분포표

확률변수(X)	n	$P(X=x)$
0	1	1/4
1	2	2/4
2	1	1/4
계	4	4/4

이러한 확률변수는 크게 두 가지 형태로 구분된다. 예를 들어 주사위를 던졌을 때의 눈금의 수를 확률변수로 할 경우 1부터 6까지 정수로 나타날 것이다. 한편, 직급, 사람 수 등을 확률변수로 할 경우에도 정수로만 표시될 것이다. 반면, 몸무게, 신장, 속도, 온도, 투표율, 경제성장률의 경우 실수 공간의 값으로 연속성을 띠게 된다.[9] 이렇듯 연속된 모든 실수값으로 표시되는 확률변수를 연속확률변수(continuous random variable)라고 하고, 주사위 수와 같이 확률변수가 정수 형태로 정의되거나, 실수 공간에서 불연속적인 값을 취하는 경우 이산확률변수(discrete random variable) 또는 불연속확률변수라고 한다. 그리고 '남자=1', '여자=2'와 같이 질적 자료를 확률변수로 정의한 경우에도 불연속확률변수가 된다.

이처럼 이론상으로는 이산 또는 연속확률변수가 명백히 구분될 수 있으나, 현실적으로는 특히 사회과학 분야에서 구분을 하지 않는 경우가 많다. 즉, 불연속확률변수라고 하더라도 자료의 개수가 많고 가능한 변수값이 다양할 경우에는, 연속적 확률변수로 간주하여 통계 처리하는 사례를 흔히 발견할 수 있다(김호정, 2013: 108).

9) 그러나 실제로 모든 자료는 이산(불연속)적이라고 할 수 있다. 예를 들어, 신장을 측정하는데 그 신장의 크기를 소수 첫째 자리까지만 허용한다면 결과적으로 그 자료는 소수 첫째 자리에서 이산적이라고 할 수 있다(박주문, 2010: 62).

2 확률분포

확률분포(probability distribution)란 표본공간에 나타나는 확률변수가 취할 수 있는 모든 값과 그 값에 대응하는 확률을 동시에 표시한 것으로 표, 그림, 수식 등으로 표현이 가능하다. 이러한 확률분포는 확률변수의 성격에 따라 용어를 조금 달리 사용한다. 앞서 살펴본 바와 같이 확률변수가 이산(불연속)확률변수의 값들과 이들의 확률을 표시한 경우를 이산(불연속)확률분포(discrete probability distribution)라고 하고, 연속확률변수인 경우는 연속확률분포(continuous probability distribution)라고 한다.

그리고 확률변수에 대해 각각의 확률값으로 대응시키는 함수를 확률함수(probability function)라고 한다. 이런 확률함수를 확률변수의 특징에 따라 이산(불연속)확률변수를 확률값으로 대응시키는 함수를 확률질량함수(probability mass function)라고 하고, 연속확률변수가 취할 수 있는 실수 구간에 대해 확률을 대응시키는 함수를 확률밀도함수(probability density function)라고 한다. 따라서 이산(불연속)확률변수가 취할 수 있는 가능한 값들의 합은 (식 3-8)과 같이 정의되고, 연속확률변수의 경우 (식 3-9)와 같이 정의된다.

$$\sum P(X=x)=1 \qquad \text{(식 3-8)}$$

$$\int_{-\infty}^{\infty} f(x)dx=1 \qquad \text{(식 3-9)}$$

이산(불연속)확률분포의 대표적인 형태가 이항분포, 포아송분포(Poisson distribution) 등이 있고, 연속확률분포에는 정규분포, T 분포, F 분포, χ^2분포 등이 있다. 만일에 어떤 확률변수의 각각의 값에 대해 확률값을 대응시키는 확률질량함수 또는 확률밀도함수가 사전에 알려진 특정한 확률분포를 따른다면, 우리는 이러한 확률분포를 이용하여 특정 사건이 일어날 확률을 쉽게 계산할 수 있을 것이다.

즉, 이들 확률분포의 다양한 조건 및 가정을 이해한다면 특정 사건이 일어날 가능성을 쉽게 예측함으로써 의사 결정에 도움이 될 것이다. 어떤 확률분포를 사용할 것인가는 연구 목표 집단의 확률분포가 우리가 사용하려고 하는 확률분포에 내재되어 있는 가정들과 일치하느냐 또는 일치하지 않느냐에 따라서 결정된다. 일단 여러 가지 조건을 감안하여 확률분포가 결정되면 실제로 적용되는 통계적 분석 방법은 비교적 단순하다고 볼 수 있다.

3 확률분포의 기댓값과 분산

앞서 우리가 자료의 특징을 이해하기 쉽게 평균과 분산과 같이 간단한 수치로 표현했다. 확률분포의 경우 확률질량함수 또는 확률밀도함수로 나타낼 수 있다. 하지만, 이들의 경우 매우 복잡할 뿐만 아니라 확률분포의 특징을 쉽게 파악하기에는 한계가 있다. 따라서 확률분포 역시 평균과 분산값을 통해 분포의 특징을 수치화할 수 있다. 이것이 확률분포의 기댓값과 분산이다.

기댓값(expected value)이란 어떠한 실험을 지속적으로 반복했을 때 평균적으로 기대할 수 있는 값으로 확률분포의 중심화 경향값을 나타내는 특성값이다. 다른 말로 표현하면 기댓값은 모집단의 평균과 같은 개념으로 이해할 수 있다. 모집단 평균이 주어진 자료에 의해 계산된다면, 기댓값은 확률변수가 취할 수 있는 값과 그 값에 대응하는 확률을 이용해 계산된다. 확률분포의 기댓값은 확률변수가 취할 수 있는 모든 값의 평균값으로 $E(X)$로 표시한다. 확률분포가 이산(불연속)확률변수의 기댓값은 (식 3-10)과 같이 정의되고, 연속확률변수의 경우 (식 3-11)로 정의된다.

$$\mu = \sum_{i=1}^{m} \frac{X_i f_i}{N} = \sum_{i=1}^{m} X_i \frac{f_i}{N} \Rightarrow \sum X_i P(X_i) = E(X) \qquad \text{(식 3-10)}$$

$$\left(\text{상대도수 } \frac{f_i}{N} = P(X_i)\right)$$

$$\int_{-\infty}^{\infty} X_i \times f(x)dx = E(X) \qquad \text{(식 3-11)}$$

(식 3-10)에서 알 수 있듯이 평균(μ)은 각 관찰값에 대응하는 상대도수를 곱해 계산하지만, 기댓값 $E(X)$은 상대도수 대신 확률을 곱해 계산한다. 그런데 실험을 무한히 반복한다면 경험적 확률변수의 정의에서와 같이 상대도수는 확률로 정의된다. 따라서 평균과 기댓값은 같아지게 된다. 확률분포의 기댓값은 다음과 같은 성질을 가지

고 있다.

a, b는 상수이고, X, Y가 확률변수일 때
1. $E(a)=a$
2. $E(aX)=aE(X)$
3. $E(aX+b)=aE(X)+b$
4. $E(X+Y)=E(X)+E(Y)$
5. $E(X\times Y)=E(X)\times E(Y)$(단 X와 Y는 상호 독립)

앞서 자료의 정리에서 살펴보았듯이 평균인 기댓값은 확률분포의 중심화 경향을 나타내는 대푯값이다. 이러한 기댓값은 자료의 분포의 모양에 대한 정보를 제공할 수 없다는 단점이 있다. 이를 보완하기 위해 확률분포의 분표도 및 밀집도를 분산이나 표준편차값으로 나타낸다. 분산은 평균에서 떨어진 정도를 제곱한 값을 다시 산술평균한 값으로 수리적으로 표현하면 $(X_i-\mu)^2$의 기댓값(평균)이다. 따라서 확률표본의 분산을 σ^2 또는 $Var(X)$로 표기하면 (식 3-12), (식 3-13)과 같이 정의된다.

$$\begin{aligned} Var(X) &= E[(X_i-\mu)^2] \\ &= \sum(X_i-\mu)^2\times P(X_i) : \text{이산(불연속)확률변수인 경우} \quad (\text{식 3-12}) \\ &= \int(X_i-\mu)^2\times f(X_i)dx : \text{연속확률변수인 경우} \quad (\text{식 3-13}) \end{aligned}$$

또한 (식 3-14)와 같이 간략하게 정리할 수 있다.

$$Var(X)=E(X^2)-E(X)^2 \quad (\text{식 3-14})$$

확률분포의 분산은 다음과 같은 몇 가지 특징을 가지고 있다.

a, b는 상수이고, X, Y가 확률변수일 때
1. $Var(a)=0$
2. $Var(aX)=a^2\,Var(X)$
3. $Var(aX+b)=a^2\,Var(X)$
4. $Var(X+Y)=Var(X)+Var(Y)$ (단 X와 Y는 상호 독립)

제3절 주요 확률분포

확률분포는 어떤 확률실험을 통해 나타날 수 있는 모든 확률변수에 대해 각각의 확률을 표시한 것이다. 한편, 확률실험이 어떤 조건을 충족할 경우 특정 확률분포를 따른다는 것을 안다면, 이런 확률분포를 이용해 어떤 확률변수가 발생할 확률을 쉽게 나타낼 수 있을 것이다. 통계분석에서 모수의 추정 및 가설검정 등이 이러한 확률분포를 이용해 이루어지게 된다. 따라서 확률분포의 특징을 이해하고, 어떤 조건에서 어떠한 확률분포를 적용할 것인가를 파악해 두면 통계분석에 대단히 유용하다(박명섭・박광태, 2008: 113).

이러한 확률분포는 확률변수의 특징에 따라 구분된다. 확률변수가 이산(불연속)확률변수인 경우에는 이항분포와 포아송분포 등이 대표적인 확률분포이다. 한편, 연속확률변수인 경우 정규분포가 대표적이다.[10)]

1 이항분포

이항분푸(bionomial distribution)는 통계학에서 널리 사용되는 확률분포 중에 하나로 베르누이(Jacques Bernoulli, 1654-1705)의 실험 결과로 나타나는 이산(불연속)확률뷴포의 하나이다. 따라서 베르누이 분포라고도 불리는 이항분포는 베르누이 시행 조건을 충족하는 확률변수의 확률을 나타낸 것이다.

그렇다면 먼저 베르누이 시행 조건을 살펴보자. 베르누이 시행은 확률실험을 통해 나타나는 표본공간이 단지 두 개의 상호배타적인 원소로 구성되고, 독립적인 시행으로 한 시행은 다른 시행의 결과에 아무런 영향을 주지 않을 경우를 의미한다. 따라서 베르누이 시행은 시행의 경과 중 하나를 '성공', 다른 하나를 '실패'라고 정의한다. 이러한 '성공'과 '실패'는 연구 목적에 따라 설정하면 된다. 예를 들어 주사위를 던져 1의 숫자가 나오면 '성공', 1이외 숫자인 경우 '실패'로 정의한다면, 이러한 시행은 베

10) 기타 t분포, F분포, χ^2분포가 가설검정을 위해 많이 활용된다. 해당 분포에 대해서는 가설검정 부분에서 설명하도록 한다.

르누이 시행이 된다.

한편, 동전 던지기에서 뒷면이 나오는 경우를 '성공'이라고 정의할 수 있고, 한 반 학생의 키를 조사할 경우 170㎝ 이상일 경우를 '성공'으로 정의할 수 있다. 이들 모두 베르누이 시행 조건을 충족시킨다.

베르누이 시행 조건

1. 각 시행의 결과는 상호배타적인 두 사건, 즉 한 사건은 '성공', 다른 사건은 '실패'로 나타낸다.
2. 각 시행에서 성공의 결과가 나타날 확률은 p로 나타내며, 실패할 확률은 $q=1-p$이다.
3. 각 시행은 상호독립적이다. 한 시행의 결과는 다음 시행의 결과에 아무런 영향을 주지 않는다.

베르누이 시행 조건을 만족하는 베르누이 시행을 n번 시행하고, 이때 성공 횟수를 x라고 하고, 각 시행마다 성공할 확률이 p로 항상 일정할 때, 성공 횟수(x)를 확률변수로 정의한 확률변수$P(X=x)$의 확률분포는 (식 3-15)와 같은 이항확률분포를 따른다.[11)]

$$P(X=x)={}_nC_x \cdot p^x(1-p)^{n-x} \quad \text{(식 3-15)}$$

[12)]

(n: 시행 횟수 x: 성공 횟수, p: 성공 확률)

예를 들어 동전을 던져 앞면이 나오는 경우를 '성공'이라고 정의할 때 네 번 동전을 던져 한 번 성공(앞면)할 확률을 구해 보자.

$$P(X=1)={}_4C_1 \cdot p^1(1-p)^{4-1}=\frac{4!}{1!3!}\cdot\left(\frac{1}{2}\right)^1\cdot\left(\frac{1}{2}\right)^3=4\cdot\left(\frac{1}{16}\right)=\frac{1}{4}$$

이항분포의 형태는 n(시행 횟수)와 성공 확률(p)에 의해 변화된다. [그림 3-3]에서와 같이 p=0.2, n=5에서 분포의 모양은 오른꼬리 분포 모양을 하지만, n의 값이 증가할수록 분포의 모양은 좌우 대칭인 정규분포 모양을 띠게 된다.[13)]

---

11) 확률변수 X에 대해 이항확률분포를 따른다는 것을 수리적으로 $X \sim B(n,\ p)$로 표현한다.

12) ${}_nC_x=\dfrac{n!}{x!(n-x)!}$, $n!=n\cdot(n-1)\cdot(n-2)\cdots2\cdot1$

13) 좀 더 수리적으로 이항분포가 $np\geq5$와 $n(1-p)\geq5$일 때 근사적으로 평균 $\mu=np$, 분산 $\sigma^2=np(1-p)$인 정규분포를 따른다.

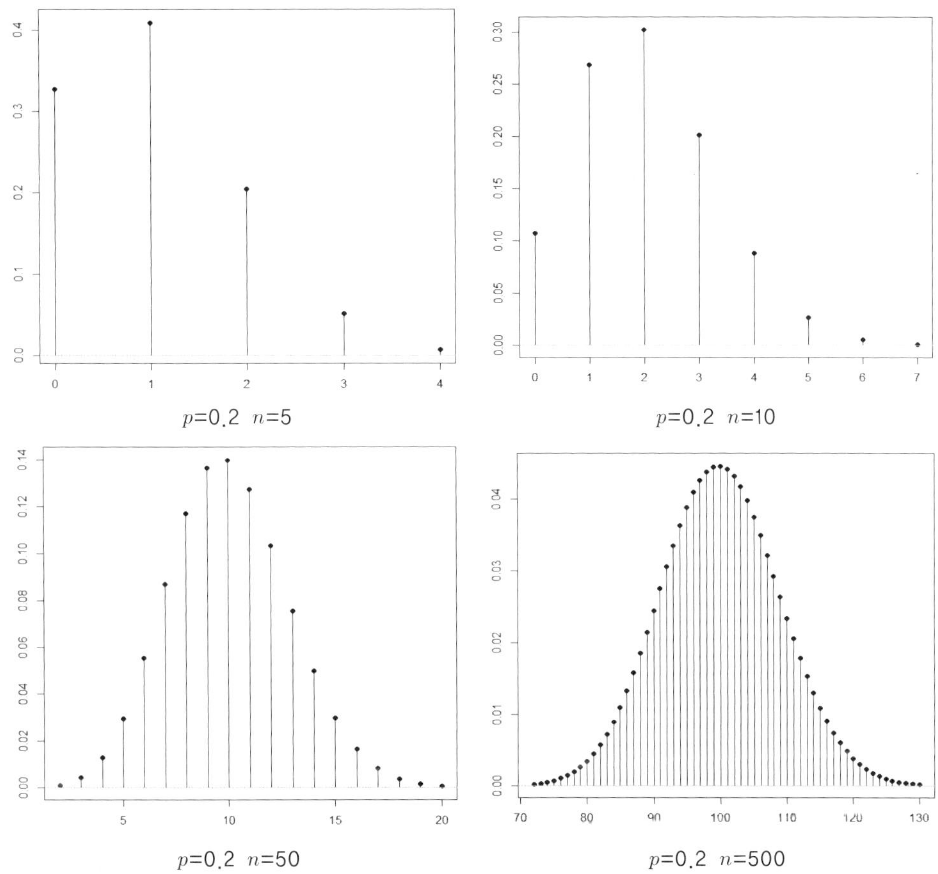

그림 3-3 이항분포의 시행 횟수에 대한 분포의 모양

이항분포도 다른 확률분포와 마찬가지로 평균과 분산으로 분포의 특성을 나타낼 수 있다.

이항분포의 기댓값(평균)과 분산은 다음과 같이 정의된다.

$$E(X) = np = \mu \qquad \text{(식 3-16)}$$

$$\sigma^2 = np(1-p) \qquad \text{(식 3-17)}$$

2 포아송분포[14)]

포아송분포(Poisson distribution)는 단위 시간이나 단위 면적 등의 단위 구간에서 발생한는 성공 횟수에 대한 확률분포를 의미한다. 이항분포의 평균만 알 수 있는 경우에 확률변수의 발생 확률을 구할 때 또는 이항분포에서 n이 아주 크거나 p가 너무 작아서 이항분분포표를 이용하기 곤란할 때 사용된다. 예를 들어, 단위 면적당 거주하는 고령자 인구 수, 하루 이용 고속도로 교통사고 발생 건수, 어떤 구청의 하루에 처리되는 민원 건수, 1분당 은행을 찾는 고객 수, 특정 계절 동안 지나갈 태풍의 수 등이 포아송분포를 이용할 수 있다. 포아송분포의 확률 계산은 다음과 같다.

$$P(X=x)=\frac{\mu^{x}\cdot e^{-\mu}}{x!} \qquad \text{(식 3-18)}$$

여기서 e(e=2.718282...)는 자연로그, μ는 성공의 평균 횟수, 그리고 x는 성공 횟수이다.

예를 들어 119 소방서에 1시간에 5통의 화재 신고가 온다고 하자. 그렇다면 1시간에 3통의 화재 신고가 들어올 확률은 얼마인가?

$$P(X=3)=\frac{5^{3}\cdot e^{-5}}{3!} = \frac{125\cdot 0.00674}{6}=0.14$$

즉, 14%가 된다.

14) 프랑스의 수학자 포아송(Simeon Denis Poisson, 1781-1840)의 이름을 따서 명명한 것으로 생물학과 의학 분야에 많이 이용되는 이산확률분포의 하나이다. 이 분포가 성립하기 위해서는 다음과 같은 조건을 충족해야 한다. 첫째, 실험은 특정 사상이 특성 시간 동안이나 면적, 무게, 거리, 부피와 같은 특정 공간 내에서 발생하는 횟수를 세는 것으로 구성된다. 둘째, 사상의 발생은 독립적이다. 즉, 특정 사상의 단위 시간이나 공간 내에서 발생할 확률은 동일한 단위 면적이나 공간 내에서 발생하는 두 번째 사상의 발생 확률에 영향을 미치지 못한다. 셋째, 이론적으로 사상은 일정한 공간이나 시간 등 단위 구간에서 무수히 발생해야 한다. 넷째, 특정 사상이 주어진 시간이나 공간 내에서 발생할 확률은 시간이나 공간의 단위에 비례한다. 마지막으로, 주어진 시간이나 공간은 아주 작은 단위 구간으로 나뉠 수 있으며, 그 작은 단위 구간에서 특정 사상이 한번 이상 발생할 확률은 아주 적다(박주문, 2010: 75).

포아송분포 역시 기댓값과 분산으로 분포의 특성을 나타낼 수 있다. 이항분포의 기댓값과 표준편차는 (식 3-19)과 같이 정의된다.

$$E(X) = \lambda \cdot t \quad \text{그리고} \quad \sigma^2 = \lambda \cdot t \qquad \text{(식 3-19)}$$

(여기서 λ는 평균 성공 비율 또는 횟수, t는 단위 면적 또는 시간 등)

3 정규분포[15]

어떤 범위에서 실수 값을 취할 수 있는 연속확률변수의 확률분포 중에서 가장 대표적인 분포가 정규분포(normal distribution)이다. 정규분포는 확률분포 중에서도 가장 중요하게 다루어지며, 이는 어떤 경험적 현상의 실제 측정 결과로부터 얻은 확률분포가 아니라 이론적으로 유도된 수학적 공식이다. 정규분포는 두 개의 모수, 즉 '평균(mean)'과 '분산(variance)'에 의해 그 형태가 완전하게 결정된다. 표본 수가 충분히 클 때, 대부분의 확률변수들은 중심극한정리에 의하면 정규분포에 가깝다.

예를 들어, 도시별 주택보급률, 도로율, 상하수도 보급률, 자동차의 수명, 주행거리, 가구당 부채의 분포 및 전력소비량 등이 정규분포를 따른다고 할 수 있다. 한편, 행정조직 내부의 직무만족 · 사기 · 직무몰입 · 조직몰입 · 조직풍토 · 행정문화 등을 비롯하여, 그 밖에 직무와 관련 있는 태도와 공무원들의 가치관도 정규분포를 띤다고 가정하고 있으며, 시민을 대상으로 한 조사에서는 정부의 태도와 공무원의 가치관 · 태도 · 행태 등을 묻는 경우에 문항들이 등간척도 이상으로 구성되었다면 응답 결과를 정규분포로 간주하여 분석하는 연구가 대부분이다(김호정, 2013: 120).

정규분포의 밀도함수는 확률변수 X가 정규분포를 따르며 평균과 분산이 각각 μ와 σ^2일 때,[16] 변수 X의 확률밀도함수(probability density fuction: PDF) $f(x)$는 (식 3-20)과 같이 나타낼 수 있다.

---

15) 정규분포의 수식은 영국의 수학자 뫼브르(Abraham de Moivre, 1667-1754)가 처음으로 발표했으나 각종 실험에 광범위하게 적용한 독일의 수학자 가우스(Carl Friderich Gauss, 1777-1855)의 이름을 따서 가우스분포라고 부르기도 한다.

16) 따라서 어떤 확률변수 X가 평균(μ), 분산(σ^2)인 정규분포를 따를 때 보통 다음과 같이 표기한다. $X \sim N(\mu, \sigma^2)$

$$f(x) = \frac{1}{\sigma\sqrt{2\pi}} e^{\frac{-(X-\mu)^2}{2\sigma^2}}, \quad -\infty < x < \infty \qquad \text{(식 3-20)}$$

여기서 π = 3.14159…… e = 2.718282……인 무리수로서 상수이다.

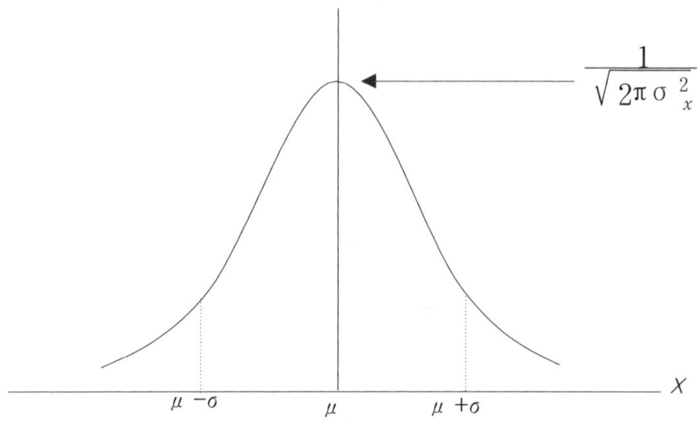

그림 3-4 정규분포 밀도함수

이러한 정규분포의 특징은 (i) 평균(μ)을 중심으로 대칭인 종 모양이며, (ii) 정규분포의 모향은 평균(μ)과 표준편차(σ)에 의해 결정되며, (iii) 확률변수 X가 취할 수 있는 값은 $-\infty < x < \infty$이며, X축 사이의 면적은 1이다.

4 표준정규분포

정규확률분포 변수가 어떤 범위의 값을 가질지 이를 확률밀도함수로 매번 계산해 그 곡선의 밑 부분에 해당되는 확률값을 구하기는 매우 번거로운 일이다. 따라서 확률변수 X의 원점을 평균 μ로 하고, 그리고 X의 표준편차 σ로 단위를 변환하면 편리한데 이를 표준점수(standard score)라 하고 (식 3-21)과 같이 정의된다. 즉, 표준점수는 것은 X값과 평균 사이의 거리가 표준편차의 몇 배인가를 나타내는 값으로 일반적으로 Z로 표시한다.

$$Z = \frac{X - \mu}{\sigma} \qquad \text{(식 3-21)}$$

(여기에서 σ는 표준편차, μ는 확률변수X의 평균)

표준점수 Z를 확률변수로 하는 확률분포를 표준정규분포(standard normal distribution)라고 하는데, 평균을 '0'으로 하고 표준편차가 '1'인 정규분포를 말한다. 앞서 살펴본 모든 정규분포는 표준점수를 통해 표준정규분포로 전환이 가능하다.[17] 따라서 표준정규분포란 모든 정규분포의 평균을 '0'으로 하고 표준편차를 '1'로 표준화(정규화)시킨 분포를 말한다.

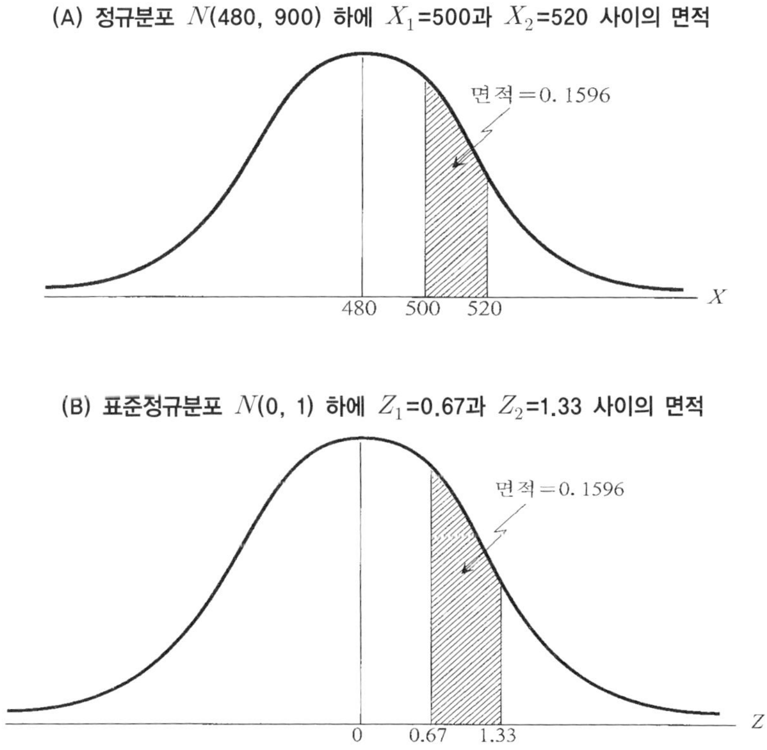

그림 3-5 표준정규분포를 이용한 풀이

17) 따라서 정규분포는 $N(\mu, \sigma^2)$, 표준정규분포는 $Z \sim N(0, 1)$으로 나타낼 수 있다. 따라서 일반적으로 표준정규분포를 Z분포라고도 한다.

사회과학에서 관찰된 많은 형태의 자료들은 정규분포를 따르는 경우가 많은데, 정규분포를 표준정규분포로 표준화(정규화)하면, 복잡한 수리적 연산 과정을 거치지 않고도 표준정규분포표를 이용해 해당 확률변수가 발생할 확률을 쉽게 얻을 수 있게 된다. 예를 들어, 어떤 지역 상가 임대료를 나타내는 확률변수 X가 평균 480만 원이고 분산이 900만 원인 정규분포를 형성했다고 하자. 이 지역의 상가 임대료가 $X_1=$ 500만 원과 X_2=520만 원 사이일 확률, 즉 $P(500 \le X \le 520)$을 구하면 다음과 같다(표준정규분포표는 <부록 2>를 참고).

$$Z_1 = \frac{X_1 - \overline{X}}{S} = \frac{500-480}{30} = 0.67,\ \ Z_2 = \frac{X_2 - \overline{X}}{S} = \frac{520-480}{30} = 1.33$$

$$P(500 \le X \le 520) = P(0.67 \le Z \le 1.33) = 0.4082 - 0.2486 = 0.1596$$

제4절 R Commander를 이용한 연습

1 R Commander를 이용한 이항확률 계산

예를 들어 행정통계학 중간고사 문제가 20문제 출제되었다. 모든 문제는 5지선다형 객관식 문제이다. 순전히 추측만으로 10개의 문제를 맞출 확률은 얼마인지를 계산해 보자.

앞의 예는 베르누이 시행 조건을 만족한다. 20(n=20)번의 시행에서 답을 맞출 경우 성공(S), 틀릴 경우(F)이다. 각 문제에 답하는 것은 상호독립적이고, 각 문제당 추측으로 답을 맞출 확률은 $P(S)$=1/5이다. 이때 10개를 성공할 확률을 R Commander로 계산해 보자.

R Commander 상위 메뉴에서 '분포도' → '이산분포' → '이항분포' → '이항확률'을 각각 선택한다. '이항확률'을 계산하기 위해 [그림 3-6]과 같이 대화상자가 활성화되는데, 시행 횟수(n=20)와 성공 확률(p=0.2[18])를 각각 입력하고 '예(OK)'를 클릭한

18) 5지선다형 객관식 문제이므로 1/5=0.20이다.

다. [그림 3-7]과 같이 n=20, p=0.2인 이산확률이 계산된다. 해당 성공 횟수(x=10)가 10회이므로 해당 확률 $P(X=10)$=0.002031이 된다.[19] 따라서 문제 20개 행정통계학 시험에서 추측만으로 10개의 문제를 맞출 확률은 0.203%인 것으로 나타났다.

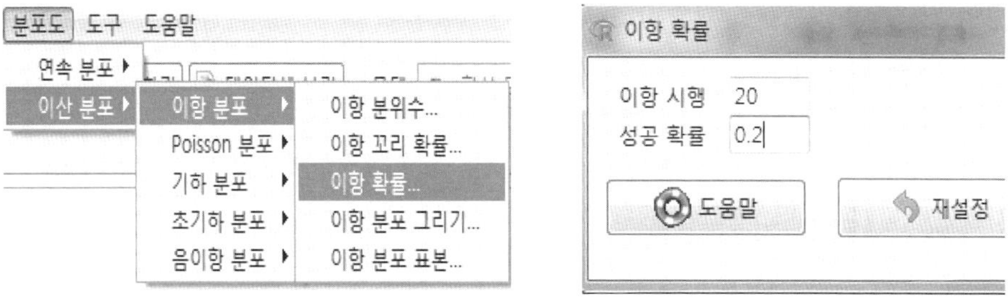

그림 3-6 이산확률의 계산

```
> .Table <- data.frame(Pr=dbinom(0:20, size=20, prob=0.2))
> rownames(.Table) <- 0:20
> .Table
             Pr
0  1.152922e-02
1  5.764608e-02
2  1.369094e-01
3  2.053641e-01
4  2.181994e-01
5  1.745595e-01
6  1.090997e-01
7  5.454985e-02
8  2.216088e-02
9  7.386959e-03
10 2.031414e-03
11 4.616849e-04
12 8.656592e-05
13 1.331783e-05
14 1.664729e-06
15 1.664729e-07
16 1.300570e-08
17 7.650410e-10
18 3.187671e-11
19 8.388608e-13
20 1.048576e-14

> remove(.Table)
```

그림 3-7 이산확률의 계산 결과

19) 2.031414e-03= 2.031414 × 10^{-3}, 즉 2.031414 ×1/1000이라는 의미이다.

2 R Commander를 이용한 포아송분포

예를 들어 대연동 주민자치센터에 오전 10부터 오전 11시 사이에 민원인이 평균 60명이 방문한다고 한다. 그렇다면 오전 10부터 오전 11시 사이의 어느 1분 동안 2명의 민원인이 방문할 확률은 얼마인가?

앞의 예는 포아송분포의 조건을 따르고 있다. '1분당 민원인의 평균 방문 횟수(u)'는 1명[20]인 것을 알 수 있다. 그렇다면 사건 발생 횟수(x=2)인 확률을 R Commander로 계산해 보자. 메뉴에서 '분포도' → 'Poisson 분포' → 'Poisson 확률'을 각각 선택한다.

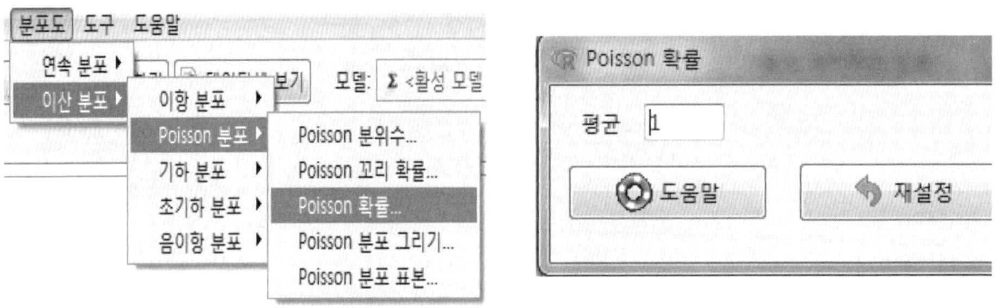

그림 3-8 포아송분포의 확률 계산

```
> .Table <- data.frame(Pr=dpois(0:6 ,  lambda = 1))

> rownames(.Table) <- 0:6

> .Table
            Pr
0 0.3678794412
1 0.3678794412
2 0.1839397206
3 0.0613132402
4 0.0153283100
5 0.0030656620
6 0.0005109437

> remove(.Table)
```

그림 3-9 포아송분포의 확률 계산 결과

20) 오전 10부터 오전 11시 사이에 민원인이 평균 60명이 방문하므로 1분에 평균 1/60명이 도착한다.

[그림 3-8]과 같이 'Poisson 확률' 대화상자가 활성화되면 평균 횟수(u)=1을 입력 후 '예(OK)'를 클릭한다.

[그림 3-9]와 같이 2명이 동시에 도착할 확률은 0.1839397206인 것을 알 수 있다. 즉, 오전 10시부터 11시 사이에 대연동 주민자치센터에 1분 동안에 2명이 방문할 가능성은 18.39%가량인 것으로 나타났다.

3 R Commander를 이용한 정규분포

2013년 한국의 가구당 월소득을 조사한 결과 평균 404만 원(μ=404)이고, 표준편차가 398(σ=398)이었다. 가구당 월소득이 정규분포를 이룬다고 가정할 때, 가구당 월소득이 150만 원 이하인 가구의 비율은 얼마인가?

R Commander로 해당 비율을 계산해 보자. 상위 메뉴에서 '연속분포'→'정규분포'→'정규확률'을 차례로 선택한다. [그림 3-10]과 같이 '정규확률' 대화상자가 활성화되면 변수값(150), 평균(404), 표준편차(398)를 각각 입력한다. 한편, 예에서 150만 원 이하 가구의 비율이므로 변수값을 기준으로 낮은쪽, 즉 '낮은쪽 꼬리'를 선택한 후 '예(OK)'를 선택하면 [그림 3-11]과 같은 확률이 계산되어 나온다. 만일 150만 원 이상인 가구의 비율을 계산한다면 '높은쪽 꼬리'를 선택하면 된다.

[그림 3-11]에서 해당 자치단체의 경우 월평균 가구소득이 150만 원 이하인 가구의 비중은 0.2616747로 전체 가구의 26.16%가량이 월평균 가구당 소득이 150만 원 이하인 것으로 나타났다.

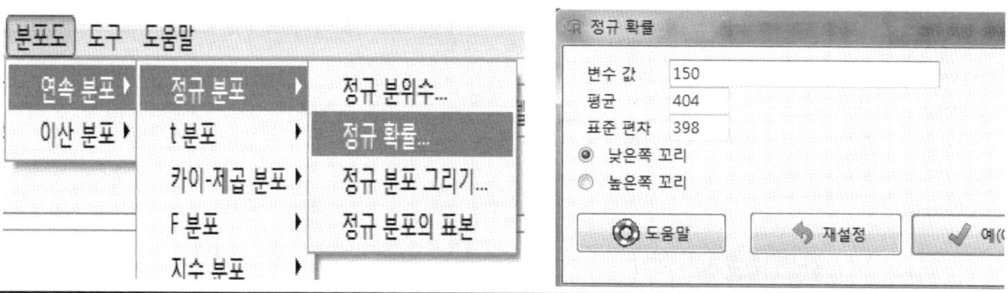

그림 3-10 정규분포의 확률 계산

```
> pnorm(c(150), mean=404, sd=398, lower.tail=TRUE)
[1] 0.2616747
```

그림 3-11 정규분포의 확률 계산 결과

한편 앞의 예에서 한국의 2013년 평균소득과 표준편차를 이용해 하위 30%와 상위 30%의 가구의 가구당 월평균소득은 각각 얼마인지를 R Commander를 이용해 계산해 보자.

상위 메뉴에서 '연속분포'→'정규분포'→'정규분위수'를 각각 선택하자. [그림 3-12]와 같이 '정규분위수' 대화상자의 확률에 '0.3'(30%), 평균 '404', 표준편차 '398'을 입력하고 '낮은 꼬리쪽'[21]을 선택한 이후 '예(OK)'를 클릭한다. 분석 결과 [그림 3-13]에서와 같이 195.2886만 원으로 2013년 현재 하위 30%에 위치한 가구당 월평균 소득은 195만 원인 것으로 나타났다.

한편 상위 30%에 대한 값은 '정규분위수'의 대화상자에 확률 0.3, 평균 404, 표준편차 398을 입력하고 '높은쪽 꼬리'를 선택한 후 '예(OK)'를 클릭하면 [그림 3-14]와 같

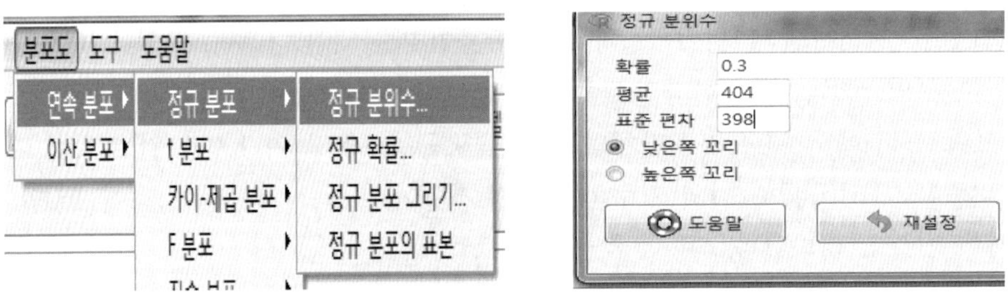

그림 3-12 정규분포의 확률 계산

```
> qnorm(c(0.3), mean=404, sd=398, lower.tail=TRUE)
[1] 195.2886
```

그림 3-13 정규분포의 확률 계산 결과:[낮은 쪽 꼬리]

21) 확률에 0.3을 입력하고, '높은쪽 꼬리'를 선택하면 '상위 30%'에 위치한 소득값이 출력되어 나온다. 이러한 결과는 확률에 0.7을 입력하고 '낮은쪽 꼬리'를 선택하는 것과 동일하다.

```
> qnorm(c(0.3), mean=404, sd=398, lower.tail=FALSE)
[1] 612.7114
```

그림 3-14 정규분포의 확률 계산 결과: [높은쪽 꼬리]

이 결과값(612.7114)이 출력된다. 따라서 2013년 현재 한국의 상위 30%에 위치한 가구의 월평균 소득은 613만 원 정도인 것으로 나타났다.

제4장 표본추출과 표본분포

우리는 의사 결정에 필요한 대상 집단에 대한 정보가 필요하다. 행정기관의 경우 A라는 정책에 대해 주민의 찬성률은 얼마나 되는가? 아니면, 정책대안 A대안, B대안, C대안 중 어떤 대안을 선호하는가에 대한 정보는 정책 결정에서 중요한 요소가 될 것이다. 기업 역시 마찬가지이다. 투자를 위한 시장을 분석한다든지, 소비자의 소비행동에 대한 정보가 있다면 잘못된 의사 결정과 관련된 피해를 최소화할 수 있을 것이다. 하지만 이러한 정보를 알기 위해 관심 대상이 되는 대상 모두를 조사하는 것이 비효율적이거나 가능하지 않은 경우가 발생하게 된다. 이런 경우 일반적으로 관심이 되는 연구 대상의 일부분인 표본을 통해 관심 집단 전체의 특성을 파악하고자 할 것이다.

표본조사의 장점은 첫째, 비용을 절약할 수 있다는 것이다. 일반적으로 조사를 위해 경제적 비용이 발생하게 되는데, 모집단의 규모가 클 경우 의사 결정 과정에서 조사로 인해 추가되는 정보로 인해 발생하는 편익보다 비용이 더 커질 가능성이 높아지게 된다. 둘째, 시간을 절약할 수 있다. 표본조사의 경우 전체가 아닌 부분을 조사하는 것으로 조사 시간을 단축할 수 있다. 사회조사의 대부분이 시의성을 요구하는 경우가 많다. 선거를 앞둔 정당의 경우 전체 유권자의 의견을 묻기보다 표본을 통해 짧은 시간에 여론을 파악하는 것이 필요하다. 셋째, 전수조사가 불가능한 경우에 표본조사가 사용된다. 만일 과거 흡연 경험이 있는 사람을 대상으로 설문은 진행한다고 했을 때, 모집단의 규모가 어느 정도인지 알 수가 없어 전수조사가 불가능하다. 넷째, 제작이 완료된 식품을 대상으로 성분검사와 같이 파괴적인 조사의 경우 전수를 조사하기보다는 표본조사가 필요하다. 다섯째, 표본조사의 경우 한정된 대상에 대해 집중적으로 조사가 가능해 더 많은 정보로 오히려 전수조사에 비해 정확도를 높일 수 있다.

모집단의 특성을 잘 반영하는 표본을 추출하여 표본조사로 인해 발생하는 오차를 줄여야 한다. 모수(parameter)를 정확하게 추정하기 위해서는 표본이 어떻게 추출되는지, 추출된 표본이 어떤 분포를 따르는지에 대한 지식이 필요하다.[1] 그러나 표본에서 얻은 추정값은 반드시 오차를 갖게 된다. 따라서 모집단을 잘 대표하는 표본을 추출하여 표본조사로 인해 발생하는 오차를 줄여야 한다. 그리고 표본분포는 표본들이 이루는 확률분포이다. 모수를 정확하게 추정하기 위해서는 표본이 어떻게 추출되었는지, 그리고 그 표본으로부터 얻은 통계량의 분포에 대한 정보와 지식이 필요하다. 따라서 표본의 추출과 표본분포의 특성과 이론은 추리통계학을 이해하는 데 필수적인 요소라고 할 수 있다.

제 1 절 표본추출

1 표본과 모집단

모집단은 통계학에서 연구의 대상 집단 전체를 의미한다.[2] 즉, 연구자의 궁극적 목표는 모집단의 득성을 알아보고자 함이지, 표본의 특성을 알아보고자 함이 아니다. 따라서 모집단을 대표할 수 있는 좋은 표본을 얻기 위해서는 모집단에 대한 성확하고 명백한 설정이 필요하다. 연구 목적에 따라 시점 또는 시간, 지역, 대상 등이 명백하게 설정되어야 조사 대상의 범위 설정 및 조사 결과를 적용할 집단이 분명해진다. 그러나 앞서 간략하게 언급했듯이 모집단에 대한 전수조사가 불가능하거나 비효율적인 현실에서 표본의 통계량이 모집단의 특성값과 일치 또는 근사한지, 다시 말해 표

1) 전수조사를 하여 통계 숫자를 확인하는 것이 가장 좋지만 비용과 시간이 많이 소요되기 때문에 모든 조사를 전수조사할 수는 없다. 대신, 표본을 추출하여 표본의 통계량을 분석하여 모집단의 상태(주로 평균과 분산)를 추정하는 것이 일반적이다. 그래서 모집단분포와 표본분포의 관계를 밝혀 모수(母數)와 표본의 통계량의 관계를 확인해야 한다.

2) 일반적으로 N으로 표시한다.

본에서 얻은 정보를 모집단에서도 일반화시킬 수 있는지는 매우 중요한 작업이다.

그래서 연구자들은 모집단의 일부만을 선정해 조사하는데, 이렇게 선정된 모집단의 일부를 표본(sample)이라고 한다.[3] 표본을 선정하는 과정 및 절차 등을 표본추출(sampling)이라고 하며, 모집단의 구성 단위 수를 모집단 크기(population size), 표본을 구성하는 구성 단위의 수를 표본 크기(sample size)라고 한다.

적절한 방법을 이용해 표본을 추출한다면 표본에서 얻은 추정값으로부터 모집단의 특성값을 비교적 정확하게 추정할 수 있다. 전수조사를 통해서만 알 수 있는 특성값을 모수(parameter)라고 하는데 원칙적으로는 그 정확한 값을 알 수 없다. 그러나 표본으로부터 얻은 표본의 특성값을 통계량(statistic)이라 부르고, 이를 이용한 각종 통계값을 모집단의 특성, 즉 모수를 추정하는 데 사용한다. 그리고 통계량은 표본의 크기와 종류에 따라 다른 값을 갖는다. 이처럼 표본의 통계량으로부터 모수의 추정하는 일련의 과정을 추정 또는 추리라고 한다.[4]

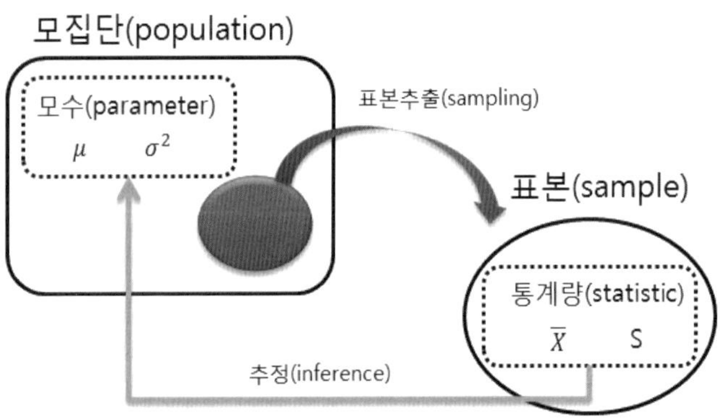

그림 4-1 표본과 모집단

2 표본추출 방법

표본을 추출하는 방법에는 여러 가지가 있을 수 있다. 크게 모집단 각각의 구성원

3) 일반적으로 n으로 표시한다.
4) 추리통계학은 제6장에서 자세하게 살펴보기로 한다.

이 선택될 확률이 일정한 상태에서 표본을 추출하는 확률표본추출(probability sampling) 방법과 모집단 구성원 선택될 확률을 고려하지 않고, 임의로 표본을 추출하는 비확률 표본추출(nonprobability sampling) 방법으로 구분된다. 확률적 표본추출 방법에는 단순 무작위 표본추출(simple random sampling), 계통표본추출(systematic sampling), 층화 표본추출(stratified sampling), 집락표본추출(cluster sampling) 등이 있으며, 비확률표본추출 방법에는 판단추출(judgement sampling), 편의추출(convenience sampling), 할당추출(quota sampling) 등의 방법이 있다.

1) 확률표본추출 방법

단순무작위추출[5)]은 확률표본추출법 가운데서 가장 기본적인 유형으로 동일한 조건에서 제비뽑기하거나 난수표를 이용해 표본을 추출하는 방법으로, 특정 모집단에서 발생 가능한 모든 표본의 발생 확률이 동일하다. 즉, 단순무작위 표본추출(simple random sampling)은 모집단을 구성하는 모든 표본 단위가 표본으로 뽑힐 기회 또는 확률이 $1/n$ 이다.

계통표본추출[6)]은 모집단을 구성하고 있는 구성 단위들이 일정하게 배열되어 있다는 가정 하에 표본추출 간격(sampling interval)을 정한 후 일정 간격으로 표본을 추출하는 방법이다. 즉, 계통표본추출(systematic sampling)은 구성 요소들을 특정한 순서에 따라 정렬한 후 각 k번째 요소를 추출하는 방법으로 만약 k=3이라면 3번째, 6번째, 9번째, ……등의 간격으로 표본을 추출하는 방법을 말한다.

층화표본추출은 조사하고자 하는 사항에 영향을 미칠 수 있는 특성들을 여러 개의 하위집단 또는 계층(stratum)으로 나누고 이들 각 계층별로 일정 크기의 표본을 무작위로 추출하는 방법이다. 여기서 여러 개의 집단으로 분류하는 것을 '층화한다(stratify)'라고 하며, 각 집단을 계층이라 한다. 층화할 때는 계층 안에서는 최대한 동질적으로 만들어야 되며, 다른 계층과의 사이에는 이질적이 되어야 한다(박주문, 2010: 97). 즉,

5) 이 방법은 일견 아주 공정하여 대표성이 높은 방법으로 보일 수 있지만, 다른 방법들에 비해 오히려 대표성이 낮고 표본오차도 크므로, 사회과학 분야의 조사연구나 각종 여론조사에도 단독으로 쓰이는 경우는 드물고 다른 방법들과 병행하여 이용되는 사례가 많다(김호정, 2005: 154).

6) 사회과학 연구에서는 난수표나 제비뽑기 방식을 사용한 단순 무작위 표본추출 방법을 사용하는 경우가 용이하지 않으며, 비경제적이어서 비용이 많이 발생할 수 있다. 이와 같은 문제를 해결하기 위해 계통표본추출 방법을 사용할 수 있다(박주문, 2010: 95).

층화표본추출(stratified sampling)은 동질적/상호배타적 하위집단으로 나누고 각 집단별로 무작위 표본추출하는 방법이다.

집락표본추출은 모집단에서 무작위로 몇 개의 집락(cluster)을 추출하고 추출된 각 집락에서 무작위로 개별 요소들을 추출하는 방법을 말한다. 이 방법은 집락 내의 구성 단위들은 이질적이지만 집락 간에는 거의 차이가 없는 경우에 적용하는 것이 바람직하다. 예를 들어, 시·군·구 등의 행정구역, 대학교, 고등학교, 중학교, 초등학교 등의 학교군, 대학병원, 병원, 의원 등의 병원군 같은 것들이 집락의 예가 될 수 있다(박주문, 2010: 99). 보통 집락추출은 여러 단계를 거쳐서 집락들을 다단계추출법을 사용하고 있으며, 층화추출과 무작위추출과 같은 다른 방법과 병행하여 이용되는 사례가 많다.

예를 들어 부산시민 1,500명을 추출하기 위해, 먼저 부산시 산하 5개 구를 선정하여(1단계), 선정된 각 구에서 5개 동을 추출하고(2단계), 마지막으로 선정된 각 동에서 5개의 통을 추출한 다음(3단계) 추출된 125개의 각 통에서 12명의 주민을 연령·성·학력별로 고른 분포가 되게 추출한다면 이러한 방법은 다단계(3단계) 집락층화추출법이 된다(김호정, 2005: 155).

2) 비확률표본추출 방법

판단추출(judgement sampling)은 관련 분야에 관한 전문지식이나 풍부한 경험을 가진 사람의 주관적 판단에 의해 모집단의 특성을 잘 반영해줄 수 있다고 생각되는 표본을 추출하는 방법이다.

편의추출(convenience sampling)은 접근이 가장 용이하고 쉽게 응답을 얻어낼 수 있는 대상들을 위주로 표본을 추출하는 방법으로서, 일명 임의추출법이라고 한다.

할당추출(quota sampling)은 모집단을 몇 개의 범주로 구분하고 각 범주[7)]에 대해 모집단과 같은 비율로 표본 수를 할당한 다음, 각 범주별로 조사자의 자의적인 판단에 따라 할당된 표본 수를 추출하는 방법을 말한다.

---

7) 여기서 범주는 층화추출의 층 또는 계층과 같은 개념이지만, 층화추출은 각 층에서 무작위로 표본을 추출하는데 반해, 할당추출은 조사자의 주관적인 판단에 따라 표본추출을 한다는 점에서 차이가 난다(김호정, 2005: 157).

3 표본오차

현실적으로 표본추출을 아무리 잘 해도 표본조사에서는 반드시 표본과 모집단의 특성값 간에 차이가 발생하게 되는데 이러한 차이를 표본오차(sampling error)라고 한다.[8] 일반적으로 평균에 대한 표본오차(e_1), 비율에 대한 표본오차(e_2)가 많이 쓰인다. 평균 및 비율의 표본오차를 계산하는 식은 다음과 같다.

$$e_1 = Z \cdot \sigma_{\overline{X}} = Z \cdot \frac{S}{\sqrt{n}} \qquad \text{(식 4-1)}$$

여기서 Z는 신뢰구간[9]의 값으로 90%의 신뢰구간(confidence interval, i.e., 유의 수준 α=10%)에서는 Z=1.65, 95%의 신뢰구간(유의 수준 α=5%)에서는 Z=1.96 , 99%의 신뢰구간(유의 수준 α=1%)에서는 Z=2.58을 쓴다. $\sigma_{\overline{X}}$ 는 표준오차(standard error)이다.[10] 모집단의 표준편차를 알 수 있을 때는 σ를 쓰지만 대부분의 경우 모집단의 표준편차(σ)를 알 수 없으므로 표본의 표준편차(S)를 이용한다.

$$e_2 = Z \cdot \sqrt{\frac{p(1-p)}{n}} \qquad \text{(식 4-2)}$$

(여기서 n은 표본의 크기, p는 모집단의 성공 비율)

예를 들어 신문에 A 여론조사 기관에서 복지 확대를 위한 세금을 높이는 것에 대한 표본조사 결과 "응답자의 50.7%가 반대하고, 41.5% 찬성한 것으로 나타났다. 이번 조사는 20세 이상 성인 남녀 1,000명을 대상으로 23일부터 이틀 동안 유선전화와

8) 한편 표본추출은 아무런 하자 없이 잘 되었다 하더라도 표본추출과 관계없는 오차가 발생할 수 있다. 이러한 오차를 비표본오차(nonsampling error)라 하고 대표적으로는 잘못된 질문지의 작성, 잘못된 측정 방법의 선택 등을 측정오차(measurement error)라 한다.

9) 많은 통계 서적에서 신뢰구간(confidence interval)과 신뢰(유의) 수준(level of significance 또는 α)을 혼용해서 쓰고 있다. 그러나 이 책에서는 다음과 같이 구분지어 사용하기로 한다. 즉, $1-\alpha$= 신뢰구간. 예를 들어, 5% 신뢰(유의) 수준에서는 95% 신뢰구간이라는 말과 동일하다. 유의 수준 α=0.05 또는 α=5% → 95% 신뢰구간을 의미한다.

10) 표준오차는 뒤에서 설명된 표본평균의 표준편차이다.

휴대전화 조사를 병행 실시했으며, 응답률은 12.1%에 신뢰 구간은 95% ±3.1%포인트이다"라는 기사를 흔히 보게 된다.

위의 기사가 의미하는 바는 무엇일까? 우선 복지 확대와 관련된 세금을 높이는 데 대해 찬성 50.7%, 반대 41.5%라는 것은 표본의 특성치인 통계량이다. '±3.1%'라는 것은 표본오차를 나타내는 말이다. 따라서 해당 결과를 바탕으로 모수를 추리해 보면, "복지 확대 관련 세금을 높이는 데 찬성하는 비율은 모집단의 경우 47.6%에서 53.8%에 있을 가능성이 95%이다"라는 의미이다. 한편 반대 의견의 경우 "38.4%에서 44.6% 사이에 있을 가능성이 95%이다"라는 의미로 해석하면 된다.

다른 예를 살펴보자, 성인 남녀 1,000명을 대상으로 5% 유의 수준(level of significance)에서(즉, 95% 신뢰구간, α=5%) 65세 이상의 모든 노령인구에게 20만 원의 기초노령연금을 지급하는 정책에 대해 찬・반 여부를 물었는데 그때의 표본오차를 계산하면 ±3.1%이다.

$$e_2 = Z \cdot \sqrt{\frac{p(1-p)}{n}} = (1.96) \cdot \sqrt{\frac{0.5(1-0.5)}{1000}} = 0.031$$

(여기서 찬・반이 확실치 않으므로, p=0.5을 선택함.[11])

만일 위의 예에서 500명($n=500$)을 대상으로 해당 내용을 물었다고 가정한다면 95%의 신뢰 수준에서 표본오차는 다음과 같이 ±4.4%가 된다.

$$e_2 = Z \cdot \sqrt{\frac{p(1-p)}{n}} = (1.96) \cdot \sqrt{\frac{0.5(1-0.5)}{500}} = 0.044$$

한편, 1,000명(n=1,000)을 대상으로 한 조사에서 99%의 신뢰구간 내에서 표본오차는 ±4.1%이다.

$$e_2 = Z \cdot \sqrt{\frac{p(1-p)}{n}} = (2.575) \cdot \sqrt{\frac{0.5(1-0.5)}{1000}} = 0.041$$

(단, α=0.01일 때 Z=2.575)

11) 우리는 모집단의 찬성과 반대 비율을 알 수가 없다. 따라서 $p((1-p)$의 최대가 되는 값으로 표준오차를 구하게 된다. 즉, 표준오차를 최대한일 때를 가정하여 표준오차를 구하게 된다. 따라서 $p((1-p)$ 최댓값은 p=0.5일 때 0.25가 된다. 따라서 표본오차를 최대한 허용할 때 p=0.5이다.

표본오차를 줄이기 위해서는 어떻게 해야 하는가? 첫째 표본의 수를 늘리는 방법이 있다.[12] 둘째, 신뢰구간(90% 95% 99%)이 넓어지면 넓어질수록(즉, 유의 수준)이 작아지면 작아질수록, α=10% α=5% α=1%) 표본오차는 증가된다. 셋째, 모집단의 성격에 따라 모집단이 동질적(homogeneous)이면 표본오차는 감소하고 이질적(heterogeneous)이면 증가한다.

4 모집단의 크기와 표본의 크기

표본 수를 늘리면 늘릴수록 자료의 대표성이 높아져 표본오차를 줄일 수 있다 하지만, 표본을 증가시키기 위해서는 비용이 추가적으로 발생하게 된다. 따라서 현실적으로 경제성 및 효율성을 고려한다면 적정 수준의 표본 수를 고려하는 것이 바람직하다. 적정한 표본 수는 다음과 같이 계산될 수 있다.

$$n \geq \frac{N}{(\frac{e}{Z})^2 \cdot \frac{N-1}{p(1-p)} + 1} \qquad \text{(식 4-3)}$$

여기서 n은 최소 적정 표본 수, N은 유한 모집단 수, p는 모집단의 성공 비율, e =정밀도(허용할 수 있는 최대오차) 또는 표본오차, Z는 신뢰구간의 값(즉, Z=1.96일 때 α=0.05)이다.

예를 들어, 구성원 4,000명인 A국립대학에서 법인화에 대한 찬·반 유무를 알아보고자 한다. 최소 몇 명의 표본이 필요한지 α=0.05(95% 신뢰구간, Z=1.96) 유의 수준에서 최대 허용오차, 즉 e=0.1을 이용하여 계산해 보기로 하자.

$$n \geq \frac{4,000}{(\frac{0.1}{1.96})^2 \cdot \frac{4,000-1}{0.5(1-0.5)} + 1} = 93.9196$$

(여기서 찬·반이 확실치 않으므로, p=0.5을 선택함.)

12) 표본 수(n)의 증가에 따라 표본오차는 감소하지만 비례적으로 감소하지는 않는다. 위의 본문 예에서 알 수 있듯이, n=500일 때 표본오차는 0.044, n=1,000일 때 표본오차는 0.031, n=2,000일 때 표본오차는 0.022이다.

따라서 최소 94명의 표본이 필요하다.[13)]

제2절 표본분포

1 표본 통계량과 모수의 관계

관찰 대상의 부분이나 하나인 표본을 뽑아서 그 대상을 판단하는 것, 즉 표본추출(sampling)은 연구자가 관심을 가지는 전체 대상 또는 집합의 일반적 성격 및 특성을 판단하기 위해 우리가 일상적으로 하는 일들 중에 하나이다. 보통의 통계조사에서는 표본의 특성치(값)인 통계량(statistic)을 기초로 모집단의 특성값인 모수(parameter)를 추론하게 된다. 다시 말해, 이들 표본(sample)으로부터 구한 통계량(statistic)인, 표본평균($\overline{X}$), 표본분산(S^2)으로부터 모집단의 모평균(μ), 모분산(σ^2)을 각각 추정한다.

그렇다면 표본의 통계량을 기초로 모수를 추론하기 위해서는 모수와 통계량과의 관계를 알아야 하는데, 이러한 관계를 표본분포를 활용해 나타내게 된다. 먼저, 표본분포(sampling distribution)라는 것은 통계량의 확률분포로서 일정한 크기로 모집단으로부터 추출 가능한 모든 표본의 특성값(통계량)의 확률분포를 의미한다.

표본분포

표본분포란 통계량의 확률분포로서 일정한 크기로 모집단으로부터 추출 가능한 모든 표본들의 특성값(통계량)의 확률분포를 의미한다.

예를 들어 모집단의 크기(N)가 20명이라고 가정하고, 이 속에서 10명을 표본 추출한다면, 모든 가능한 경우의 수는 ${}_{20}C_{10}$=184,756이다. 이들 각각 표본의 통계량(평균, 표준편차 등)을 확률변수로 정의한 확률분포를 표본분포라고 한다. 이와같이 표본으로부터 계산된 통계량을 확률변수로 정의할 때, 이들 확률변수의 확률분포가 일반적

13) 만약 모집단의 크기(N)가 2,000명이라면 최소 표본 수는 (식 3-3)에 의해 92명이 된다. 따라서 모집단의 수가 2배로 감소(증가)된다 해도 표본 수는 2배로 감소(증가)되지 않는다.

으로 알려진 분포를 따르거나, 근사할 경우 우리는 쉽게 확률변수가 발생할 확률에 근거하여 모수의 특성값을 추정할 수 있게 된다.

표본분포의 확률변수가 표본의 통계량 중 평균으로 정의하면, 이를 표본 평균의 분포(sampling distribution of means)라고 한다. 한편, 통계량이 표본 비율이면 표본 비율의 분포(distribution of sample proportions), 분산일 경우 표본분산의 분포(sampling distribution of variances)라고 한다. 한편, 둘 이상의 집단에서 집단 간 평균차에 대한 분포와 집단 간 표본 비율의 차이에 대한 분포도 있다.

2 표본 평균의 분포

일정한 크기로 모집단으로부터 추출 가능한 모든 표본의 평균값을 확률변수로 하는 표본분포를 표본 평균의 분포라고 한다. [그림 4-2]와 같이 크기가 N모집단으로부터 크기가 n인 표본을 추출했다고 가정한다면, 모집단으로부터 표본이 추출될 경우의 수는 $_NC_n$의 경우의 수가 될 것이다.

모집단으로부터 추출된 $_NC_n$개의 각 표본을 표본(1), 표본(2)… 표본(k)라고 하고,

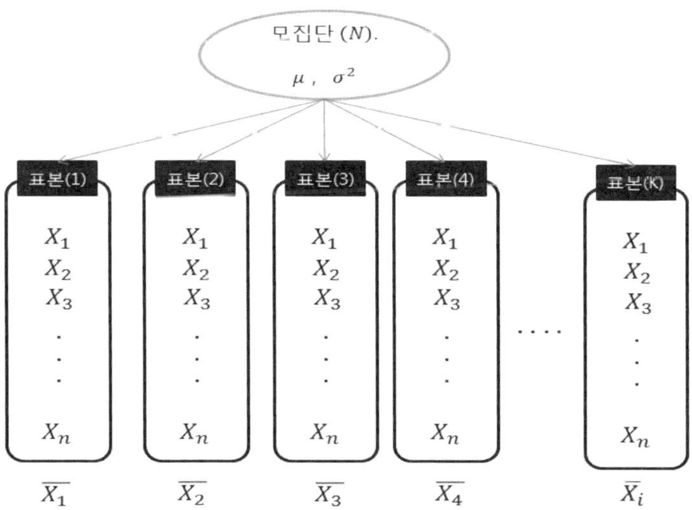

그림 4-2 표본 평균의 분포

각 표본의 평균을 $\overline{X_i}$라고 한다면, 표본 평균의 분포는 이들 각각 표본의 평균인 $\overline{X_i}$의 확률분포로 $\overline{X_i}$가 취할 수 있는 모든 값과 이들의 확률을 표시한 것이다.

제3장에서 살펴보았듯이 확률분포의 특성값인 기댓값과 분산을 파악하면, 이들 확률분포의 특성을 좀 더 쉽게 이해할 있게 된다. 표본의 평균인 $\overline{X_i}$의 기댓값(평균)은 $\mu_{\overline{X}}$으로 모평균 값이 μ와 같고, $\overline{X_i}$의 분산($\sigma^2_{\overline{X}}$)은 σ^2/n와 같다. 일반적으로 표본 평균의 표준편차 $\sigma_{\overline{X}}$를 표준오차(standard error)[14]라고 한다.

$$\mu_{\overline{X}} = \mu \ , \quad \sigma^2_{\overline{X}} = \frac{\sigma^2}{n} \ , \quad \sigma_{\overline{X}} = \frac{\sigma}{\sqrt{n}}$$

우리가 표본조사를 통해 알게 된 통계량의 값은 모집단으로부터 우연히 뽑힌 1개의 샘플에 의해 알게 된 통계량(평균값)으로 표본 평균의 분포에서 1개의 확률변수 X의 값이다. 따라서 표본 평균의 분포가 어떠한 형태의 확률분포를 따르는지 알 수 있다면, 우리가 모집단에서 우연히 뽑은 표본의 통계량인 확률변수 X값이 발생할 확률을 이러한 확률분포를 이용해 쉽게 계산할 수 있게 된다.

그렇다면 표본 평균의 분포의 모양은 어떻게 결정되는가? 먼저 모집단이 정규분포의 경우에는 표본의 크기와 관계없이 표본 평균($\overline{X_i}$)의 분포는 항상 정규분포를 이루게 된다. 즉, 만약 모집단이 모평균(μ)와 모분산(σ^2)을 갖는 정규분포를 이룬다면 모집단에서 추출한 크기가 n인 모든 표본의 평균 $\overline{X_i}$가 이루는 표본 평균의 분포 역시 평균 $\mu_{\overline{X}}=\mu$이고 분산이 $\sigma^2_{\overline{X}}=\dfrac{\sigma^2}{n}$인 정규분포를 따르게 된다.

모집단의 분포가 정규분포일 때 표본 평균의 분포는 $\overline{X_i} \sim N(\mu, \sigma^2/n)$이 된다. 이때 $\overline{X_i}$를 표준화하면, $Z=\dfrac{X_i-\mu}{6/\sqrt{n}}$으로 $N(0,1)$를 따르게 된다.

14) 평균이 μ인 모집단으로부터 표본을 선택하여 표본의 평균 $\overline{X_i}$를 계산하면 오차가 발생한다. 즉, $\mu-\overline{X_1}=e_1$, $\mu-\overline{X_2}=e_2$, $\cdots$ $\mu-\overline{X_i}=e_i$가 될 것이다. 분산의 개념이 편차$(\mu-\overline{X_i})^2$의 평균이다. 즉, 표본 평균의 분산의 경우 오차제곱의 평균값이므로, 표본 평균의 표준편차는 모평균과 표본 평균에 대한 오차를 나타내는 특성치가 된다. 따라서 표본 평균의 표준편차를 표준오차라고 한다.

모집단이 정규분포가 아닌 경우에는 표본 평균($\overline{X}$)의 분포가 반드시 정규분포를 이룬다고는 할 수 없다. 그러나 평균의 표본분포는 표본의 크기인 n이 커질수록 모집단 평균($\mu = \sum X_i / N$)에 집중되어[15] 표본분포는 평균 $\mu_{\overline{X}} = \mu$ 이고, 분산이 $\sigma^2_{\overline{X}} = \frac{\sigma^2}{n}$ 인 정규분포에 접근한다. 따라서 표준화된 변수 $Z = \frac{\overline{X} - \mu}{\sigma / \sqrt{n}}$ 는 표준정규분포 $N(0, 1)$에 근사하게 된다. 모집단의 모양과 상관없이 표본의 크기가 커짐에 따라 표본 평균의 분포는 점차 정규분포에 근사하게 되는데 이러한 사실을 설명한 이론이 중심극한정리(central limit theorem)[16]이다. 일반적으로 표본의 크기가 약 30 이상인 경우 중심극한정리에 의해 표본 평균의 분포는 정규분포를 이룬다고 알려져 있다.[17]

중심극한정리

모집단의 분포 모양과 상관없이 표본의 크기가 충분히 크다면 표본 평균의 분포는 $\overline{X_i} \sim N(\mu, \sigma^2/n)$이된다. 따라서 $\overline{X_i}$를 표준화하면, $Z = \frac{\overline{X_i} - \mu}{\sigma / \sqrt{n}}$ 으로 $N(0, 1)$를 따르게 된다.

예를 들어, 정규분포를 이루는 직장인 모집단에서 월 평균 외식비를 조사해 보니 모평균($\mu_{\overline{X}} = \mu$)이 40만 원이고, 분산($\sigma^2_{\overline{X}} = \sigma^2/n$)이 25만 원이라고 한다. 이러한 모집단으로부터 25명을 선택하여(n=25) 월 평균 외식비가 39만 원에서 41만 원 사이의 확률을 구해 보기로 하자.

$$Z_1 = \frac{\overline{X} - \mu}{\sigma / \sqrt{n}} = \frac{41 - 40}{5 / \sqrt{25}} = 1, \qquad Z_2 = \frac{\overline{X} - \mu}{\sigma / \sqrt{n}} = \frac{39 - 40}{5 / \sqrt{25}} = -1$$

즉, $P(-1 \leq Z \leq 1) = 0.3413 + 0.3413 = 0.6826$이 된다.

---

15) 이를 큰 수의 법칙(law of large numbers)이라고 한다.

16) 평균 μ이고 분산이 σ^2인 모집단으로부터 표본 자료 X_1, X_2, $\cdots$ X_n이 추출되었을 때, 표본 평균 $\overline{X_n}$는 모집단의 분포에 상관없이 n이 충분히 클 때, 근사적으로 $N(\mu, \sigma^2/n)$의 분포를 따른다. 즉, X_1, X_2, $\cdots$ X_n 상호독립적이며, μ_x와 σ^2_x은 유한한 크기를 가질 경우, $\frac{\overline{X_i} - \mu}{\sigma / \sqrt{n}} = \frac{\Sigma X_i - n\mu}{\sqrt{n}\,\sigma}$의 확률분포는 n이 무한히 커질 때, $N(0, 1)$에 수렴한다.

17) 표본의 크기 n이 30개 이하의 소표본의 경우 Z분포가 아닌 T분포를 이용한다.

3 표본 비율의 분포

표본추출(sampling)은 대상 전체나 집합의 일반적 성격이나 특성을 판단하기 위해서 대부분 이루어지는데 종종 그 특성이 비율로서 나타나는 경우가 있다. 예를 들어, 정당의 선호도 또는 대통령 후보의 지지도 등은 백분율 또는 비율로 표시한다. 즉, 어떤 모집단에서 같은 크기의 표본이 추출된다면 표본에 대한 성공의 횟수 또는 비율이라는 면에서 다른 결과가 나올 수 있다. 예를 들어 A라는 사람은 동전을 10번 던졌는데 앞면이 5번 나왔고, B라는 사람은 6번 나왔다고 하면, A의 경우 앞면이 나올(성공) 비율은 p=0.5, B의 경우는 p=0.6으로 나타낼 수 있다.

표본 평균의 분포와 같이 모집단으로부터 추출 가능한 표본의 비율($\overline{p_i}$)을 확률변수로 하는 확률분포를 표본 비율의 분포(sampling distribution of sample proportion)라고 한다. 이러한 표본 비율의 분포의 기댓값($\mu_{\bar{p}}$)은 모집단의 p와 같고, 분산($\sigma_{\bar{p}}^2$)은 $p(1-p)/n$와 같다.

$$\mu_{\bar{p}} = p\ , \quad \sigma_{\bar{p}}^2 = \frac{p(1-p)}{n}\ , \quad \sigma_{\bar{p}} = \sqrt{\frac{p(1-p)}{n}}$$

모집단이 정규분포일 경우 표본 비율의 분포 역시 $N(p, p(1-p)/n)$인 정규분포를 따르게 된다. 모집단의 분포가 정규분포가 아닌 경우에도 표본의 개수가 충분히 크다면 중심극한정리에 의해 정규분포를 따르게 되고, Z값으로 표준화할 경우 표본 평균의 분포와 마찬가지로 $N(0,1)$인 표준정규분포를 이루게 된다.

모집단이 정규분포이거나 표본의 크기 n이 충분히 크다면 표본 비율의 분포는 $N(p, p(1-p)/n)$인 정규분포를 따르게 된다. 따라서 $Z = \frac{\bar{p}-\mu_{\bar{p}}}{\sigma_{\bar{p}}} = \frac{\overline{p_i}-p}{\sqrt{\frac{p\cdot(1-p)}{n}}}$이고, $N(0,1)$ 분포를 따른다.

예를 들어, 250,000명의 선거인 수가 있는 어떤 지방 선거에서 기권표 비율이 15%로 조사되었다고 하자. 이러한 모집단에서 200명을 임의로 추출했을 때 기권표 비율이 20% 이상인 확률을 구해 보기로 하자.

$$Z = \frac{\bar{p} - \mu_{\bar{p}}}{\sigma_{\bar{p}}} = \frac{0.2 - 0.15}{\sqrt{\frac{(0.15)\cdot(1-0.15)}{200}}} = 1.98$$

따라서 $(P > 0.2)$ = 0.5 - 0.4761=0.0239.[18] 즉, 기권표 비율이 20%가 넘을 확률은 2.39%이다.

4 두 표본 평균 및 두 표본 비율차의 분포

지금까지는 한 가지 표본의 평균이나 비율에 관한 표본 문제를 살펴보았다. 그러나 두 가지 표본의 평균 및 비율의 차이의 분포는 어떤 특징을 가지고 있는가? 이들 확률변수의 특징을 파악한다면, 표본조사를 통해 두 변수 간의 관계에 대해서도 모집단의 특성을 추리해 나갈 수 있을 것이다. 실제로 앞으로 가설검정을 비롯한 다양한 통계적 분석에서 한 가지 표본의 평균이나 비율에 관한 문제보다는 두 가지 표본의 평균 및 비율의 차이에 대한 분포의 활용빈도가 높다.

1) 두 표본 평균 차이의 분포

두 표본 평균 차이의 분포(sampling distribution of the difference between two means)란 한 모집단에서 일정 크기의 가능한 모든 표본을 추출하고, 다른 모집단에서도 일정 크기의 가능한 모든 표본을 추출한 다음, 두 집단 간의 가능한 표본 평균의 모든 차이를 이루는 분포를 의미한다.

예를 들어 한 모집단 N_A=10,000, 또 다른 모집단 N_B=20,000으로부터 표본을 추출하여 n_A=100, n_B=200인 표본에서 그 각각의 평균을 $\overline{X_A}$, $\overline{X_B}$라고 할 때 $(\overline{X_A} - \overline{X_B})$가 이루는 분포를 '두 표본 평균 차이의 분포'라고 한다. '두 표본 평균 차이의 분포' 기댓값(평균)과 표준편차는 다음과 같이 정리할 수 있다.[19]

18) <부록 2>의 표준정규분포표 참조.

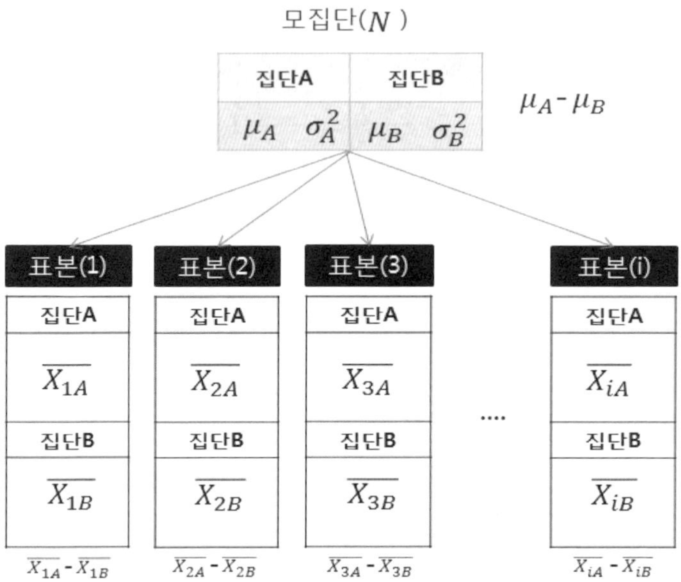

그림 4-3 두 표본 평균 차이의 분포

$$\mu_{\overline{X_A}-\overline{X_B}}=\mu_A-\mu_B\,,\quad \sigma_{\overline{X_A}-\overline{X_B}}=\sqrt{\frac{\sigma_A^2}{n_A}+\frac{\sigma_B^2}{n_B}}$$

이러한 표본 평균 차이의 분포 역시 모집단이 정규분포를 이루거나, 표본의 크기가 충분히 크다면 중심극한정리에 의해 정규분포에 근사하게 된다. 따라서 Z값으로 표준화할 경우 $N(0,1)$인 표준정규분포를 이루게 된다.

모집단이 정규분포이거나 표본의 크기 n이 충분히 크다면 표본 평균 차이의 분포 $N(\mu_{\overline{X_A}-\overline{X_B}}, \sigma^2_{\overline{X_A}-\overline{X_B}})$인 정규분포를 따르게 된다. 따라서

$$Z=\frac{(\overline{X_A}-\overline{X_B})-\mu_{\overline{X_A}-\overline{X_B}}}{\sigma_{\overline{X_A}-\overline{X_B}}}=\frac{(\overline{X_A}-\overline{X_B})-(\mu_A-\mu_B)}{\sqrt{\frac{\sigma^2{}_A}{n_A}+\frac{\sigma^2{}_B}{n_B}}}\sim N(0,1)$$

19) 이와 관련된 예제는 중복을 피하기 위해 제5장 통계적 추정에서 자세히 다루기로 한다.

2) 두 표본 비율의 차이의 분포

두 표본 평균 차이의 분포와 마찬가지로 '두 표본 비율 차이의 분포(sampling distribution of the difference between two proportions)'를 고려할 수 있다. 예를 들어 선거를 앞둔 경우 A후보와 B후보 간의 지지율 차이에 대한 분포가 가장 대표적인 형태의 두 표본 비율의 차이 분포이다. 이러한 A와 B 표본의 비율의 차이 분포 역시 기댓값(평균)과 표준편차는 다음과 같이 정리할 수 있다.[20]

$$\mu_{\overline{p_A}-\overline{p_B}} = p_A - p_B, \quad \sigma_{\overline{p_A}-\overline{p_B}} = \sqrt{\frac{p_A \cdot (1-p_A)}{n_A} + \frac{p_B \cdot (1-p_B)}{n_B}}$$

표본의 크기가 충분히 크다면 중심극한정리에 의해 '두 표본 비율 차이의 분포는 정규분포에 근사하게 된다. 따라서 Z값으로 표준화할 경우 $N(0, 1)$인 표준정규분포를 이루게 된다.

표본의 크기 n이 충분히 크다면 두 표본 비율 차이의 분포는 $N(\mu_{\overline{p_A}-\overline{p_B}},\ \sigma^2_{\overline{p_A}-\overline{p_B}})$인 정규분포를 따르게 된다. 따라서

$$Z = \frac{(\overline{p_A} - \overline{p_B}) - \mu_{\overline{p_A}-\overline{p_B}}}{\sigma_{\overline{p_A}-\overline{p_B}}} = \frac{(\overline{p_A} - \overline{p_B}) - (p_A - p_B)}{\sqrt{\frac{p_A \times (1-p_A)}{n_A} + \frac{p_B \times (1-p_B)}{n_B}}} \sim N(0, 1)$$

20) 일반적으로 $n_A \geq 30$, $n_B \geq 30$인 경우에는 두 표본 평균 차이의 분포 및 두 표본 비율 치의 분포는 정규분포를 이룬다고 볼 수 있다.

제 5 장 통계적 추정

대부분의 의사 결정은 불완전한 정보에 기초하여 이루어지기 때문에 부정확한 결정을 내릴 위험을 항상 내포하고 있다. 통계적 추정(추론) 방법은 잘못된 의사 결정을 줄일 수 있는 확률을 높여줄 뿐만 아니라 합리적인 의사 결정을 위한 지침을 제공해 주기도 한다.

통계적 추정은 모집단으로부터 추출된 표본에서 얻은 통계량을 가지고 모집단의 특성에 대해 추론(inference)이 이루어지는 과정과 절차를 말한다. 통계적 추정은 가설검정과 함께 추리통계학의 대표적인 기법에 속한다. 모집단에서 표본을 추출하여 얻은 표본의 통계량으로 모집단의 특성을 추리한다는 점에서는 통계적 추정과 가설검증이 같다고 볼 수 있지만, 가설검증은 모집단의 특성에 대한 가설을 미리 세워놓고 표본의 통계량을 이용해 가설의 옳고 그름을 판단하는 기법임에 반해, 통계적 추정은 가설검정이라는 단계를 거치지 않고 표본의 통계량으로써 모집단의 특성이 어느 정도일 것이라고 추정한다는 점에서는 차이가 있다(김호정, 2005: 183).

통계적 추정은 점추정과 구간추정으로 구분될 수 있다. 점추정은 모집단의 값을 특성차의 값을 특정값(숫자)으로 추정하는 것이고, 구간추정은 모집단의 특성값이 있을 구간을 추정하는 방법을 말한다. 예를 들어 한국의 가구당 평균소득이 '404만 원'이라고 추정했다면 점추정이다. 반면, 한국의 가구당 평균소득은 "380만 원에서 440만 원 사이에 있을 확률이 95%이다."라고 추정했다면 이는 구간추정인 것이다. 일반적으로 점추정은 구간추정에 비해 정확성과 신뢰성이 떨어지므로 점추정보다는 구간추정을 선호한다. 그렇다면 표본조사를 통해 모집단의 특성을 밝히는 통계적 추론과 관련된 점추정과 구간추정 방법을 살펴보자.

제 1 절 점추정과 바람직한 추정량

1 점추정

점추정(point estimation)은 선정된 추정량을 추출된 표본 자료에 대입하여 얻은 단일 추정치에 의해 모수를 추정하는 방법이라 할 수 있고, 이렇게 추정에 사용된 통계량을 점추정량(point estimator)이라고 한다. 예를 들어 우리나라 전체 가구당 평균소득을 알기 위해 20세 이상 성인 남녀 5,000명을 대상으로 표본 조사한 결과 가구당 월평균 소득이 404만 원이고 표준편차가 398로 조사되었다고 한다면, 이때 표본의 평균값인 404만 원이 우리나라 전체 가구당 평균소득으로 추정할 수 있을 것이다. 이처럼 단일 값에 의해 모집단을 추정하는 것을 점추정이라고 한다.

여기에서 몇 가지 용어가 등장하게 되는데, 표본의 통계량(평균, 표준편차 등) 중에서 모수를 추정하는 통계량을 추정량(estimator)[1)]이라고 한다. 하나의 표본에 근거하여 구한 추정량의 값을 추정값 또는 추정치(estimate)[2)]라고 한다. 앞의 예에서 표본의 평균값을 이용해 모집단의 평균을 추정했다. 그렇다면 추정량은 '평균'이 되고, 이때 추정치는 '404만 원'이 되는 것이다.

2 바람직한 추정량의 조건: 불편성, 효율성, 일치성

추정량은 여러 가지 형태로 정의될 수 있는데, 예를 들면 모평균 μ를 추정하기 위한 추정량으로 고려될 수 있는 통계량은 표본의 평균(mean)이 유일한가? 그렇지 않다. 오히려 표본의 중앙값(median)이 모평균을 추정하는 데 바람직한 추정량일 수 있다. 물론 표본의 최빈값(mode) 역시 모평균을 추정하는 데 중요한 바람직한 추정량이 될 수 있다.

1) 모집단의 모수에 대한 추정치를 구하기 위해 사용하는 방법(수단), 즉 공식(formular).
2) 표본으로부터 얻은 실제 결과 수치(value).

따라서 특정 모수에 대한 여러 가지 통계량 중에서 가장 바람직한 추정량을 선정해야 하는데, 가장 바람직한 추정량이란 표본오차를 최소화하는 추정량을 의미한다. 이와같이 표본오차를 최소화하기 위해서는 추정량이 불편성(unbiasedness), 효율성(efficiency), 일치성(consistency)을 갖추어야 한다.

1) 불편성

추정량의 기댓값(평균)이 추정될 모수의 값과 동일할 때, 그 추정량을 불편추정량(unbiased estimator)이라고 한다. 반대로 추정량의 기댓값이 추정될 모수의 값과 차이를 보일 때 편의(bias)를 가졌다고 한다.

모수(θ)의 실제값이 만일 $\hat{\theta}$이 기댓값인 $E(\hat{\theta})$와 차이가 있을 때 즉, $E(\hat{\theta})\neq\theta$일 때 편의를 가졌다고 하고, 만일 $E(\hat{\theta})=\theta$일 때 추정량 $\hat{\theta}$는 불편성을 가졌다고 말한다.

> 추정량의 기댓값(평균)이 추정할 모수(θ)의 실제값과 같을 때, 이 추정량($\hat{\theta}$)은 불편성을 지녔다고 한다.
>
> $$E(\hat{\theta})=\theta \text{ 또는 } E(\hat{\theta})-\theta=0$$

[그림 5-1]에서와 같이 모수(θ)의 실제값과 분포의 기댓값이 일치하는 A의 경우 불편성을 지녔다고 할 수 있고, B의 경우 기댓값이 모수(θ)의 실제값과 편의(bias)를 가졌다고 한다.

불편성을 가진 통계량은 제4장에서 살펴보았듯이 표본 평균의 기댓값($E(\overline{X_i})$)이 모

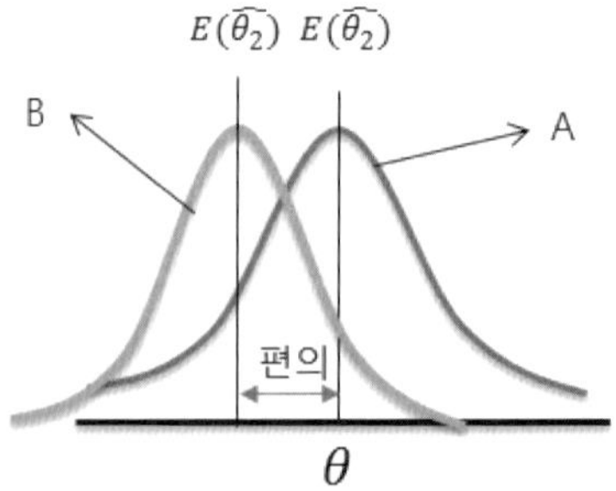

그림 5-1 추정량의 불편성과 편의

평균(μ)와 일치하기 때문[3]에 표본의 평균은 불편성을 지녔다. 그뿐만 아니라 표본의 평균과 같이 선택 가능한 모든 표본의 중앙값의 기댓값(평균)은 $E(M_e)=\mu$으로 표본의 중앙값 역시 불편성을 지니는 통계량이라고 할 수 있다.

분산의 경우 표본의 분산이 $\sum(X-\overline{X})^2/n$인 경우와 $\sum(X-\overline{X})^2/(n-1)$인 경우를 각각 S_n, S_{n-1}이라고 하고, 모집단의 분산을 σ라고 할 때, $E(S_n)\neq\sigma$인 편의를 가지지만, $E(S_{n-1})=\sigma$로 불편성을 가진다. 따라서 표본의 분산을 $\sum(X-\overline{X})^2/(n-1)$로 정의하는 이유는 불편성을 지닌 추정량이기 때문이다.

2) 효율성

효율성은 추정량의 표본분포가 모수의 값 주위에 얼마나 집중되어 있는가의 정도를 의미하는 것으로, 표본분포의 분산 또는 표준오차가 작을수록 효율적 추정량(efficient estimator)이 된다. 추정량의 효율성은 상대적 개념으로 두 추정량을 비교할 때 어떤 추정량이 다른 추정량보다 더 효율적인 추정량이라고 표현할 수 있다. 예를 들어, 두 개 이상의 추정량들이 표본분포가 모수의 주위에 더욱 가깝게 집중되어 있는 경우 효율성을 가졌다고 한다.

$Var(\hat{\theta_1}) > Var(\hat{\theta_2})$라면[4], $\hat{\theta}_1$보다 $\hat{\theta}_2$가 좀 더 효율성을 가진 추정량이다.

[그림 5-2]와 같이 A, B, C분포는 모두 기댓값(평균)이 모수(θ)의 실제값과 일치하는 불편추정량이다. 하지만, 각 분포의 분산은 $Var(C) < Var(B) < Var(A)$로 C의 분산이 가장 적다. 따라서 A, B, C 중 C가 가장 효율성을 갖춘 추정량이다. 즉, C분포는 불편성을 가진 추정량 중에서 오차가 가장 적은(분산[5]이 가장 적은) 추정량이 된다. 이와같이 모수 θ의 모든 불편추정량 가운데, 가장 작은 분산을 가지는 추정량이 존재하는 경우 이를 특히 θ에 대한 최소분산 불편추정량(minimum variance unbiased

---

3) $\mu_{\overline{X}} = \mu$이고, $\sigma_{\overline{X}} = \sigma/\sqrt{n}$이다.

4) $\sigma^2_{\hat{\theta}_1} > \sigma^2_{\hat{\theta}_2}$라면

5) 분산은 $\sum(X-\overline{X})^2/n-1$으로 기댓값(평균)으로부터 떨어진 정도(편차)를 제곱한 값의 평균값으로 모수 θ로부터 떨어진 정도, 즉 오차의 정도를 의미한다.

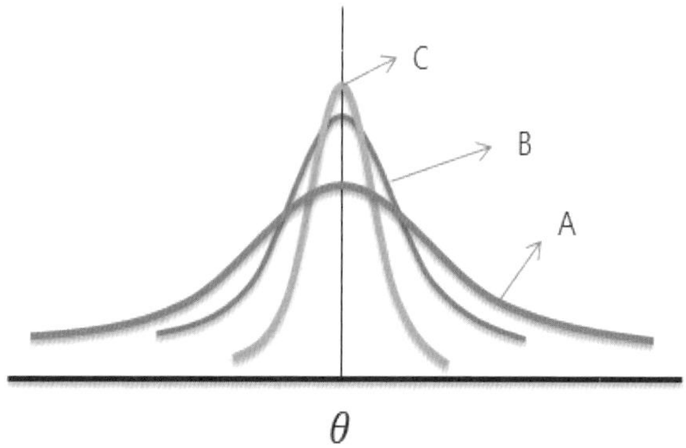

그림 5-2 효율적인 추정량

estimator: MVUE)이라고 한다.

앞서 표본의 평균과 표본의 중앙값 모두 기댓값이 μ와 같아지는 불편추정량이다. 효율성 측면에서는 선택 가능한 모든 표본의 평균의 분산($Var(\overline{X})$)은 $\sigma/\sqrt{n}$ 이다. 반면, $Var(M_e)$의 경우 $(\sqrt{\pi/2})\times(\sigma/\sqrt{n})$으로 $\mu_{\overline{X}} < \sigma_{Me}$이다. 따라서 μ가 M_e에 비해 효율적인 추정량이 된다.

분산의 경우 표본의 분산이 $\sum(X-\overline{X})^2/n$인 경우보다 $\sum(X-\overline{X})^2/(n-1)$인 경우 불편성을 지녔다. 하지만 효율성 측면에서는 $Var(S_n) < Var(S_{n-1})$은 것으로 알려져 있다. 따라서 효율성 측면에서는 $\sum(X-\overline{X})^2/n$이 좀 더 바람직한 추정량이다. 일반적으로 $\sum(X-\overline{X})^2/(n-1)$을 표본의 분산으로 많이 활용하고 있는데, 이것은 바람직한 추정량에 대한 선정 기준으로 불편성을 더욱 중시하는 결과이다(김호정, 2005: 178).

3) 일치성

일치성이란 표본의 크기 n을 증가시키면 그 표본에서 얻은 추정량 $\hat{\theta}$가 모수 θ에 수렴하는 것을 의미한다. 좀 더 수리적으로 편차(오차)의 제곱인 $(\hat{\theta}-\theta)^2$의 기댓값(평균)이 0으로 접근(수렴)하는 특성을 지닌 추정량을 일치추정량(consistent estimator)이라고 한다.

예를 들어 선택 가능한 모든 표본을 추출하여 평균값과 모평균 간의 편차의 제곱

$(\mu_{\overline{X}} - \mu)^2$ 의 값을 e_i라고 할 때, 표본 크기 10개인 경우에 비해 표본의 크기가 20개, 50개, 60개로 늘어남에 따라 e_i값이 점차 '0'에 가까워진다면 표본의 평균은 일치성을 지닌 통계량이라고 한다.

$\lim_{n \to \infty} P[\,|\,\hat{\theta}_n - \theta\,|\, < \epsilon] = 1$이면 $\hat{\theta}_n$은 일치추정량이다.

혹은 $\lim_{n \to \infty} MSE(\hat{\theta}_n) = 0$[6]이면 $\hat{\theta}_n$은 일치추정량이다.

이와같이 점추정량들이 불편성, 효율성, 일치성 등과 같은 바람직한 성질을 모두 가지고 있어도, 이 추정량들이 제공하는 추정치의 정밀도(precision)에 대한 정보, 즉 표본오차의 크기에 대한 정보를 제공해주지는 못한다. 따라서 이러한 정밀도에 대한 정보를 얻기 위한 것이 구간추정이다.

3 바람직한 추정량을 산출하는 방법

앞서 소개한 불편성, 효율성, 일치성 등은 어떤 추정량이 좀 더 우수한 추정량이 되는지의 평가 기준을 제시하지만, 모든 상황에서 이들 추정량에 의해 바람직한 추정량을 결정할 수 있는 것은 아니다. 따라서 일반적으로 모수를 추정하기 위해 바람직한 추정량의 조건을 만족시킬 수 있는 추정 방법을 활용하게 되는데, 최우법과 최소자승법 등이 가장 대표적인 방법이다.

최우법(method of maximum likelihood)[7]은 주어진 표본이 추출될 수 있는 확률이 가장 높은 표본공간을 찾아내고 이를 이용해 모수값을 추정하는 방법이다. 즉, 표본으로 추출된 관측값들이 추출될 수 있는 가능성이 가장 높은 표본공간을 선택하고,

---

6) MSE(mean squared error)이란 모수의 추정량 $\hat{\theta}$와 모수 θ와의 차(오차)를 제곱하여 평균한 값을 의미한다($MSE = \frac{\sum(\hat{\theta} - \theta_n)^2}{n}$). 즉, 편차의 평균인 분산의 개념이다. 즉, $\lim_{n \to \infty} MSE(\hat{\theta}_n) = 0$이라는 의미는 표본을 크기를 증가할 때 모수의 추정량 $\hat{\theta}$와 모수 θ와의 차(오차)가 '0'으로 수렴하는 것을 의미한다.

7) 최우법은 피셔(Ronald A. Fisher)에 의해 개발되었고, 비교적 추정량의 도출 과정이 간단하고, 비교적 효율적인 추정량을 제공한다는 측면에서 많이 활용되는 추정 방법 중 하나이다.

이렇게 선택된 표본공간에 의해 추정되는 θ값이 모수의 추정량이 되는 것이다. 이러한 최우법은 표본의 관측값을 얻을 가능성을 나타내는 함수를 극대화하는 방법으로 모수를 추정하는데, 이때 이러한 함수를 우도함수(likelihood function)[8]라고 한다. 우도함수에 기초하여 표본을 발생시킬 가능성이 가장 높은 모평균과 분산은 표본의 평균($\overline{X}$)과 분산(S^2)과 같아지는데, 따라서 모집단의 평균(μ)과 분산(σ^2)에 대해 표본의 $\overline{X}$와 S^2는 최우추정량인 것이다. 한편, 표본 비율($\overline{p}$) 역시 우도함수를 기초하여 모집단의 비율(p)를 추정하면 $\overline{p}$와 p가 같아지는데, 즉, $\overline{p}$가 p의 최우추정량이다.

최소자승법(method of lest squares)의 경우 변수 사이의 함수 관계를 살펴보기 위해 많이 사용되는 모수의 추정 방법으로 선형회귀모형의 모수를 추정하기 위해 일반적으로 사용된다. 만일 선형회귀모형에 의해 추정된 값이 $\widehat{Y}_i$라고 하고, 실제 관측값을 Y_i라고 하고 이들 간의 차이를 오차 또는 잔차($e_i = Y_i - \widehat{Y}_i$)라고 정의한다면, 이들 오차 또는 잔차의 제곱의 합을 최소로 하는 회귀방정식을 구할 수 있을 것이다. 이것을 만족하는 선형회귀모형의 기울기($\hat{\beta}$)와 절편($\hat{\alpha}$)을 구할 수 있다. 이렇듯 오차의 제곱의 합을 최소로 하는 추정량을 구하는 방법을 최소자승법이라고 한다. 최소자승법에 의해 추정된 기울기($\hat{\beta}$)와 절편($\hat{\alpha}$)은 $E(\hat{\beta}) = \beta$[9]가 되고, $E(\hat{\alpha}) = \alpha$가 되어 $\hat{\beta}$와 $\hat{\alpha}$는 β와 α의 불편추정량이 된다. 그뿐만 아니라 $\hat{\beta}$와 $\hat{\alpha}$는 일치성 추정량이다. 따라서 최소자승법에 의한 추정량 최소분산 불편추정량(MVUE)이다. 하지만, 이러한 최소자승법에 의해 $\hat{\beta}$와 $\hat{\alpha}$가 최소분산 불편추정량이 되기 위해서는 몇 가지 가정이 충족되어야 한다.[10]

제 2 절 구간추정

구간추정(interval estimation)은 구체화된 신뢰구간(confidence interval)에 모수가 있으리라고 생각되는 두 개의 수치로 이루어진다. 점추정은 모수가 하나의 특정값을

8) 일반적으로 계산의 편의성을 위해 우도함수에 log를 취하게 되는데, 이것을 로그우도함수(log likelihood function)라고 한다. 로그우도함수에 의해 구해진 값을 log likelihood라고 하는데, 이는 최소자승법의 결정계수(R^2)처럼 모형의 적합도를 의미한다.

9) 모집단의 선형회귀모형의 기울기(β)

10) 가정 등에 대한 구체적인 설명은 이 책 11장 회귀분석에서 자세히 다루고 있다.

가지므로 사실상 추정이 얼마나 정확한가를 판단하기가 어렵다. 이러한 점추정의 부정확성을 보완하는 방법으로서 모수가 존재할 범위를 제공하는 구간추정을 사용한다.

구간추정은 항상 추정량의 분포에 대한 전제가 주어져야 하고, 구해진 구간에 모수가 있을 가능성의 크기가 주어져야 한다. 즉, 특정 구간 안에 모수가 있을 가능성의 크기를 신뢰구간이라 하며 일반적으로 90%, 95%, 99%를 많이 이용한다. 신뢰구간이 클수록 그 구간 안에 모수가 있을 가능성이 크다. 한편 신뢰구간을 벗어날 확률, 즉 설정된 구간이 모수의 실제값을 포함시키지 못할 확률을 "오차율(probability of error)" 또는 '유의 수준(level of significance)', 'I종 오류(type I error)'라고 하고 α로 표현한다. 따라서 '1-α'는 신뢰구간이 되고, 일반적으로 신뢰구간 90%, 95%, 99%라는 말은 유의 수준 10%, 5%, 1%와 같은 말이다.

통상적으로 사용하는 95% 신뢰구간은 장기적으로 실험을 되풀이할 경우 100번 중 95회는 이 신뢰구간에 실제 모집단 평균을 포함한다는 의미로도 해석할 수 있다. 즉, 5회 정도는 이 신뢰구간을 포함하지 않을 또는 벗어날 수도 있다는 말과도 같은 표현이라고 할 수 있다.

1 모평균의 구간추정

그렇다면 이제 본격적으로 모평균의 구간추정을 살펴보자. 앞서 4장에서 우리는 모집단의 분포가 정규분포이거나 표본의 크기 n이 충분히 큰 경우 중심극한정리에 의해 표본 평균의 분포는 정규분포를 이룬다고 했다. 그렇다면 이러한 경우 표준정규분포로 변환하여 해당 확률변수의 확률을 계산할 수 있다. 우선 Z값이 신뢰구간 내에 있을 확률(1-α)은 [그림 5-3]과 같이 $P(-Z_{\alpha/2} \leq Z \leq Z_{\alpha/2})$일 것이다.

$P(-Z_{\alpha/2} \leq Z \leq Z_{\alpha/2})$를 표본 평균의 분포에서 $Z=\dfrac{\overline{X}_i-\mu}{\sigma/\sqrt{n}}$ 이용하여 전개하면 (1-α)의 확률은 (식 5-1)과 같다.[11)]

---

11) $P(-Z_{\alpha/2} \leq Z \leq Z_{\alpha/2}) = P(-Z_{\alpha/2} \leq \dfrac{\overline{X}-\mu_{\overline{X}}}{\sigma_{\overline{X}}} \leq Z_{\alpha/2}) = P(-Z_{\alpha/2} \leq \dfrac{\overline{X}-\mu}{\sigma/\sqrt{n}} \leq Z_{\alpha/2})$

$= P(-Z_{\alpha/2} \cdot \sigma/\sqrt{n} \leq \overline{X}-\mu \leq Z_{\alpha/2} \cdot \sigma/\sqrt{n})$

$= P(\overline{X}-Z_{\alpha/2} \cdot \sigma/\sqrt{n} \leq \mu \leq \overline{X}+Z_{\alpha/2} \cdot \sigma/\sqrt{n})$

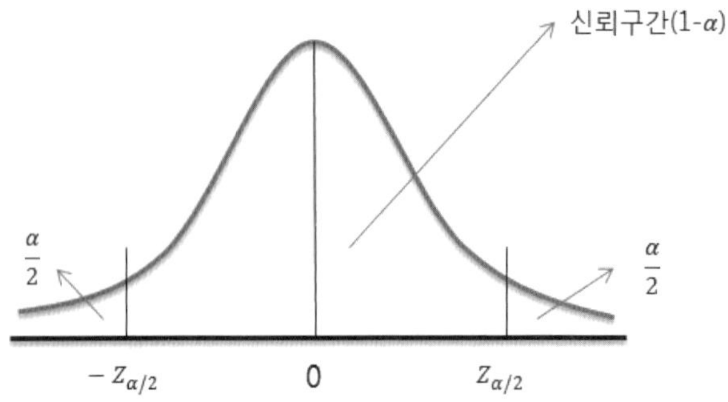

그림 5-3 Z분포의 $(1-\alpha)$의 신뢰구간

$$P(\overline{X}-Z_{\alpha/2}\frac{\sigma}{\sqrt{n}} \le u \le \overline{X}+Z_{\alpha/2}\frac{\sigma}{\sqrt{n}}) = (1-\alpha) \qquad \text{(식 5-1)}$$

따라서 모수가 존재할 신뢰구간은 $(\overline{X}-Z_{\frac{\alpha}{2}}\frac{\sigma}{\sqrt{n}},\ \overline{X}+Z_{\frac{\alpha}{2}}\frac{\sigma}{\sqrt{n}})$이 된다. (식 5-1)에서 신뢰구간을 95%으로 설정할 경우 (식 5-2)와 같이 신뢰구간 95%에서 모수가 존재할 구간을 계산할 수 있다.[12]

$$P(\overline{X}-1.96\frac{\sigma}{\sqrt{n}} \le u \le \overline{X}+1.96\frac{\sigma}{\sqrt{n}}) = 0.95 \qquad \text{(식 5-2)}$$

예를 들어, 전국 대학생들 월평균 아르바이트 임금을 추정하고자 할 때, 모집단은 정규분포이며 표준편차는 18만 원으로 알려져 있다고 하자. 만일 36명의 대학생 아르바이트 임금에 대한 확률표본으로부터 $\overline{X}$= 50만 원을 얻었다. 이때 '전국 대학생들 월평균 아르바이트 임금(μ)'에 대한 95% 신뢰구간을 구해 보자.

(식 5-2)에 의해 95%의 신뢰구간에서 μ가 존재할 범위는 $P(\overline{X}-1.96\frac{\sigma}{\sqrt{n}} \le u \le \overline{X}+1.96\frac{\sigma}{\sqrt{n}})$일 것이다. 이때 σ=18, n=36, $\overline{X}$=50이므로 이를 식에 대입하면, $P(50-$

12) $Z_{0.025}=1.96$이다.

$1.96\frac{18}{\sqrt{36}} \le u \le 50 + 1.96\frac{18}{\sqrt{36}}$)이 된다. 따라서 전국 대학생들 월평균 아르바이트 임금 평균은 441,200원~558,800원 사이에 있다.

다시 말해, 이 모집단으로부터 100번을 같은 방식으로 표본추출한다면 95번 정도는 441,200원~558,800원 사이에 있고 5번 정도는 이 범위 밖일 수 있다는 말이다. 95% 대학생들 월평균 아르바이트 임금이 이 범위 안에 있다고 말하면 이는 5% 대학생들 월평균 아르바이트 임금은 441,200원보다 작거나 558,800원보다 더 많이 받을 수도 있다는 말과도 같은 표현이 된다. 따라서 이를 통계학적 용어로 모평균 μ에 대한 95% 신뢰구간이라고 말한다.

2 T 분포를 이용한 모평균의 추정

앞서 살펴본 모평균의 추정을 위해서는 몇 가지 조건이 충족되어야 한다. 먼저 모집단의 분포가 정규분포를 이루거나, 아니면 표본의 크기 n이 충분히 커야 한다. 이 두 조건이 충족되어야 지만 우선 표본 평균의 분포가 정규분포를 이루어 표준정규분포를 이루는 Z 분포(표준정규분포)를 이용해 모평균의 구간을 구할 수 있었다. 한편, (식 5-1)에서 알 수 있듯이 모평균의 구간을 추정하기 위해서는 모집단의 표준편차 σ를 알아야 하는데, 모평균을 모르는 상황에서 σ를 안다는 것은 현실적으로 불가능하다. 따라서 위의 모평균의 추정은 이론적인 측면에서의 추정 방법으로 현실성이 떨어진다.

그렇다면 현실적으로 σ을 모르는 상황에서 어떻게 모수를 추정할 수 있는가? 현실적으로 표본조사를 통해 밝혀진 정보는 표본의 크기(n), 평균($\overline{X}$), 표준편차(S)이다. 앞서 바람직한 추정량에서 표본의 표준편차(S)가 모분산 σ의 바람직한 추정량임을 밝힌 바 있다. 따라서 σ 대신 표본조사를 통해 알게 된 표본의 표준편차 S를 이용해 모평균의 범위를 추정할 수 있다.[13] 한편 $\frac{\overline{X_i} - \mu}{S/\sqrt{n}}$의 확률분포는 Z 분포가 아닌 자유도가 $n-1$인 T 분포[14]를 따른다고 알려져 있다. 따라서 σ을 모르는 상황에

---

13) $\frac{\overline{X_i} - \mu}{\sigma/\sqrt{n}}$의 경우 σ를 모르기 때문에 σ를 표본의 표준편차 S로 대체하여 $\frac{\overline{X_i} - \mu}{S/\sqrt{n}}$를 이용해 모평균의 범위를 구하게 된다.

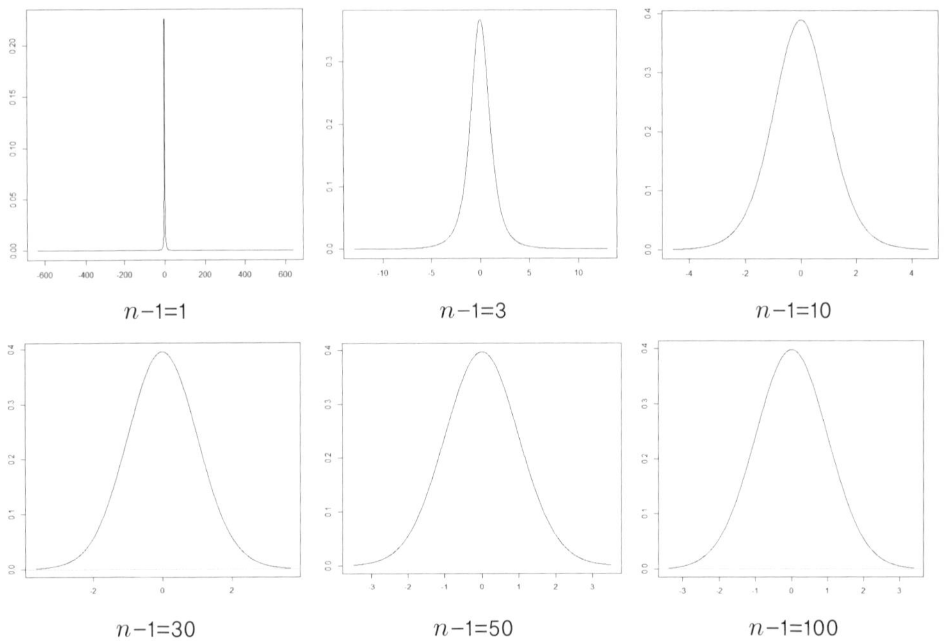

그림 5-4 T 분포의 모양

서는 표본의 표준편차 S를 이용한 T 분포를 통해 모평균의 구간을 추정하게 된다.

T 분포의 모양은 [그림 5-4]와 같이 자유도(n-1)에 따라 달라지는 확률분포이다. 그림에서와 같이 $n \geq 30$의 경우 Z 분포와 T 분포는 동일한 형태를 나타낸다. $n<30$의 경우 정규분포는 T 분포와 비교해서 중심 부분이 조금 더 높고, 양쪽 꼬리로 갈수록 더 납작(확률밀도가 낮음)하다는 특징을 가지고 있다. T 분포의 경우 $n<30$인 소표본에서도 활용이 가능하다는 측면에서 Z분포보다 일반적으로 T 분포를 사용한다.

T 분포는 정규분포와 매우 흡사한 형태로서 다음과 같은 특징을 가지고 있다. 첫째, 정규분포와 유사한 종 모양(bell-shaped)을 하며 좌우 대칭이다. 둘째, 기댓값, 즉 평균은 0이다. 셋째, 자유도가 커질수록 표준정규분포(Z)에 근사해진다. 넷째, 일반적으로 분산은 1보다 크지만, 표본의 크기가 커질수록 표준정규분포와 마찬가지로 1에 가까워진다. 마지막으로, T값의 범위는 Z의 범위와 마찬가지로 $-\infty$에서 $+\infty$이다.

14) T 분포는 Student라는 필명을 가진 프랑스 수학자 고셋(W. S. Gosset, 1876-1931)에 의해 발표되었으며, 그의 필명을 따라서 Student's t-distribution으로 부르기도 한다(박주문, 2010: 115).

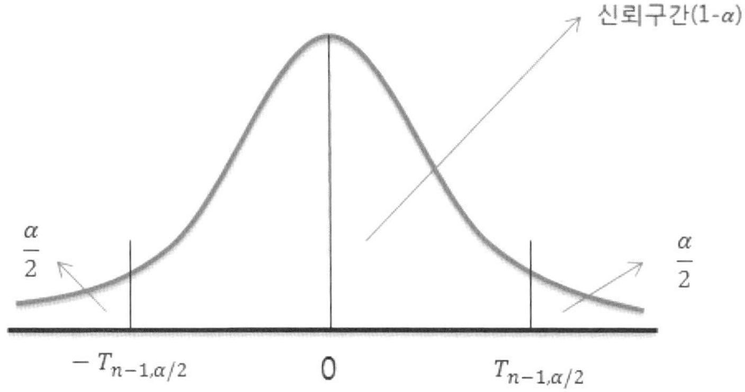

그림 5-5 T 분포의 (1-α)의 신뢰구간

T 분포를 이용한 신뢰구간 (1-α)에 대한 [그림 5-5]의 구간 추정은 (식 5-3)과 같다.

$$P(-t_{n-1,\frac{\alpha}{2}} \le t_{n-1} \le t_{n-1,\frac{\alpha}{2}}) = 1-\alpha$$

$$P(-t_{n-1,\frac{\alpha}{2}} \le \frac{\overline{X_n}-\mu}{\frac{S}{\sqrt{n}}} \le t_{n-1,\frac{\alpha}{2}}) = 1-\alpha$$

$$P(\overline{X}-t_{n-1,\frac{\alpha}{2}}\frac{S}{\sqrt{n}} \le \mu \le \overline{X}+t_{n-1,\frac{\alpha}{2}}\frac{S}{\sqrt{n}}) = 1-\alpha \qquad \text{(식 5-3)}$$

따라서 모평균 μ가 (1-α)의 신뢰구간은 $(\overline{X_n}-t_{n-1,\frac{\alpha}{2}}\frac{S}{\sqrt{n}})$부터 $(\overline{X_n}+t_{n-1,\frac{\alpha}{2}}\frac{S}{\sqrt{n}})$까지이다.

예를 들어 전국 대학생의 월평균 아르바이트 임금을 추정하기 위해 36명을 대상으로 표본조사 결과 평균이 50만 원, 표준편차가 18만 원이었다. 이때 T 분포를 이용해 95% 신뢰구간에서 모평균의 구간 값을 추정해 보자.

먼저 자유도(df) 36-1=35의 의 T값을 부록에 있는 표를 이용해 알아야 한다(양쪽 검정, two tailed test). 즉, T 분포표로부터 $t_{35,0.025}$=2.042(df=30)와 2.021(df=40)임을 알 수 있다. 그러면 T값을 자유도 30과 40의 중간인 2.03으로 하고 95% 신뢰구간을 구하면 다음과 같다.

$$(50-2.03 \cdot \frac{18}{\sqrt{36}} \leqq \mu \leqq 50+2.03 \cdot \frac{18}{\sqrt{36}})$$

즉, 439,100원~560,900원이 된다.[15)]

3) 모비율의 구간추정

모집단 비율 또는 모비율 p를 추정하기 위해 표본 비율($\hat{p}$)을 이용하여 모집단의 비율의 구간을 추정할 수 있다. 앞선 제4장에서 $\mu_{\hat{p}} = p$이고, $\sigma_{\hat{p}} = p(1-p)/n$임을 설명한 바 있다. 이들이 표본 크기가 작을 때는(일반적으로 $n<30$) 대체로 이항분포를 따르지만, 표본 크기가 커짐에 따라[16)] 정규분포에 가깝게 접근한다. 따라서 표본 비율($\hat{p}$)을 표준화한 $Z=\frac{\hat{p}-p}{\sqrt{p(1-p)/n}}$은 표준정규분포에 근사한다는 것을 살펴보았다. 따라서 이를 기초하여 (1-α)의 신뢰구간에 대한 모집단의 모비율 p의 구간을 추정하면 (식 5-4)와 같다.

$$P(-Z_{\frac{\alpha}{2}} \leqq Z \leqq +Z_{\frac{\alpha}{2}}) = 1-\alpha$$

$$P(-Z_{\frac{\alpha}{2}} \leqq \frac{\hat{p}-p}{\sqrt{pq/n}} \leqq +Z_{\frac{\alpha}{2}}) = 1-\alpha$$

$$P(\hat{p}-Z_{\frac{\alpha}{2}}\sqrt{\frac{p(1-p)}{n}} \leq p \leq \hat{p}+Z_{\frac{\alpha}{2}}\sqrt{\frac{p(1-p)}{n}}) = 1-\alpha \qquad \text{(식 5-4)}$$

따라서 95%의 신뢰구간을 설정하면 (식 5-5)와 같다.

$$P(\hat{p}-1.96\sqrt{\frac{p(1-p)}{n}} \leq p \leq \hat{p}+1.96\sqrt{\frac{p(1-p)}{n}}) \qquad \text{(식 5-5)}$$

---

15) 이는 Z분포와 T분포를 비교했을 때 중심 부분은 Z가 약간 더 높지만, 양쪽 끝으로 갈수록 T분포가 더 두껍다. 다시 말해 양쪽 끝으로 갈수록 확률밀도가 T분포가 높아지며 이는 더 범위가 넓어진다고 볼 수 있다. 따라서 Z로 추정한 441,200원~558,800원보다 T분포로 추정한 439,100원~560,900원 범위가 넓어졌다. 그러나 이러한 차이는 앞장에서 설명한 것처럼 표본 크기(n)가 커질수록 서로 근사하게 된다.

16) 표본 크기가 크다는 말은 일반적으로 사회과학에서, $n \geq 30$이면서 $n \cdot p \geq 5$이고 $n \cdot (1-p) \geq 5$인 경우를 말한다(김호정, 2005: 200).

예를 들어, 어떤 대학교 구내식당[17]에 대한 학생들의 불만 정도를 측정을 위해 100명의 학생들을 무작위로 추출했다. 표본조사 결과 이들 가운데 50명이 구내식당 품질 및 서비스에 대해 불만족을 표시했다고 한다. 이 학교 전체 학생들의 불만족 비율에 대한 95% 신뢰구간을 구해 보기로 하자.

$$\hat{p} = \frac{50}{100} = 0.5$$

$$95\%\ \text{신뢰구간}: (0.5 - 1.96 \cdot \sqrt{\frac{(0.5)(1-0.5)}{100}} \sim (0.5 - 1.96 \cdot \sqrt{\frac{(0.5)(1-0.5)}{100}})$$

$$=(0.5 \pm 0.098)$$

따라서 5% 유의 수준에서 이 대학 구내식당에 대한 학생들의 불만율은 40.2~59.8% 사이에 있다고 할 수 있다.

4) 모집단의 평균 차이 및 비율에 대한 구간추정

모집단의 평균 차이에 대한 분포 역시 모집단이 정규분포일 때와 표본이 충분히 클 경우 중심극한정리에 의해 정규분포를 따른다는 것을 제4장에서 설명한 바 있다. 따라서 $(1-\alpha)$에 대한 모집단의 집단 간 평균 차이에 대한 구간 $(\mu_A - \mu_B)$ 역시 표준정규분포 Z[18]값을 이용하여 (식 5-5)와 같이 정의된다.

$$P[(\overline{X_A} - \overline{X_B}) - Z_{\alpha/2} \cdot \sqrt{\frac{\sigma_A^2}{n_B} + \frac{\sigma_B^2}{n_B}} \leq \mu_A - \mu_B \leq (\overline{X_A} - \overline{X_B}) + Z_{\alpha/2} \cdot \sqrt{\frac{\sigma_A^2}{n_B} + \frac{\sigma_B^2}{n_B}}] \quad (\text{식 5-5})$$

모집단의 평균 차이에 대한 분포 역시 일반적으로 모집단의 σ값을 대신해 표본의 S를 이용한 T 분포로 구간을 추정한다.

---

17) 표본집단이 정규분포를 이룬다고 가정

18) $\mu_{\overline{X_A} - \overline{X_B}} = \mu_A - \mu_B$, $\frac{(\overline{X_A} - \overline{X_B}) - \mu_{\overline{X_A} - \overline{X_B}}}{\sigma_{\overline{X_A} - \overline{X_B}}}$ 이므로 $Z = \frac{(\overline{X_A} - \overline{X_B}) - (\mu_A - \mu_B)}{\sqrt{\frac{\sigma_A}{n_A} + \frac{\sigma_B}{n_B}}} \sim N(0, 1)$ 이다.

$$P[(\overline{X_A}-\overline{X_B})-T_{\alpha/2}\cdot\sqrt{\frac{S_A^2}{n_B}+\frac{S_B^2}{n_B}}\le\mu_A-\mu_B\le(\overline{X_A}-\overline{X_B})+T_{\alpha/2}\cdot\sqrt{\frac{S_A^2}{n_B}+\frac{S_B^2}{n_B}}\quad\text{(식 5-6)}$$

모집단의 비율 차에 역시 제4장에서 논의한 바와 같이 n이 충분히 클 경우 표본비율의 차의 분포는 $N(\mu_{\overline{p_A}-\overline{p_B}}, \sigma_{\overline{p_A}-\overline{p_B}})$인 정규분포를 따르게 되므로 Z[19]값을 이용해 (식 5-7)과 같이 $(1-\alpha)$의 모비율 차의 구간을 추정한다.

$$P[(\overline{p_A}-\overline{p_B})-Z_{\alpha/2}\cdot\sqrt{\frac{p_Aq_A}{n_A}+\frac{p_Bq_B}{n_B}}\le\mu_A-\mu_B\le(\overline{X_A}-\overline{X_B})+Z_{\alpha/2}\cdot\sqrt{\frac{p_Aq_A}{n_A}+\frac{p_Bq_B}{n_B}}\,]$$

$$(\text{단 } q=(1-p))\qquad\text{(식 5-7)}$$

제3절 R Commander를 이용한 실습

1 R Commander를 이용한 T 분포의 확률 계산

앞의 예, 전국 대학생들 월평균 아르바이트 임금을 추정하고자 한다. 만일 36명의 대학생 아르바이트 임금에 대한 확률표본으로부터 $\overline{X}$= 50만 원 표준편차가 18만 원이었다. 이때 '전국 대학생들 월평균 아르바이트 임금(μ)'에 대한 95% 신뢰구간을 T 분포를 이용해 구해 보자.

우선 표본조사 결과 $\overline{X}$=50, S=18, n=36이다. 그렇다면 T 분포를 이용해 모집단의 구간을 알기 위해서는 $T_{36-1,\,0.025}$의 값을 알아야 한다.

---

19) $\mu_{\overline{p_A}-\overline{p_B}}=p_A-p_B$, $\sigma_{\overline{p_A}-\overline{p_B}}=\sqrt{\frac{p_A\cdot(1-p_A)}{n_A}+\frac{p_B\cdot(1-p_B)}{n_B}}$ 이므로

$$Z=\frac{(\overline{p_A}-\overline{p_B})-(p_A-p_B)}{\sqrt{\frac{p_A\times(1-p_A)}{n_A}+\frac{p_B\times(1-p_B)}{n_B}}}\sim N(0,1)\text{이다.}$$

$$P(\overline{X} - t_{n-1, \frac{\alpha}{2}} \frac{S}{\sqrt{n}} \le \mu \le \overline{X} + t_{n-1, \frac{\alpha}{2}} \frac{S}{\sqrt{n}}) = 1 - \alpha$$

$T_{36-1, 0.025}$의 값을 알아보기 위해 [그림 5-6]과 같이 R Commander의 '분포도' → '연속분포'→ 't분포' → 't 분위수'를 차례로 선택한다. 대화상자가 활성화되면 확률에 '0.025' 자유도(n-1)에 '35'를 입력하고, '$-T_{36-1, 0.025}$' 값을 구하기 위해서는 '낮은쪽 꼬리', "$+T_{36-1, 0.025}$"값을 구하기 위해서는 '낮은쪽 꼬리'를 선택한 이후 '예(OK)'를 클릭한다.

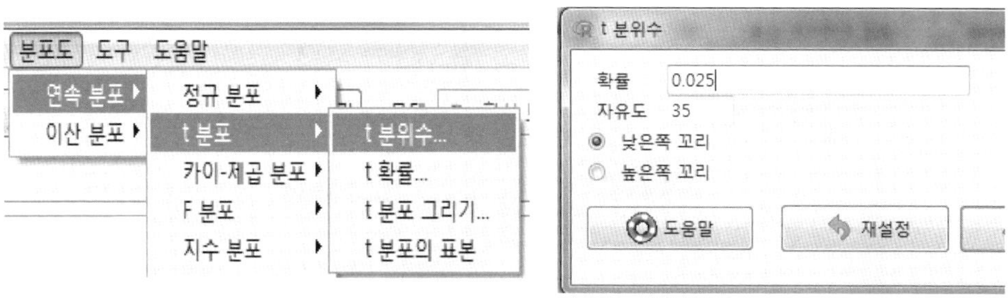

그림 5-6 T값의 계산

$-T_{36-1, 0.025}$ 결과 2.030108인 것으로 나타났다. T 분포는 좌우 대칭이므로 $T_{36-1, 0.025}$의 값은 2.030108이다.

```
> qt(c(0.025), df=35, lower.tail=TRUE)
[1] -2.030108
```

그림 5-7 T값의 계산 결과

이상의 값을 위의 식에 대입하여 계산하면,

$$(50 - 2.03018 \cdot \frac{18}{\sqrt{36}} \le \mu \le 50 + 2.03018 \cdot \frac{18}{\sqrt{36}})$$이 된다.

2 R Commander를 이용한 T 분포 모양 그리기

T 분포의 모양을 확인하기 위해 [그림 5-8]과 같이 R Commander의 '분포도' → '연속분포'→ 't 분포' → 't 분포 그리기'를 차례로 선택한다. 't 분포' 대화상자가 활성화되면 자유도(n-1)의 값을 입력하고, 옵션에 밀도함수 그리기를 선택한 다음 '예(OK)'를 클릭하면 T 분포의 모양이 출력된다.

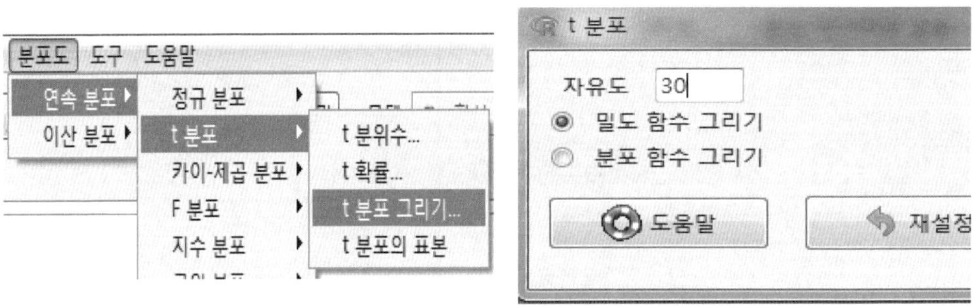

그림 5-8 T 분포의 모양 그리기

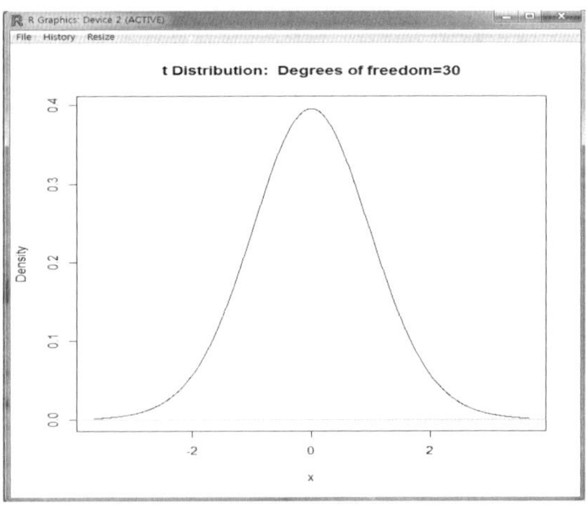

그림 5-9 T 분포의 모양 출력 결과

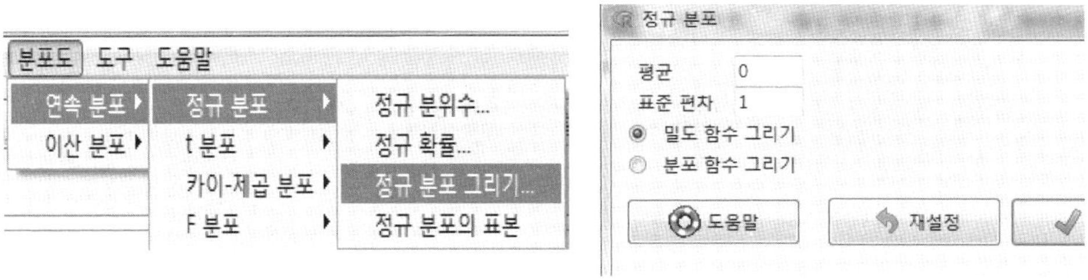

그림 5-10 Z 분포의 모양 그리기

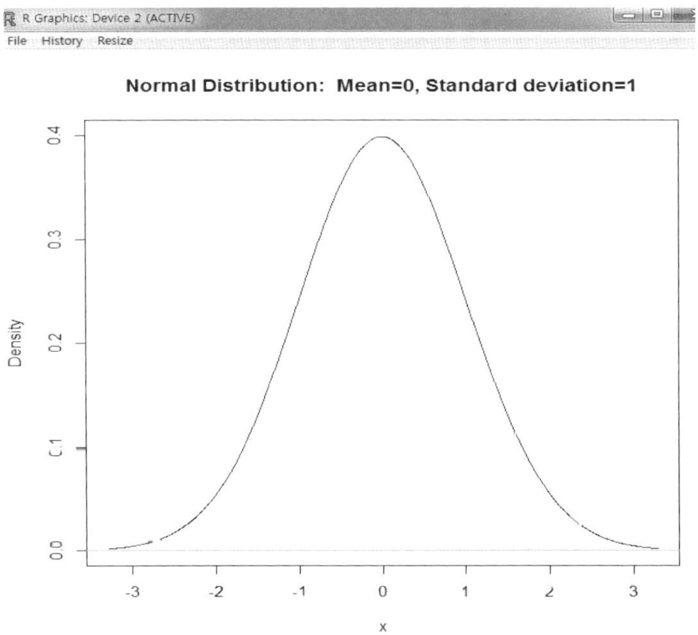

그림 5-11 Z 분포의 모양 출력 결과

제 6 장 가설의 설정과 검정

우리는 앞선 제5장에서 표본이 분포와 모수와의 관계에 대한 확률분포의 개념을 통해 통계량을 기초한 모수를 추정해 나가는 통계적 추정에 대해 살펴보았다. 표본조사를 통해 수집한 자료를 통계적 지식을 이용해 모집단의 모수값을 추정하므로 정책결정에 도움을 준다. 예를 들어 가구당 소득이 얼마이며, 보편적 복지정책에 대한 찬성 또는 반대 비율이 어느 정도인지에 대한 정보는 정책 결정 과정에 중요한 정보를 제공할 것이다.

모수값 또는 구간을 추정하는 것뿐만 아니라 일반적으로 행정 현상을 이해하고 정책을 결정하는 과정에서 "복지 예산의 증가는 경제 성장에 영향을 미치는가?", "관료의 직무 만족은 직무 성과를 향상시키는가?"와 같은 의문을 제기할 것이다. 이와 같은 의문에 대해 가설을 설정하고 통계적 검정 과정을 통해 옳고 그름을 판단함으로써 새로운 형태의 정보를 얻을 수 있을 것이다.

일반적으로 통계적 방법에 의한 가설검정은 모집단의 특성에 대한 가설을 먼저 설정하고 모집단으로부터 추출한 표본의 관찰값을 이용하여 얻은 통계량(평균, 표준편차 등)을 근거로 하여 모집단의 특성과 근사하는지 그 가설의 여부를 판단하는 일련의 과정 및 절차를 거치게 된다.[1] 제6장에서는 사회과학에서 광범위하게 사용하고 있는 통계적 추론의 한 형태인 통계적 분석을 이용한 가설검정에 대해 살펴보고자 한다.

---

1) 가설검정은 표본의 통계량을 이용한다는 점에서 앞의 (신뢰)구간 추정과 유사하다. 다시 말해, 신뢰구간 추정이 표본 통계량을 기초로 모집단의 모수가 포함될 구간을 추정하는데 반해, 가설검정은 먼저 모수에 대한 가설을 설정하고 표본 통계량을 이용해 이 가설의 옳고 그름을 판단하는 것이다. 따라서 통계적 분석 방법의 순서가 차이가 있을 뿐이지 신뢰구간에 의한 의사 결정과 가설검정에 의한 의사 결정은 동일하다.

제 1 절 추리통계와 가설검정

1 추리통계와 가설검정 절차

기술통계는 자료를 수집・정리함으로써 모집단 및 표본의 특징을 파악하는 통계적 방법이다. 하지만 실제 사회적 현상 및 학문적 연구에서는 표본조사를 통해 모집단의 특성을 밝혀내는 것이 대부분이다. 이렇듯 표본자료를 기초로 모집단의 특성을 찾아내는 논리적 기초를 제공하는 것이 추리통계학(inferential statistics)이다.

추리통계학에서는 표본의 특성을 기초로 모집단의 특성 및 성격을 추리해 나가는 과정이 필요한데, 통계적 추정과 가설검정 방법이 사용된다. 먼저 통계적 추정이란 표본의 통계량을 기초하여 모집단의 특성(모수)을 추정하는 것을 의미한다.[2] 반면, 모집단에 대한 특성을 가설로 세워놓고 이런 가설의 옳고 그름을 판단하는 방법은 가설검정이라고 한다. 특히 이러한 가설을 통계적 방법을 이용해 검정하는 것은 통계적 가설검정이라고 한다.

예를 들어 "한국의 근로자 월 평균 급여 수준이 450만 원이다." 즉 "μ=450만 원"이라고 가설을 설정하고 표본으로부터 얻은 사실을 근기로 가설의 옳고, 그름을 판단하게 된다. 그뿐만 아니라 "남자와 여자집단의 월 평균 소득이 차이가 있다"와 같이 두 집단에 대해 평균 차이에 대한 가설을 검정할 수 있고, "A변수와 B변수 간에 상관성이 있다"와 같이 가설을 설정해놓고 이를 표본을 통해 얻은 자료에 기초하여 검정할 수 있다.

모집단에 대한 특성을 가설로 세워 표본 자료를 통해 가설의 옳고 그름을 판정하기 위해 일련의 과정을 거치게 되는데 일반적으로 [그림 6-1]과 같은 검정 절차를 따르게 된다. 첫째, 연구자는 가설검정에 필요한 귀무가설과 대립가설을 설정하게 된다. 둘째, 가설이 설정되면 가설을 검정할 통계분석 방법을 설정한다. 셋째, 연구자는 귀무가설을 채택하거나, 기각할 유의 수준과 임계치를 결정한다. 넷째, 표본조사 자료를 바탕으로 앞서 설정한 표본분포에 의해 검정통계량과 p값(p-vlaue)을 계산하게

2) 통계적 추정에 대해서는 앞의 제4장에서 설명했다.

된다. 다섯째, 검정통계량과 임계치를 비교하거나, p값과 유의 수준의 비교를 통해 귀무가설의 기각 여부를 판단한다. 여섯째, 가설검정 결과를 바탕으로 다양한 해석을 하게 된다.

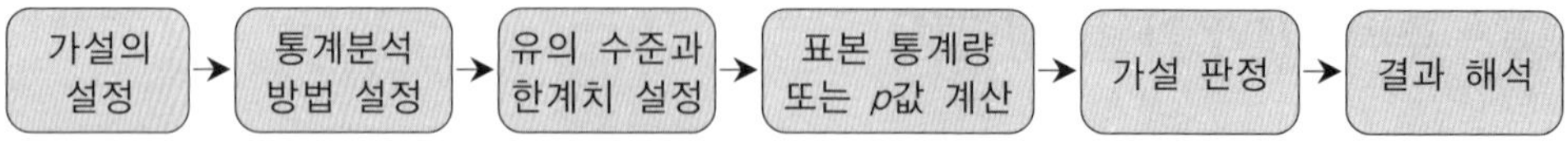

그림 6-1 가설검정 절차

2 가설의 설정

통계적 가설검정을 위한 첫 단계는 필요한 정보에 대한 가설을 설정해야 한다. 그렇다면 가설은 어떻게 설정해야 하는가? 사전적 의미의 가설(hypothesis)이란 실증적인 증명에 앞서 세워지는 잠정적인 진술 또는 언명을 의미한다. 이러한 가설을 실증적으로 검정하기 위해 귀무가설(null hypothesis: H_0)[3]과 대립가설(alternative hypothesis: H_1 또는 H_A)을 세우게 된다. 귀무가설은 통계적 검정의 직접적인 대상이 되는 가설을 의미하고, 대립가설은 귀무가설이 기각되었을 때 채택 또는 받아들여지는[4] 가설이다. 따라서 대립가설은 귀무가설과 상반된 의미를 가지게 된다. 즉, 귀무가설이 앞의 예에서와 같이 "한국의 근로자 월 평균 급여 수준이 450만 원이다."라면 대립가설을 상반되는 개념인 "한국의 근로자 월 평균 급여 수준은 450만 원이 아니다."가 된다.

가설의 검정은 일반적으로 귀무가설이 틀렸다는 증거를 제시함으로써 귀무가설을 기각하고, 대신 대립가설을 채택하는 과정을 거치게 된다. 따라서 연구자가 주장하고자 하는 연구가설(research hypothesis)을 대립가설로 설정하는 것이 보편적이다.[5] 이

3) 또는 영가설(零假說)이라고도 한다.

4) 귀무가설을 채택(accept) 또는 받아들어진다는 표현은 엄격하게 말해 틀린 표현이다. 따라서 정확한 표현은 귀무가설을 기각하는 데 실패했다(fail to reject the null hypothesis)라는 표현이 올바른 표현이라고 할 수 있다. 그러나 이 책에서는 이렇게 구분하지 않고 '채택' '받아들여진다' '기각하는 데 실패' 모두 다 같은 의미로 간주하기로 한다.

5) 전통적으로 귀무가설을 기존의 연구 결과 또는 사실이라고 주장되는 내용을 설정한 이후 귀무가설과 상반되는 대립가설을 설정하고, 귀무가설이 틀렸다는 경험적 증거를 제시함으로써 자연스럽게 자기의 주장이 옳다는 것을 증명하는 방식이다.

런 의미에서 대립가설을 연구가설이라고 한다. 예를 들어 "성별에 따라 소득의 격차가 있을 것이다"라는 것을 연구자가 주장하고 싶다면, 귀무가설과 대립가설은 다음과 같이 설정한다.

> 귀무가설(H_o): 모집단은 성별에 따라 소득 격차가 없을 것이다.
> 대립가설(H_1): 모집단은 성별에 따라 소득 격차가 있을 것이다.

이러한 귀무가설과 대립가설은 통계적 방법으로 옳고 그름이 판단하기 위해서는 양적으로 표현이 가능해야 하는데, 위의 가설을 수량적으로 표현하면[6] 다음과 같다.

> H_o: $\mu_{남} = \mu_{여}$ H_o: $\mu_{남} - \mu_{여} = 0$
> H_1: $\mu_{남} \neq \mu_{여}$ H_1: $\mu_{남} - \mu_{여} \neq 0$

여기에서 주의해야 할 것이 있다. 귀무가설은 통계적으로 직접 검정되는 가설이다. 따라서 검정 가능해야 하고, 검정이 용이해야 한다. 위에서와 같이 귀무가설(H_o)을 "~과 같다", "~와 차이가 없다" 즉 "H_o: $A = B$ 또는 $A - B = 0$ "의 형태로 가설을 설정하는 것이 바람직하다.[7]

통계적 가설검정을 위한 가설은 다시 단순가설(simple hypothesis)과 복합가설(composite hypothesis)로 구분된다. 단순가설은 "~과 같다"는 형태의 가설로 예를 들어 "남자와 여자의 소득은 같다(H_o: $\mu_{남} = \mu_{여}$ 또는 $\mu_{남} - \mu_{여} = 0$)"와 같은 가설을 말한다. 즉, 모수의 값이 하나의 값을 취할 것이라고 가정하는 가설을 의미한다. 반면

6) 가설검증의 궁극적 목적은 모집단의 특성 파악에 있다. 예를 들어, '성별에 따라 소득의 차이가 있다'라는 가설을 검정할 경우 실제로 우리가 이용하는 자료는 표본에서 얻은 남·녀 간의 소득 $\overline{X_{남}}$, $\overline{X_{여}}$이다. 그렇다고 귀무가설을 H_0 : $\overline{X_{남}} = \overline{X_{여}}$으로 표현하는 것은 틀린 표현이다. 비록 우리가 표본 자료를 이용하지만 연구의 목적은 표본의 특성이 아닌 모집단의 남·녀 간의 특성의 차이를 보고자 노력하는 것이므로 정확한 표현은 H_0 : $\mu_{남} = \mu_{여}$, H_1: $\mu_{남} \neq \mu_{여}$이 맞다.

7) 가설검정 방법은 귀무가설이 틀렸다는 것을 보여줌으로써 연구자가 주장하는 연구가설(대립가설)이 반대로 옳다는 주장을 하는 것이다. 따라서 귀무가설을 틀렸다는 증거를 표본의 자료를 통해 제시해야 하는데, 이때 좀 더 검정이 용이한 "~과 같다" 즉, "H_o: $A = B$ 또는 $A - B = 0$"라고 설정할 경우 좀 더 쉽게 옳고 그름을 판단할 수 있게 된다.

복합가설은 "~보다 크다" 또는 "~보다 작다"는 형태의 가설이다. 예를 들어 "남자가 여자의 소득보다 높다(H_o: $\mu_{남} \geq \mu_{여}$ 또는 $\mu_{남} - \mu_{여} \geq 0$)"인 형태의 가설이다. 즉, 복합가설은 일정한 영역의 값 형태로 가설을 설정하는 것을 의미한다.

H_o: $\mu_{남} = \mu_{여}$	H_1: $\mu_{남} \neq \mu_{여}$	(단순가설)
H_o: $\mu_{남} \geq \mu_{여}$	H_1: $\mu_{남} < \mu_{여}$	(복합가설)
H_o: $\mu_{남} \leq \mu_{여}$	H_1: $\mu_{남} > \mu_{여}$	(복합가설)

복합가설 역시 $\mu_{남} \geq \mu_{여}$ 또는 $\mu_{남} \leq \mu_{여}$ 형태의 가설이 좀 더 검정하기 편리하다. 따라서 복합가설의 귀무가설(H_o)은 "~보다 크거나 같다" 또는 "~보다 작거나 같다"와 같은 형태로 가설을 설정하는 것이 바람직하다.

3 가설검정 방법의 선정

가설이 설정되고 나면 이러한 가설을 검정할 통계적 방법을 선택하게 되는데, 이러한 가설검정 방법은 가설의 형태와 자료의 특성 등에 의해 달라지게 된다. 자료의 성격과 모집단에 대한 가정이 어떠한가에 따라 모수통계학 또는 비모수통계학적 방법이 활용되고, 가설의 성격에 따라 <표 6-1>과 같이 가설이 두 집단의 평균 차이를 검정하고자 한다면 T 검정, 세 집단 이상의 평균 차이라면 F 검정 등이 선택된다. 한편 각각의 통계적 분석 방법에 따라 다양한 가정과 확률분포가 활용된다.[8]

4 가설의 판정

통계적 가설검정은 앞서 설정한 가설 중 귀무가설이 참인지, 거짓인지를 표본 자료를 통해 검정하기 위해, 표본 자료를 통해 귀무가설이 맞음에도 불구하고 틀렸다라고

8) 이러한 가설검정 방법은 검정통계량이 어떤 확률분포를 따르고 있는지에 따라 Z 분포, T 분포, F 분포, χ^2 분포 등 다양한 형태의 분포를 이용하게 된다.

표 6-1 주요 통계적 가설검정 방법[9]

가설검정 방법	분석 내용	가설(연구가설)	자료의 형태	
			독립변수	종속변수
T검정	두집단 평균차이 검정	남 · 녀 간 소득은 같지 않을 것이다.	질적 자료 (남 · 녀)	양적 자료 (소득)
F검정	세 집단 이상의 차이 검정	학력 수준(초 · 중 · 고 · 대졸)에 따라 소득은 모두 동일하지 않을 것이다.	질적 자료 (학력 수준)	양적 자료 (소득)
상관분석	두 변수 간의 상관성검정	비가 내릴 확률과 대중교통 이용률 간에는 상관성이 있을 것이다.	양적 자료 (비올 확률, 대중교통 이용률)	
회귀분석	변수 간의 영향관계 분석	음주단속 건수는 교통사고 사망률에 정(+)의 영향을 줄 것이다.	양적 자료 (음주 단속 건수)	양적 자료 (교통사고 사망률)
χ^2검정	질적 변수 간 관련성 분석	남녀에 따라 정책의 찬 · 반에 차이가 있을 것이다.	질적 자료 (남 · 녀)	질적 자료 (찬 · 반)

결정을 내릴 확률을 계산하게 되는데, 이것이 p값(p-value)이다. 따라서 p값은 표본자료를 기초로 모집단의 특성을 나타낸 가설을 검증할 때, 잘못된 결정을 할 가능성(확률)이 되는 것이다. 따라서 p값이 적을 경우 귀무가설이 틀렸다는 강한 증거가 된다.[10] 만일 Z분포를 통한 양측검정에서 표본조사 결과 검정통계량이 $Z=\pm1.50$였다면, [그림 6-2]와 같이 p값은 0.134(0.067+0.067)가 된다.

그렇다면 우리가 귀무가설을 어느 정도 수준에서 틀렸다고 인정해야 할 것인가에 대한 기준이 필요하다. 가장 이상적인 것은 오차가 0%인 경우, 즉 p=0이 되는 경우이다. 하지만, 우리의 목적이 비용 절감을 위해 표본조사를 통해 모수를 추정하는 것

9) 해당 내용은 일반적인 가설검정 방법과 자료의 특성에 대한 것이며, 이외에도 다양한 형태로 통계적 검정 방법이 활용되고 있으며, 상관분석 및 회귀분석의 경우 질적 자료(명목 및 서열척도)를 통한 분석 방법이 개발되어 활용되고 있다.

10) 엄격히 말해 귀무가설이 사실이라는 가정 하에서 귀무가설이 사실(채택)이라는 사건(증거)이 더 많이 일어날 확률을 p값이라고 한다. 따라서 표본자료에 귀무가설(H_o)이 틀렸다(기각)는 증거가 많을 경우 p값이 작게 되고, 반대로 증거가 적을 경우 p값이 크지게 된다. 예를 들어, "남 · 녀간 소득 수준이 동일하다(H_o: $\mu_{남}-\mu_{여}=0$)"고 귀무가설을 설정했다고 가정해 보자. 이때 표본을 통해 조사한 결과 소득 격차가 5만 원일 때보다 20만 원일 때 더욱 귀무가설이 잘못되었다는 증거가 될 것이다. 즉, 귀무가설이 잘못되었다는 증거가 많을수록 p값은 작아지게 된다.

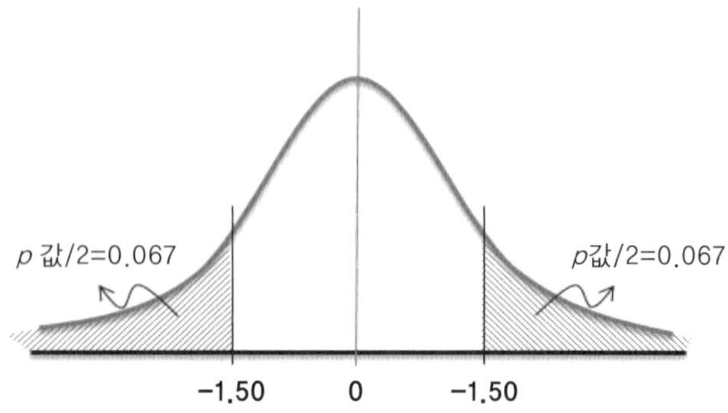

그림 6-2 Z 분포를 이용한 양측검정에서 p값

에 있고, 오차 발생 가능성이 0%로 한다는 것인 사실상 불가능하다. 따라서 일반적으로 10%, 5%, 1%의 오차가능성을 기준으로 평가하게 되는데, 이것이 유의 수준(또는 α)이라고 한다.[11)]

예를 들어, "남자와 여자 간의 소득 수준이 동일 할 것이다"는 귀무가설을 유의 수준 0.05 하에서 기각 여부를 검정하기 위해 표본조사를 통해 p값이 0.0437으로 계산되었다. 이때 해당 가설을 검정해 보면, 유의 수준(α) 값이 p값이 더 적은 것을 알 수 있다. 이것은 귀무가설을 기각시켰을 때 발생되는 오차(0.0437)가 연구자가 설정해 둔 오차가능성 기준(0.05)보다 적어 귀무가설을 기각한다고 판단할 수 있다. 따라서 "남자와 여자 간의 소득 수준이 동일하지 않을 것이다"는 대립가설을 채택하게 된다.

> p-value(p값) $\geq$ α이면 귀무가설을 채택한다.
> p-value(p값) $<$ α이면 귀무가설을 기각한다.

귀무가설의 채택 및 기각 여부를 결정하는 과정의 또 다른 방법은 임계값(critical value)을 이용하는 방법이 있다. 즉, 유의 수준에 해당되는 임계값을 계산하여 기각역을 설정하고 표본에서 계산된 통계량이 이 기각역에 포함되는가를 살펴보는 것이

11) 가설검증에서 허용될 수 있는 오류의 정도, 또는 가설검정에서 오류를 범할 확률을 말한다. 이는 구간추정에서 사용하는 신뢰구간과 같은 의미라고 할 수 있다. 즉, 1-유의 수준(level of significant 또는 α)=신뢰구간(confidence interval).

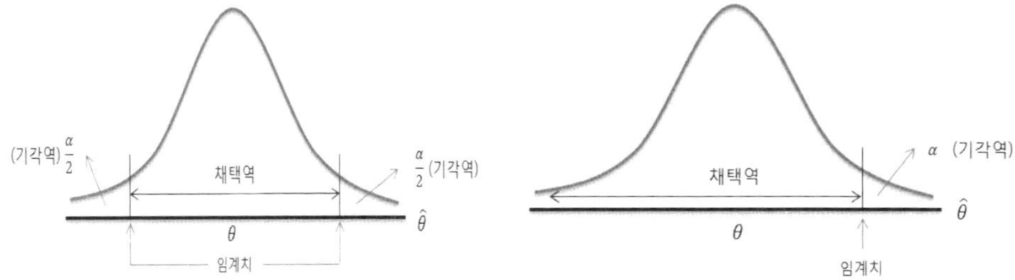

단순가설(H_o: $\hat{\theta}=\theta$) 복합가설(H_o: $\hat{\theta} \leq \theta$)

그림 6-3 가설검정의 임계값과 기각역

다. 여기서 귀무가설을 기각(reject)할 수 있는 검정통계량 값의 범위를 기각(영)역(rejection region)이라고 한다. 따라서 추출된 표본으로부터 계산된 검정통계량의 값이 기각역 범위에 들면 귀무가설을 기각하고 기각역 범위 안에 들어가지 않으면 귀무가설을 채택한다.

일반적으로 가설검정에서 p값과 유의 수준으로 비교하는 방법을 통해 가설검정이 이루어지게 된다. 이는 대부분의 통계 패키지에서 검정 통계량과 함께 p값을 동시에 계산하여 제시해주고 있을 뿐만 아니라, 일반적으로 가설검정을 위한 확률분포가 T분포, F분포, χ^2 분포 등이 많이 사용되는데, 이들 분포는 표본의 크기(n), 즉 자유도($n-1$)에 따라 분포의 모양이 달라진다. 이러한 특징으로 표본의 크기(n)에 따라 동일한 유의 수준에서도 임계값이 달라진다. 따라서 자유도에 따라 임계값을 확인해야 한다는 번거로움이 있기 때문에 p값과 유의 수준 비교를 통해 귀무가설의 기각 여부를 판정하게 된다(<표 6-2> 참소).

표 6-2 T분포의 자유도에 따른 임계값(양측검정)

자유도($n-1$)	임계값	유의 수준(α)
3	±3.18244	0.05
5	±2.57058	0.05
30	±2.04227	0.05
100	±1.98397	0.05

5 양측검정과 단측검정

가설의 형태가 단순가설 또는 복합가설인가에 따라 [그림 6-3]과 같이 가설검정 방법의 두 가지로 나뉘게 된다. 예를 들어 H_o: μ=450이라는 단순가설의 경우 기각역은 분포의 양쪽 꼬리에 대칭적으로 설정된다. 이러한 형태의 가설검정을 양측검정(two-side test 또는 two-tail test)이라고 한다. 반면 H_o: $\mu \leq 450$와 같은 복합가설의 경우 기각역이 오른쪽에 위치하게 되는데, 이를 우측검정이라고 한다. 반대로 H_o: $\mu \geq 450$ 경우에는 좌측검정이라고 한다. 이와같이 복합가설의 경우 분포의 오른쪽 또는 왼쪽에만 기각역이 놓이게 되는데 이를 단측검정(one-side test 또는 one-tail test)이라고 한다.

단순가설에 대한 가설검정 방법을 살펴보자. 예를 들어 부산시가 주민의 생활 수준을 알아보기 위해 100명의 주민을 표본으로 추출하여 월수입을 조사했더니 평균 421만 원이 나왔다. 부산 주민의 월수입은 정규분포를 이루고 표준편차가 180만 원으로 알려져 있다. 그렇다면 부산시 주민의 월 평균 수입이 460만 원이라고 할 수 있는가를 유의 수준 5%에서 가설을 검정해 보자.

첫째, 통계적 검정을 위한 가설을 설정하면 H_o: μ=460, H_1: $\mu \neq 460$일 것이다.

둘째, 위의 가설을 검정하기 위한 통계분석 방법은 모집단의 분포가 정규분포를 이루거나, 표본의 크기가 충분히 큰 경우를 가정할 경우 Z분포, 즉 표준정규분포를 이용할 수 있다. 위의 예에서도 모집단의 분포가 정규분포를 이룰 뿐만 아니라 표본이 충분히 커 표준정규분포를 통해 해당 가설을 검정할 수 있다.

셋째, 유의 수준 α=0.05로 양측검정의 경우 [그림 6-4]와 같이 임계값은 $\pm Z_{\alpha/2}$ = ±1.96이다.[12)]

넷째, 표본분포에서 검정통계량[13)] $Z = \dfrac{\overline{X_i} - \mu}{\sigma / \sqrt{n}} = \dfrac{430 - 460}{180 / \sqrt{100}}$=-1.667이다. 이때 p

---

12) 모평균에 대한 가설검정으로 검정통계량은 $\overline{X}$가 되고, 제5장에서 설명한 구간추정과 같은 형태로 $(1-\alpha) = P(\mu - Z_{\alpha/2} \cdot \sigma/\sqrt{n} \leq \overline{X} \leq \mu + Z_{\alpha/2} \cdot \sigma/\sqrt{n})$ 정의된다.

13) 모집단의 분포가 정규분포이거나, 표본의 크기가 충분히 커다면 표본평균의 분포는 $\overline{X_i} \sim N(\mu, \sigma^2/n)$된다. 따라서 $\overline{X_i}$를 표준화하면, $Z = \dfrac{\overline{X_i} - \mu}{\sigma/\sqrt{n}}$으로 $N(0, 1)$를 따르게 된다.

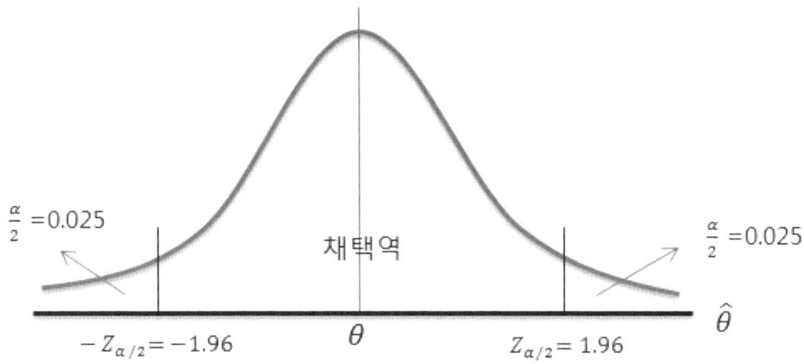

그림 6-4 유의 수준 5%에서의 양측검정 임계값

값[14]은 0.094919이다.

다섯째, 검정통계량이 가설의 채택역에 존재하고, 'p값$>\alpha$'으로 귀무가설이 채택된다. 즉, 표본조사 결과 부산시 주민의 월 평균 소득이 H_1: μ=460일 것이라는 귀무가설이 채택된다.

그렇다면 복합가설의 경우 어떤가? 앞의 예에서 부산시민의 월 평균 소득이 460만 원일 것이라는 귀무가설을 설정해 단측검정(좌측검정)을 실시해 보자.

첫째, 가설검정을 위한 H_o: $\mu \geq 460$, $H_1 < 460$가 된다.

둘째, 역시 위의 예와 같이 표준정규분포를 이용해 Z검정을 통해 가설을 검정할 수 있다.

셋째, 유의 수준 α=0.05로 단측검정 Z_α=-1.654(좌측검정)이다.

넷째, 표본분포에서 검정통계량 $Z=\frac{\overline{X_i}-\mu}{\sigma/\sqrt{n}}=\frac{430-460}{180/\sqrt{100}}$=-1.667이고, 이때 p=0.047이다.

다섯째, 검정통계량이 기각역에 있으므로 H_o: $\mu \geq 460$라는 귀무가설은 기각되고 $H_1 < 460$라는 대립가설이 채택된다. 즉, 부산시의 주민당 월 평균 소득은 460만 원보다 낮다고 할 수 있다.

여기에 주목할 필요가 있다. 단측검정과 양측검정 모두 검정통계량은 μ=460만 원, 즉 Z=-1.667을 검정통계량을 기준으로 임계값과 비교했지만, 단측검정에서는 귀무

14) p값은 R Comnander를 통해 계산했다.

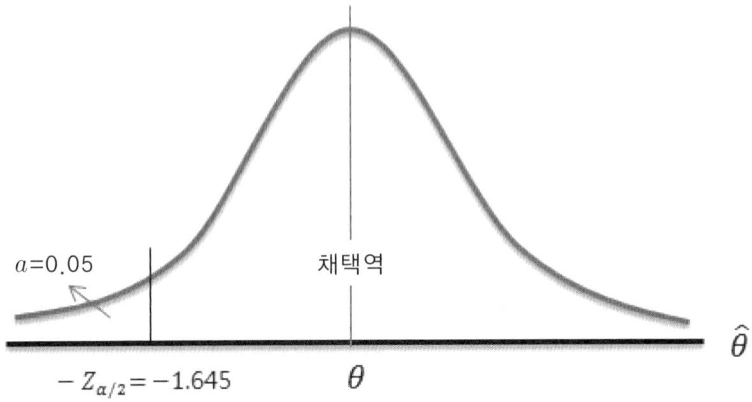

그림 6-5 유의 수준 5%에서의 좌측검정 임계값

가설이 기각되었지만, 양측검정에서는 채택되는 상반된 결과를 가져왔다. 즉, 동일한 검정통계량으로도 <표 6-2>와 같이 단측검정에서 좀 더 쉽게 귀무가설을 기각시키므로 연구자의 주장인 대립가설을 채택할 수 있고, 좀 더 정밀한 가설검정이 이루어진다는 장점이 있다.

표 6-3 양측검정과 단측검정에서 임계값

α	양측검정	단측검정
	$\pm Z_{\alpha/2}$	$\pm Z_{\alpha}$
1%	±2.575	±2.325
5%	±1.96	±1.645
10%	±1.645	±1.285

그러나 대부분의 경우 모집단의 특성 값을 모르는 상태에서 양측검증을 이용할 수밖에 없다. 실제로 사회과학 분야의 대부분의 연구에서도 양측검정을 많이 사용하고 있고, 모수값에 대한 확신이 없는 경우 양측검정을 통해 가설을 검정하는 것이 더욱 바람직하다.

제2절 가설검정의 오류

가설검정의 경우 우리는 네 가지 상황에 직면하게 된다. 즉, (i) 올바른 귀무가설을 채택하는 경우, (ii) 올바른 귀무가설을 기각하는 경우, (iii) 옳지 않은 귀무가설을 채택하는 경우, 마지막으로 (iv) 옳지 않은 귀무가설을 기각하는 경우가 있다. 이와 같은 상황에서 (i)과 (iv)의 결정은 옳은 결정이다. 그러나 (ii)와 (iv)의 경우에는 우리의 의사 결정이 잘못된 경우이다. 특히 (ii)와 같이 올바른 귀무가설을 기각하는 경우를 제1종 오류 또는 α 오류라고 하며, (iv)와 같이 옳지 않은 귀무가설을 채택하는 경우를 제2종 오류 또는 β오류라고 한다. 이를 <표 6-4>로 정리해 보았다.

표 6-4 가설검정의 오류

실제 상태 / 의사 결정	귀무가설이 옳음	귀무가설이 틀림
귀무가설의 채택	(i) 올바른 의사 결정	(iii) 제2종 오류 또는 β 오류
귀무가설의 기각	(ii) 제1종 오류 또는 α 오류	(iv) 올바른 의사 결정

제1종 오류를 범하는 확률은 p값과 같다. 따라서 제1종 오류가 발생할 확률은 우리가 이미 동세석 판단을 내리기 전에 사전에 정해놓는데(예를 들어, 1% 5% 10% 등) 이것을 유의 수준(level of significance, 즉 α)이라고 한다고 앞서 설명한 바 있다. 그러니 제2종 오류 소위 β오류 발생 확률은 실제 모수의 값을 알기 전까지는 계산할 수가 없다.

이 두 가지 오류를 감소시키면 바람직하겠으나 제1종 오류의 확률을 줄이면 제2종 오류 확률이 늘어나게 된다. 따라서 사회과학 분야에서는 가설검정을 분석할 때 1%, 5%, 10% 같은 유의 수준을 설정해 분석하게 된다. 또한 귀무가설이 올바르지 않을 때 이를 기각하는 확률을 검정력이라 하고 이는 $1-\beta$(power of test)와 같이 나타낼 수 있다.

다음의 [그림 6-6]은 제1종 오류, 제2종 오류 및 검정력을 분포도를 이용해 나타낸 것이다.

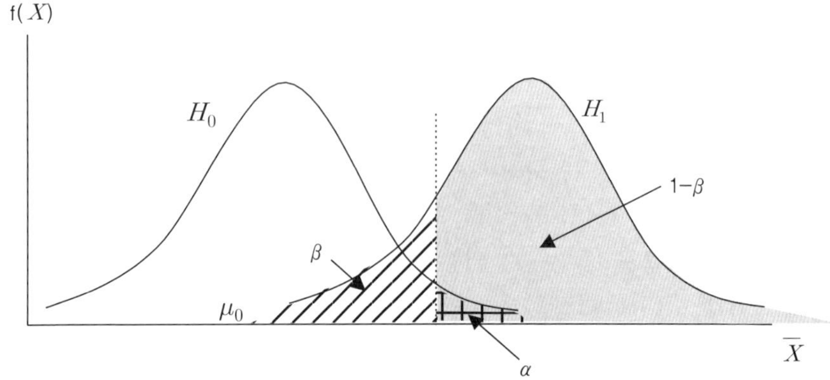

그림 6-6 가설검정의 오류 및 검정력의 관계

제 7 장 T 검정

제 1 절 T 검정의 기초

1 T 검정의 활용

표준정규분포를 이용한 Z 검정은 표본이 정규분포를 이루는 모집단으로부터 추출되고 모분산(σ^2)이 알려진 경우 주로 이용된다. 모집단의 분포가 비록 정규분포가 아닌 경우에도 $n \geq 30$이면 중심극한성리에 의해 정규분포한다고 가정하여 Z 검정을 할 수 있다. 그러나 실제적으로 모분산(σ^2)이 알려진 경우는 거의 없다. 따라서 대부분의 경우 T 검정이 많이 활용되고 있다.

T 검정은 특히 두 집단 간의 모집단이 평균이 차이가 있는지를 검정하는 분석 방법으로 많이 이용된다. 표본의 개수가 30개 이하인 경우에도 활용 가능하다는 측면에서 활용도가 높은 것으로 평가받고 있다.

예를 들어 T 검정은 남자와 여자집단 간의 월 평균 소득의 차이가 있는가? 공무원과 회사원 간의 업무에 대한 만족도에 차이가 있는지? A반과 B반의 평균 영어 성적이 차이가 있는가? 고소득층과 저소득층 주민 간의 정부정책에 대한 만족도는 차이가 있는지? 다이어트 프로그램 참여 전과 후에 체중의 변화가 있는지? 약물을 투여하기 전과 투여한 이후 혈당의 수치가 차이가 있는지? 등의 가설을 검정하는 데 이용된다.

이러한 두 집단 간의 차이 검정에 활용되는 T검정은 자료의 특성에 따라 분석 방법의 차이가 있다. 먼저 남자와 여자 등과 같이 두 집단이 상호독립적인 경우에는 독립표본 T검정을 활용한다. 반면, 프로그램 참여 전·후와 같은 동일한 대상에 대해 특정 프로그램(실험)의 적용 이전과 이후 간의 관측값 변화의 차이를 검정하는 경우에는 대응표본 T검정을 사용한다.

2 T 검정에 필요한 조건

가설검정의 기법들을 어떠한 상황에서나 모두 적용되는 것은 아니다. 주어진 여건에 따라 활용되는 검정 기법도 상이하다. T검정의 경우 검정 대상집단은 한 가지 혹은 두 가지 집단 간의 차이로 한정되어야 한다. 검정 대상의 변수도 일정한 요건을 갖추어야 된다. 일정한 확률을 가지고 발생하면서, 수치가 부여될 수 있는 확률변수여야 한다. 연속적 확률변수가 선호되며, 불연속변수의 경우에도 자료의 개수가 충분히 많을 경우에 T검정을 적용할 수 있다. 일반적으로 모분산의 경우가 알려지지 않은 경우가 대부분이므로 T검정 방법의 조건을 조금 더 자세하게 설명하면 다음과 같다.

T검정 방법을 이용하기 위해 몇 가지 조건이 충족되어야 한다.

첫째, T가설 검정을 위해서는 대개의 경우 2개의 집단으로 구분되어야 한다는 것이다. 예를 들어 남자·여자 또는 찬성·반대 등과 같이 2개의 집단으로만으로 구분되는 명목 자료여야 한다. 만일, 3개 이상의 집단 또는 다양한 값을 가질 경우 특정한 기준(평균 또는 중위수 등)을 통해 자료를 2개 집단으로 분류하여 분석에 이용하면 된다.

둘째, 관심을 가지는 변수(월소득, 만족도), 즉 종속변수는 엄밀하게 말해 등간척도 이상의 양적 자료일 경우에 분석이 가능하다는 것이다. 예를 들어 남·녀 간의 월소득 차이가 있는지 검정하기 위해, 이때 변수 월소득의 경우 등간척도로 측정되어야 한다. 그렇지 않은 경우에는 다른 통계검정 방법을 선택해야 한다. 즉, 남녀 집단에 따라 학력(중졸, 고졸, 대졸 등)이 차이가 있는지에 대해서는 T검정을 통해 분석이 불가능하다는 것이다.[1)]

셋째, 두 집단 간의 표본분포는 등분산성을 이루어야 한다는 것이다. 이는 검정통계량을 계산하는 기본적인 가정이다. 등분산성이 충족되지 못할 경우 T검정 방법으로 계산된 검정통계량의 신뢰성이 문제가 된다. 따라서 가설검정 결과 해석에 앞서 표본 분포의 동질성을 검정할 필요성이 있다.

최근 등분산성이 가정되지 않는 경우에도 T검정을 사용할 수 있는 분석 방법이 개발되면서, 많은 통계 프로그램에서 표본분포의 등분산성이 가정될 경우와 그렇지 않은 경우 모두 검정통계량을 제시해주고 있다.

제2절 T 검정을 통한 가설검정

1 단일표본 T 검정

우리는 가끔 표본조사의 결과에 나타난 집단별 도수나 비율의 차이만 가지고 일반적인 현상으로 확대 해석하는 경우가 많다. 그러나 표본조사의 결과를 가지고 모집단 전체에 대한 해석을 내리고자 할 때는 반드시 가설검정의 단계가 필요하다고 하겠다(김호정, 2013: 196). 대부분의 경우 모분산(σ^2)이 알려져 있지 않으므로[2] T검정을 실시하고, 그 통계량은 다음과 같다.

$$T_{n-1} = \frac{\overline{X} - \mu}{S/\sqrt{n}} \qquad \text{(식 7-1)}$$

(단, $n-1$은 자유도)

예를 들어, 작년 행정통계론 시험의 평균점수는 75점이었다. 올해는 무작위로 10명

1) 이런 측면에서 '매우 만족', '만족', '보통', '불만', '매우 불만'과 같은 리커트 타입의 척도는 서열척도로 T검증의 종속변수로 사용할 수 없다.

2) 물론 모집단의 분산, 즉 모분산을 알 경우에는 $Z = \frac{\overline{X} - \mu}{\sigma/\sqrt{n}}$을 이용한다. 그러나 모분산을 알지 못하는 경우가 대부분이며 게다가 표본 크기가 커질수록 Z분포와 T분포는 서로 근사하므로 T분포를 이용하는 편이 더욱 현실적이라고 할 수 있다.

을 추출하여 조사하니 시험점수는 60, 65, 70, 75, 80, 85, 90, 95, 96, 98으로 나타났다(참고: 평균 81.4, 표준편차 13.6). 올해의 평균점수 81.4는 작년의 평균 75점과 비교하여 5% 유의 수준에서 통계적으로 차이가 있는지 (식 7-1)을 이용해 가설검정해 보기로 하자.

귀무가설: 작년의 점수와 올해의 점수는 차이가 없다.
대립가설: 작년의 점수와 올해의 점수는 차이가 있다.

$$T = \frac{\overline{X} - \mu}{S/\sqrt{n}} = \frac{81.4 - 75}{13.6/\sqrt{10}} = 1.49$$

부록의 T분포표에서 자유도 10-1=9의 T의 임계값(critical value)은 2.262 ($\alpha = 0.05$)이다.[3] 계산된 T값 1.49는 임계값 2.262에 비교해 작다. 즉, 귀무가설의 채택역에 속한다. 따라서 올해의 평균점수 81.4와 작년의 평균점수 75점과의 차이 6.4점은 통계적으로 그 차이가 유의하지 않다고 할 수 있다.

이렇듯 단일표본 T검정의 경우 모집단의 평균이 특정 값과 일치하는지를 표본을 통해 차이 여부를 검정하는 통계분석 기법이다.

2 독립표본 T 검정

독립표본 T검정은 남자와 여자, 정책에 대한 찬·반 등 독립적인 두 대상에 대한 모집단의 평균 차이 여부를 표본 자료를 통해 가설을 검정하는 통계적 기법이다. 따라서 독립표본 T검정의 귀무가설은 "~와 같다" 또는 "~차이가 없을 것이다"의 형태이고, 대립가설의 경우 이와 반대인 "~와 같지 않다." "~와 차이가 있다"가 된다. 예를 들어 남자와 여자 대학생의 용돈의 차이에 대해 독립표본 T검정을 실시한다면 가설은 다음과 같다.

3) 부록의 T분포표를 읽을 때 $\alpha = 0.05$이므로 유의 수준 0.025의 열과 자유도 9의 행이 만나는 2.262를 읽어야 한다. 왜냐하면 부록의 T분포표는 단측검정을 위한 표이다. 따라서 우리의 경우 양측검정을 실시하므로 t분포의 좌우대칭 속성을 이용하여 유의 수준 0.05가 아닌 유의 수준 0.025의 열을 읽어주어야 한다.

귀무가설: 모집단은 남 · 녀 대학생의 평균 용돈은 차이가 없을 것이다.
대립가설: 모집단은 남 · 녀 대학생이 평균 용돈은 차이가 있을 것이다.

H_o: $\mu_{남} = \mu_{여}$ H_o: $\mu_{남} - \mu_{여} = 0$
H_1: $\mu_{남} \neq \mu_{여}$ H_1: $\mu_{남} - \mu_{여} \neq 0$

두 모집단(분산이 다를 경우: $\sigma_1^2 \neq \sigma_2^2$)의 차이에 대한 독립표본 T검정에서 검정통계량은 다음과 같이 정의된다.

$$T_{n_1+n_2-2} = \frac{(\overline{X_A} - \overline{X_B}) - \mu_{A-B}}{\sqrt{\frac{S_A^2}{n_A} + \frac{S_B^2}{n_B}}} \quad \text{(식 7-2)}$$

두 모집단(분산이 같은 경우: $\sigma_1^2 = \sigma_2^2$)의 차이에 대한 독립표본 T검정에서 검정통계량은[4] 다음과 같다.

$$T_{n_1+n_2-2} = \frac{(\overline{X_1} - \overline{X_2}) - \mu_{\overline{X_1} - \overline{X_2}}}{\sqrt{\frac{(n_1-1)S_1^2 + (n_2-1)S_1^2}{n_1+n_2-2}}} \quad \text{(식 7-3)}$$

3 대응표본 T검정

대응표본 T검정은 다이어트 전 · 후 간의 체중의 차이 또는 경제정책 집행 전 · 후의 평균 소득 수준이 차이가 있는지 등과 같이 단일 모집단 내에서 상이한 두 가지 상황에 따른 평균의 차이를 검정하는 통계분석 방법이다. 대응표본 T검정의 가설의

4) 분산이 같은 경우: $\sigma_1^2 = \sigma_2^2$, T식의 분자값을 S_p로 표시하고 이를 pooled standard deviation라고 말한다. S_p^2= pooled variance. 통계학자들은 S_1^2와 S_2^2의 가중평균을 σ^2의 추정량으로 활용하는 것이 타당하다고 생각하여, $S_p^2 = \frac{(n_1-1)S_1^2 + (n_2-1)S_2^2}{n_1+n_2-2}$를 개발했다.

경우 독립표본 T검정과 같이 귀무가설은 '~전 · 후의 평균이 차이가 없다' 또는 '같다'로 설정하고, 대립가설은 '~전 · 후 간 평균이 다르다' 또는 '같지 않다'로 설정하면 된다. 다이어트 효과에 대한 대응표본 T검정의 가설은 다음과 같다.

귀무가설: 다이어트 프로그램 참여 전과 후의 체중은 같을 것이다.
대립가설: 다이어트 프로그램 참여 전과 후의 체중은 같지 않을 것이다.

H_o: $\mu_{전} = \mu_{후}$ H_o: $\mu_{전} - \mu_{후} = 0$
H_1: $\mu_{전} \neq \mu_{후}$ H_1: $\mu_{전} - \mu_{후} \neq 0$

대응표본들 간에 차이($X_{1i} - X_{2i}$)인 d_i가 정규분포일 때 귀무가설 H_0 : $\mu_1 - \mu_2 = \mu_d$에 대한 검정통계량은 (식 7-4)와 같다.

$$T = \frac{\bar{d} - \mu_d}{S_d / \sqrt{n}} \qquad \text{(식 7-4)}$$

$$단,\ \bar{d} = \frac{1}{n}\sum_{i=1}^{n} d_i \ ,\ s_d^2 = \frac{1}{n-1}\sum_{i=1}^{n}(d_i - \bar{d})^2$$

($\bar{d}$는 d_i의 평균, S_d^2는 d_i의 분산)

제3절 R Commander를 이용한 가설검정

1 단일표본 T검정

2013년도 서울, 경기, 인천 등 수도권 지역의 지방자치단체의 1인당 복지비 예산이 478만 원, 표준편차는 161.42로 조사되었다. 이때 수도권의 1인당 복지 예산이 전국 기초자치단체의 복지 예산과 동일하다고 할 수 있는지 단일 표본 T검정을 실시해 보자. 이때 단일평균 T검정을 위한 가설은 다음과 같다.

$$H_0: \mu=478\text{만 원}$$
$$H_1: \mu\neq478\text{만 원}$$

R Commander를 이용해 해당 가설을 검정하기 위해 우선 데이터셋을 '지방재정'으로 선택한다. [그림 7-1]과 같이 상단 메뉴에서 '통계'→'평균'→'일-표본 t-검정'을 선택하면 '일-표본 t-검정' 대화상자가 활성화된다. 검정변수를 선택(Q11복지예산2013)을 선택하고, 대립가설과 관련된 옵션을 선택하면 된다. 해당 가설을 양측검정으로 모집단의 평균값이 478만 원인 것으로 검정하는 것으로 '모집단평균=mu0'를 선택한다. 다음 '귀무(영)가설: mu='에 가설 검정수치인 '478'을 입력한 후 '예(OK)'를 클릭한다.

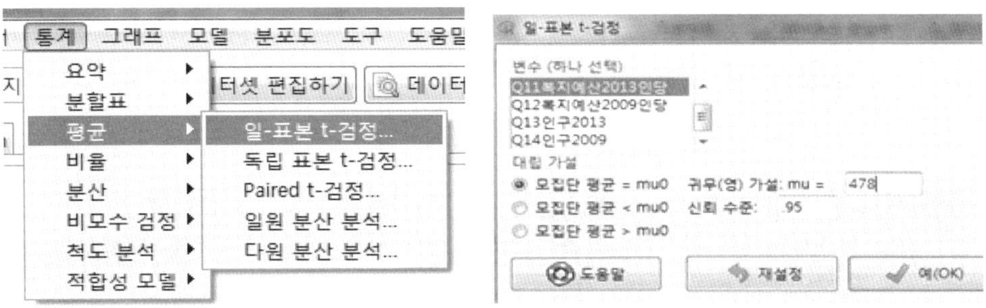

그림 7-1 단일표본 *T*검정 실행 절차

```
> t.test(지방재정$Q11복지예산2013인당, alternative='two.sided', mu=478, conf.level=.95)

        One Sample t-test

data:  지방재정$Q11복지예산2013인당
t = 12.1229, df = 225, p-value < 2.2e-16*
alternative hypothesis: true mean is not equal to 478
95 percent confidence interval:
 668.6678 742.6850
sample estimates:
mean of x
 705.6764
```

*"2.2e-16"은 "2.2×10^{-16}"의 의미이다.

그림 7-2 단일평균 *T*검정 결과

R Commander를 이용한 단일평균 T 검정 결과 화면은 [그림 7-2]와 같다. 이것을 정리하면 <표 7-1>과 같다. μ=478만 원이라는 귀무가설에 대해 T=12.12, 자유도 (df)=225, p-value=0.000*으로 유의 수준 0.01 하에서 귀무가설이 기각되고, 대립가설이 채택되는 것을 알 수 있다. 따라서 2013년 전국 평균 주민 1인당 복지 예산 비중은 수도권 평균과 같지 않다고 할 수 있다.

표 7-1 1인당 복지예산의 단일평균 T검정 결과

검정값	T	df	p-value	변수의 평균	95% 신뢰구간	
					하한	상한
μ=478만 원	12.12	225	0.000	705.6	668.67	742.68

2 두 집단 간의 평균 차이 검정

단일평균 검정은 단일 모집단의 특성 값인 모평균에 대한 검정을 했다면, 두 집단 간의 평균 차이 검정은 말 그대로 두 집단 모평균의 차이가 나는지를 살펴보는 것이다. 즉, 두 집단에 대한 표본에서 수집된 자료를 기초로 모집단의 평균도 차이가 나는지를 검정하는 것이다. 이러한 검정은 일상생활에서 매우 다양하게 활용될 수 있다. 예를 들어 남자와 여자집단 간의 평균 임금이 동일한지 또는 정규직과 비정규직의 임금은 동일한지, 지방대학 출신과 수도권 대학 출신 학생의 평균 임금 수준은 동일한지 등 다양한 형태로 사용될 수 있다.

예제를 통해 2009년에서 2013년까지 인구가 증가한 기초자치단체와 인구가 감소한 기초자치단체 간의 2013년 기준으로 재정자립도가 '동일한지', '동일하지 않은지'를 검정해 보자. 우선 검정과 관련된 가설을 다음과 같다. 귀무가설은 "인구가 증가한 기초자치단체와 인구가 감소하고 있는 기초자치단체 간 2013년 재정자립도는 동일할 것이다"이고, 반대 대립가설은 "~은 동일하지 않을 것이다"일 것이다.

$$H_0:\ \mu_{증가}=\mu_{감소} \ \text{또는}\ \mu_{증가}-\mu_{감소}=0$$

* $2.2e-16 \Rightarrow 2.2\times10^{-16}$

$$H_1: \mu_{증가} \neq \mu_{감소} \text{ 또는 } \mu_{증가} - \mu_{감소} \neq 0$$

R Commander를 이용해 먼저 데이터셋을 '지방재정'으로 선택한다. 첫째 각 집단의 기초 통계량을 확인하기 위해 우선 기술통계량을 먼저 분석한다. 이를 위해 [그림 7-3]과 같이 상단의 메뉴에서 '통계'→'요약'→'수치적 요약'을 순서대로 선택한다. '수치적 요약' 대화상자의 데이터 탭에서 'Q5재정자립도2013'을 선택하고, 아래 '집단별 요약' 상자를 클릭한다. 집단을 선택하는 창이 활성화되면 집단변수(Q4인구증감)를 선택하고 '예(OK)'를 클릭하면 집단이 선택된다. 이후 '통계' 탭을 클릭하여 필요한

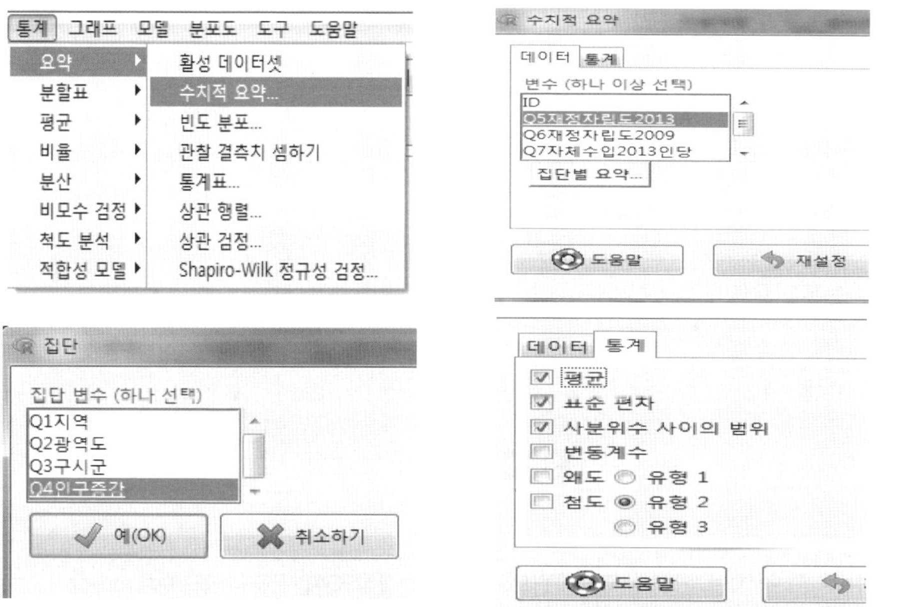

그림 7-3 집단별 기초 통계량

```
>        numSummary(지방재정[,"Q5재정자립도2013"],        groups=지방재정$Q4인구증감,
statistics=c("mean", "sd",
+     "IQR", "quantiles"), quantiles=c(0,.25,.5,.75,1))
        mean        sd      IQR    0%   25%   50%   75%  100%  data:n
감소  20.22308  10.72661   13.6   7.3  12.2   17.5  25.8  61.0     117
증가  33.52477  15.74571   25.3  10.7  20.4   30.6  45.7  75.9     109
```

그림 7-4 집단별 기초 통계량 결과

기초 통계량에 대한 옵션을 선택한다. 끝으로 하단의 '예(OK)'를 클릭해 통계분석을 실행하면 [그림 7-4]와 같이 집단별 기초 통계량이 출력된다. 만일 집단을 선택을 해제하고자 한다면 '수치 요약' 대화상자 하단에 있는 '재설정'이라는 버튼을 클릭하면 설정이 초기화된다.

그리고 두 집단의 평균 차이 검정은 두 집단의 분산이 동일하다는 등분산성을 가정하고 있다. 따라서 본격적인 가설검정에 앞서 두 집단의 분산이 동일한지를 먼저 확인해야 한다. 이를 위해 [그림 7-5]와 같이 상단 메뉴에서 '통계'→'분산'→'Levene의 검정'[5]을 선택한다. 다음 요인변수를 'Q4인구증감'을 선택하고, 반응변수는 'Q5재정자립도2013'을 선택한다. 다음 옵션으로 '평균'을 선택하고 '예(OK)'를 클릭하면 해당 [그림 7-6]의 결과가 출력된다.

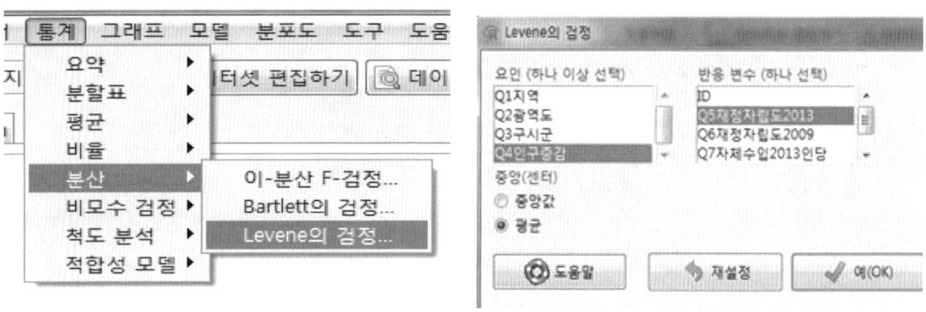

그림 7-5 등분산성 검정

```
> leveneTest(지방재정$Q5재정자립도2013, 지방재정$Q4인구증감, center=mean)
Levene's Test for Homogeneity of Variance (center = mean)

        Df  F value   Pr(>F)
group    1   24.019   1.83e-06 ***
       224
---
Signif. codes:  0 '***' 0.001 '**' 0.01 '*' 0.05 '.' 0.1 ' ' 1
```

그림 7-6 Levene의 등분산성 검정 결과

5) Levene 검정의 귀무가설은 "집단 간 분산이 동일하다", 대립가설은 "집단 간 분산이 동일하지 않다"이다.

인구 증가 집단과 인구 감소 집단의 2013년도 재정자립도에 대한 Levene의 등분산성 검정 결과 F=24.019, p-value=0.00*으로 유의 수준 0.01하에서 귀무가설이 기각되고, 대립가설이 채택된다. 따라서 인구 증가 기초자치단체와 증가 기초자치단체의 2013년 재정자립도에 대한 분산은 동일하지 않은 것으로 나타났다. 하지만 최근 일반적인 통계 패키지의 경우 집단의 등분산이 가정되는 경우와 등분산이 가정되지 않는 경우 모두 두 집단 간의 평균 차이 검정에 필요한 검정통계량을 제공해주고 있다. R Commander 역시 두 가지의 통계량을 제공한다.

R Commander를 이용해 두 집단 사이의 평균 차이를 검정하기 위해서는 [그림 7-7]과 같이 상단의 메뉴에서 '통계'→'평균'→'독립표본 t-검정'을 차례로 선택한다.

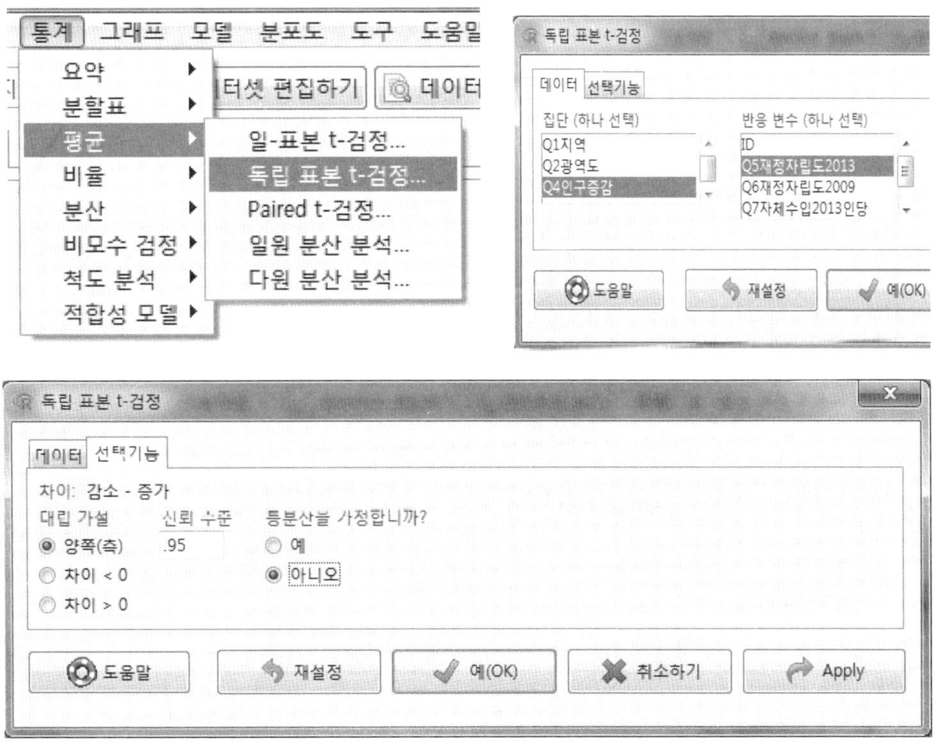

그림 7-7 두 집단 간 평균 차이 검정(독립표본 t-검정)

---

* 1.83e-06 ⇒ 1.83×10^{-16}

‘독립표본 t-검정’ 대화상자에 집단에 ‘Q4인구증감’을 선택하고, 반응변수에는 ‘Q5재정자립도2013’을 선택한다. 다음 ‘선택 기능’이라는 탭을 클릭하여 ‘양측검정’ 또는 ‘단측검정’ 옵션을 선택한다. 한편 등분산 가정에 대한 옵션은 Levene 검정 결과에 따라 선택하면 된다. 예제에서는 앞의 Levene 검정 결과에 등분산성이 가정되지 않는 것으로 나타났다. 따라서 ‘아니오’를 선택하고 ‘예(OK)’를 클릭하면 된다. 등분산성이 가정되지 않는 경우 ‘독립표본 t-검정’ 결과는 [그림 7-8]과 같고, 등분산성이 가정된 경우는 [그림 7-9]와 같다.

```
> t.test(Q5재정자립도2013~Q4인구증감, alternative='two.sided', conf.level=.95,
+     var.equal=FALSE, data=지방재정)

        Welch Two Sample t-test

data:  Q5재정자립도2013 by Q4인구증감
t = -7.3694, df = 188.731, p-value = 5.21e-12
alternative hypothesis: true difference in means is not equal to 0
95 percent confidence interval:
 -16.862237  -9.741151

sample estimates:
mean in group 감소 mean in group 증가
          20.22308           33.52477
```

그림 7-8 두 집단 간 평균 차이 검정 결과: 등분산성이 가정되지 않는 경우

```
> t.test(Q5재정자립도2013~Q4인구증감, alternative='two.sided', conf.level=.95,
+     var.equal=TRUE, data=지방재정)

        Two Sample t-test

data:  Q5재정자립도2013 by Q4인구증감
t = -7.466, df = 224, p-value = 1.821e-12
alternative hypothesis: true difference in means is not equal to 0
95 percent confidence interval:
 -16.812624  -9.790763
sample estimates:
mean in group 감소 mean in group 증가
          20.22308           33.52477
```

그림 7-9 두 집단 간 평균 차이 검정 결과: 등분산성이 가정되는 경우

이상의 결과를 표로 정리하면 <표 7-2>와 <표 7-3>과 같다. 2009년 대비 2013년 인구가 감소한 기초자치단체는 117개이고, 증가한 기초자치단체 109개이다. 인구가 감소한 기초자치단체의 2013년 재정자립도는 20.22%이고, 인구 증가 자치단체의 경우 33.52%이다. 이때 표준편차는 각각 10.73, 15.75로 나타났다.

표 7-2 인구 증감에 따른 재정자립도 기초 통계량

	N	평균	표준편차
인구 감소	117	20.22	10.73
인구 증가	109	33.52	15.75

표 7-3 인구 증감에 따른 재정자립도 평균 차이 검정

Levene 등분산 검정		평균의 동질성에 대한 독립표본 t검정			
F	*p*-value	등분산	*T*	*df*	*p*-value
24.019	0.000a)	가정됨	-7.466	224	0.000b)
		가정되지 않음	-7.3694	188.731	0.000c)

a) 1.83e-06, b) 5.21e-12, c) 1.821e-12

인구 감소 기초자치단체와 인구 증가 기초자치단체 사이의 평균 차이 분석 결과 <표 7-3>과 같이 Levene 등분산 검정에 따라 등분산성이 가정되지 않는다. 따라서 등분산이 가정되지 않는 경우를 해석하면 된다. 이때 T=-7.369, df=188.731, p=0.000으로 유의수준 0.01 하에서 귀무가설이 기각되고, 대립가설이 채택된다. 따라서 인구 증감에 따라 2013년 기초자치단체의 재정자립도 사이에는 차이를 보이는 것으로 나타났다.

3 대응표본 *T*검정(짝을 이룬 *T*검정)

앞서 분석한 두 집단 사이의 평균 차이 분석인 독립표본 *T*검정의 경우에는 각 변수에 대해 조사한 대상집단이 서로 다르다. 하지만, 동일한 대상집단을 두고 시점을 달리하여 동일한 내용으로 자료를 수집한 결과 이들 각 시점별로 해당 변수에 대한 평균값이 차이가 있는지를 분석하는 것이 대응표본 *T*검정 또는 짝을 이룬 *T*검정이라고 한다. 이러한 검정 방법의 경우 실험연구에 광범위하게 사용될 수 있다. 다이

어트 프로그램을 개발하여 프로그램 참여 이전에 체중과 프로그램 완료 시 체중을 비교함으로써 다이어트 프로그램의 효과에 대해 검정할 수 있을 것이다. 한편, 정부 정책 역시 정책 시행 전·후에 대해 주요 변수의 평균값을 비교함으로써 정책 효과 여부를 검정하는 방법으로도 활용이 가능하다.

예제를 통해 살펴보면, 2009년 지방재정에서 복지 예산이 전체 예산에서 차지하는 비중과 2013년 비중 사이에 차이가 있는지를 살펴보고자 한다.

H_0: 2009년과 2013년도의 복지 예산의 비중이 동일하다.
H_1: 2009년과 2013년도의 복지 예산의 비중이 동일하지 않다.

H_0: $\mu_{2009}=\mu_{2013}$ 또는 $\mu_{2009}-\mu_{2013}=0$
H_1: $\mu_{2009}\neq\mu_{2013}$ 또는 $\mu_{2009}-\mu_{2013}\neq0$

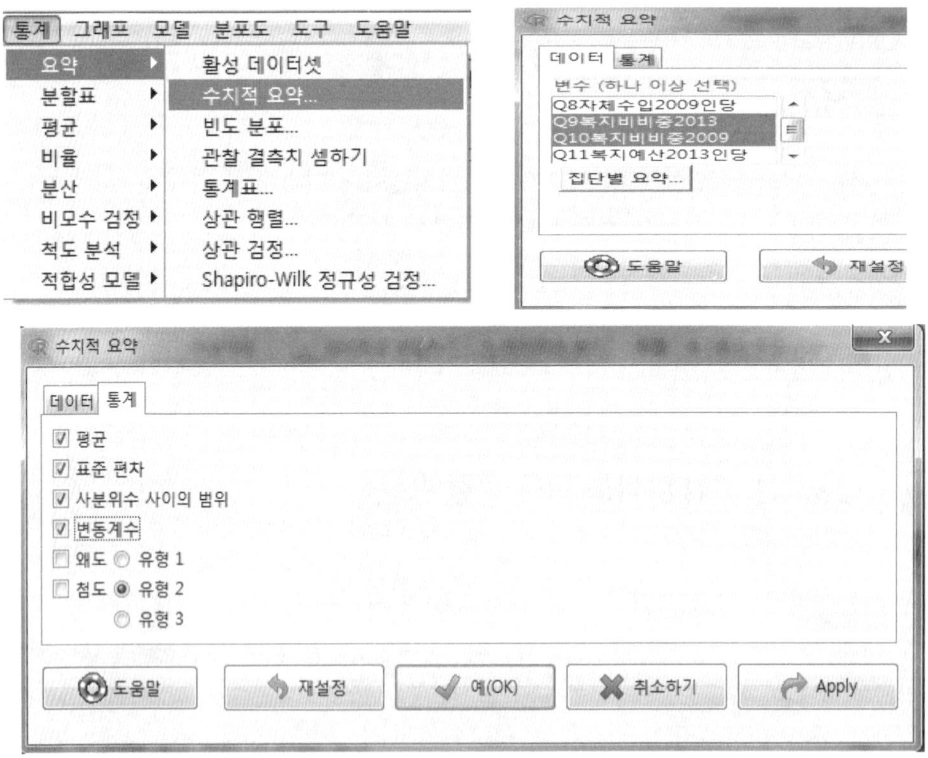

그림 7-10 2009년과 2013년 시점별 기초 통계량

```
>            numSummary(지방재정[,c("Q9복지비비중2013",            "Q10복지비비중2009")],
statistics=c("mean", "sd",
+    "IQR", "quantiles", "cv"), quantiles=c(0,.25,.5,.75,1))

                    mean       sd   IQR        cv   0%    25%   50%    75%  100%
Q9복지비비중2013   30.05310 14.55901 23.25 0.4844430 6.2 17.425 26.15 40.675 66.3
Q10복지비비중2009  25.26195 12.22708 14.60 0.4840116 4.5 16.400 21.35 31.000 63.2
                     n
Q9복지비비중2013   226
Q10복지비비중2009  226
```

그림 7-11 시점별 기초 통계량 결과

R Commander를 이용해 두 시점 간의 지방재정에서 복지 예산이 전체 예산에서 차지하는 비중에 대한 기초 통계량을 살펴보기 위해서는 데이터셋에서 '지방재정'을 선택한다. [그림 7-10]과 같이 상단 메뉴에서 '통계'→'요약'→'수치적 요약'을 선택한다. '수치적 요약' 대화상자의 '데이터' 탭에서 'Ctrl '키를 누른 상태에서 마우스로 해당 변수(Q9복지비 비중2013과 Q10복지비 비중2009)를 선택한다. 이후 '통계' 탭에서 기본적인 옵션을 선택한 이후 '예(OK)'를 클릭하면 기초 통계량이 제시된다.

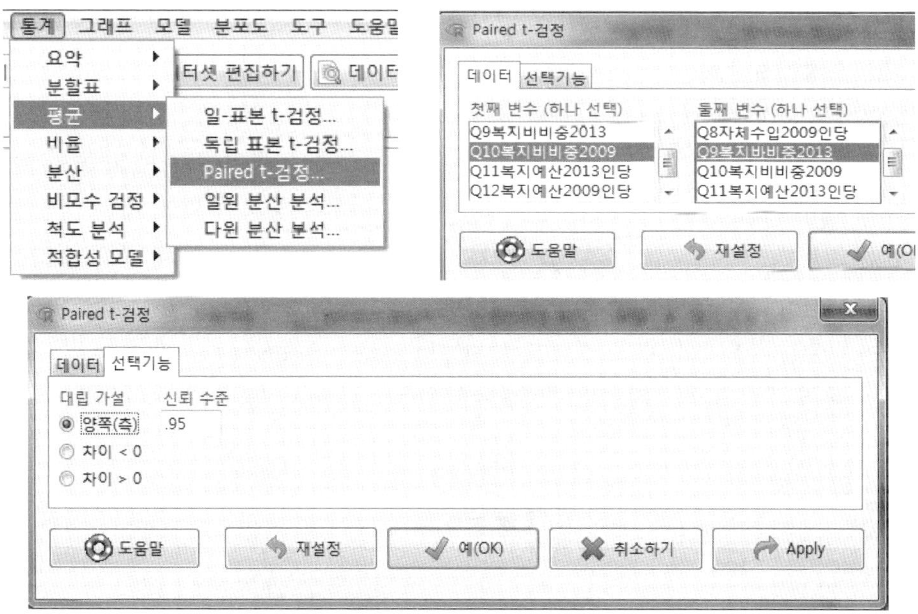

그림 7-12 대응표본 T검정 시행 절차

```
> t.test(지방재정$Q10복지비비중2009, 지방재정$Q9복지비비중2013, alternative='two.sided',
+     conf.level=.95, paired=TRUE)

        Paired t-test

data:  지방재정$Q10복지비비중2009 and 지방재정$Q9복지비비중2013
t = -14.4339, df = 225, p-value < 2.2e-16
alternative hypothesis: true difference in means is not equal to 0
95 percent confidence interval:
 -5.445253 -4.137048
sample estimates:
mean of the differences
               -4.79115
```

그림 7-13 대응표본 T검정 결과

대응표본 T검정을 실해하기 위해 [그림 7-12]와 같이 R Commander 상위 메뉴에서 '통계'→'평균'→'paired t-검정'을 선택한다. 'paired t-검정' 대화창에 '데이터' 탭에서 첫째 변수를 'Q10복지비비중2009'를 선택한다. 둘째 변수로는 'Q9복지비비중2013'을 각각 선택한다. '선택 기능' 탭에서는 '양쪽'을 선택하고, '예(OK)'를 클릭하면 통계량이 계산되어 출력된다.

이상의 R Commander 결과를 정리하면 <표 7-4>와 같다. 2009년 기초자치단체별 지방재정에서 복지비가 차지하는 평균 비중은 25.26%에서 2013년에는 30.05%로 증가한 것으로 나타났다. 표준편차의 경우 12.23에서 14.56으로 증가했지만 변이계수(CV)값이 각각 0.48로 자치단체 사이에 복지비 비중과 관련된 편차는 변동이 없는 것으로 분석되었다. 한편, 시점별 지방재정에서 복지비 비중의 변화에 대한 대응표본 T검정 결과 T=-14.434, df=225, p=0.000으로 유의 수준 0.01 하에서 귀무가설이 기각되고 대립가설이 채택된다. 따라서 2009년과 2013년의 지방재정에서 복지비가 차지하는 비중은 동일하지 않은 것으로 나타났다. 즉, 기초자치단체의 복지사업의 확대로 인해 지방재정에서 복지비의 비중이 증가하고 있음을 알 수 있다.

표 7-4 지방재정에서 복지비 예산의 비중의 시점별 차이 검정

	N	평균	표준 편차	CV	T	df	p-value
2009년	229	25.26	12.23	0.48	−14.434	225	0.000[a)]
2013년	226	30.05	14.56	0.48			

a) 2.2e-16

제 8 장 분산분석

앞장의 T 검정에서는 단일집단(단일표본 T 검정) 및 두 집단 간(독립표본 T 검정, 대응표본 T 검정)의 평균 차이 검정에 주로 많이 이용되었지만, 이번 장에서 다루게 될 F 검정(또는 분산분석)은 세 집단 이상의 평균 차이 검정에 주로 활용된다. 예를 들어 소득 수준(저소득층 · 중산층 · 고소득층)별로 금융 대출액의 차이가 있는가? 광역자치단체별로 주민의 평균 연령인 차이가 있는가 등에 대한 가설검정을 위해 사용된다.

세 집단 이상에서도 T 검정을 사용할 수는 있다.[1] 그러나 집단의 수가 늘어남에 따라 T 검정의 횟수가 증가되어 검정이 복잡해진다. 이와 아울러, T 검정의 경우 두 집단씩 개별적인 평균의 차이를 알 수 있더라도 독립변수들이 종속변수에 미치는 전반적인 영향을 파악할 수는 없다. 그러므로 집단 간의 차이를 종합적으로 살펴보기 위해서는 전체 집단 간의 차이와 전체 집단 내의 차이를 동시에 비교 분석할 필요가 있다. 이러한 상황에 필요한 통계적 분석 방법 중에 하나가 분산분석(analysis of variance: ANOVA)이다.

분산분석은 1919년 피셔(Ronald A. Fisher)에 의해 고안되어 오늘날까지 널리 사용되고 있다. 분산분석을 한마디로 말하자면 독립변수들의 차이가 종속변수의 평균에 통계적으로 유의미하게 영향을 미치는지에 대한 분석 방법으로 독립변수가 하나인 경우 일원분산분석, 두 개 이상의 경우 다원분산분석이라고 한다. 이 장에서는 일원분산분석의 경우로 제한해서 설명하고자 한다.

---

1) 예를 들어, A, B, C 세 그룹 간의 평균 차이에 대해 T 검정을 실시한다면, A $\neq$ B, B $\neq$ C, C $\neq$ A과 같은 가설검정이 필요할 것이다. 더군다나 A $\neq$ B $\neq$ C의 가설검정은 불가능함은 물론이거니와 집단 수가 늘어날수록 T 검정에 의한 가설검정 횟수도 기하급수적으로 늘어나게 될 것이다.

제 1 절 분산분석의 개요

1 분산분석의 활용과 가설의 설정

T 검정의 경우 두 집단 간의 평균 차이를 검정할 수 있지만, 세 집단 이상에 대한 분석에 대해서는 어려움이 발생하게 된다. 분산분석은 이러한 T 검정의 단점을 보완하는 분석 방법으로 세 집단 이상의 집단의 평균 차이에 대한 검정이 가능한 통계적 방법이다. 예를 들어 교육 수준(고졸, 대졸, 대학원 이상)에 따라 소득 수준에 차이가 있는지, 아니면 소득(상, 중, 하)에 따라 출생률이 다른지 등을 분석할 수 있다. 분산분석은 F 분포를 이용해 가설을 검정하는데, 분산분석을 다른 말로 F 검정이고 하는 이유가 여기에 있다.

분산분석에 앞서 우선 가설을 설정해야 하는데 앞서 분산분석은 세 집단 이상에 대한 평균의 차이를 분석하는 기법이라고 했다. 따라서 귀무가설은 "모든 집단의 평균은 동일하다"가 된다. 대립가설은 이와는 상반된 "모든 집단의 평균이 모두 동일하지는 않다"이다. 즉, 대립가설은 "적어도 1개 이상의 집단 간에 평균값이 차이가 난다"는 의미이다.

귀무가설: 모든 집단의 평균은 동일하다.
대립가설: 모든 집단의 평균이 모두 동일하지는 않다(적어도 1개 이상의 집단 간에 평균값이 차이가 난다).

H_0: $\mu_1 = \mu_2 = \mu_3$
H_1: μ_1, μ_2, μ_3 모두가 동일하지는 않다.

2 분산분석의 가정

분산분석은 T 검정과는 달리 세 집단 이상 집단 간의 평균 차이에 대한 분석이 가능해 활용도가 높지만 다음 몇 가지 측면이 충족되어야 한다.

첫째, T 검정과 같이 집단변수는 질적 자료로 구성되어 있어야 한다는 것이다. 한편 종속변수는 등간척도 이상의 양적 자료여야 한다. 즉, 교육 수준에 따른 월소득의 차이를 검정하기 위해서는 교육 수준 자료는 중졸, 고졸, 대졸 등과 같이 질적 자료이며, 월소득의 경우 '만 원', '원' 등과 같이 양적인 자료여야 한다는 것이다. 반면, 월소득 수준을 측정한 변수라도 '100만 원 이하'를 '1'로, '100만 원 초과~200만 원 이하'를 '2', '200만 원 초과~300만 원 이하'를 '3' ……으로 코딩한 자료는 질적 자료(서열척도)이므로 분산분석의 종속변수로 사용할 경우 가정에 위배된다.[2] 둘째, 각 집단에 추출된 모집단이 분포는 정규분포여야 한다. 셋째, 각 집단의 모집단은 독립적이어야 하며 분산은 동일(homogeneity)해야 한다는 가정이 충족되어야 한다. 따라서 연구 가설의 검정에 앞서 이러한 가정들이 충족되는지를 먼저 확인해야 한다.[3]

3 분산분석의 원리

세 집단 이상 집단의 평균 차이를 검정하는 분산분석은 용어에서도 알 수 있듯이 각 집단의 분산을 이용한 분석 방법이다. 분산이란 평균에서부터 자료가 흩어진 정도(degree of dispersion)를 의미하는 지표로 수리적으로 평균으로 떨어진 편차를 제곱한 값의 평균이다.[4] 분산분석은 이러한 분산을 이용하는데, 집단 내부의 흩어진 정도에 비해 집단 간에 흩어진 정도가 크다면 각 집단 사이에의 평균값이 차이가 있다는 것이다.

F 통계량은 "집단 간 평균 변량/집단 내 평균 변량"를 의미한다. 따라서 F 통계량의 값이 크다는 것은 집단 간 차이가 현저하게 크다고 이해할 수 있다. 즉, "집단 간 변량 > 집단 내 변량"이라면 집단 간 평균의 차이가 유의미함을 뜻하고, "집단 간 변

2) 매우 만족, 만족, 보통, 불만, 매우 불만과 같은 리커트 타입(Likert type) 척도의 경우 엄밀하게 순서(서열척도)로 분산분석이 불가능하다. 하지만 일부 사회과학 연구에서 이를 양적 자료로 간주하여 분산분석을 하는 경우가 있다.

3) 사회과학의 분석에서는 위의 가정을 충족시키는 것이 현실적으로 어려운 상황이 많다. 따라서, 일반적으로 각 집단의 표본이 30개 이상이고, 각 집단의 표본의 개수가 유사하다면 이러한 가정을 어느 정도 충족한다고 인정하고 있다.

4) $(X-\overline{X})^2$의 평균, 즉 $E[(X-\overline{X})^2] = \sum \frac{(X-\overline{X})^2}{n}$이다.

량 < 집단 내 변량"이라면 집단 간 평균의 차이는 유의미하지 않음을 의미한다고 이해할 수 있다.

좀 더 구체적으로 살펴보면 집단 내의 변량(variation within groups)은 각 집단의 평균을 중심으로 각 요소의 측정치가 얼마나 퍼져 있는가를 의미한다. 이러한 편차의 정도를 나타내기 위해 분산에서처럼 편차를 제곱하여 합하게 되는데 이것을 변량(variation)이라고 한다. 각 집단의 변량을 합한 값을 집단 내의 변량이라고 하고, 다른 말로 집단 내의 편차를 제곱해 더했다는 의미로 *SSW*(sum of squares within groups)라고 하고, (식 8-1)과 같이 정의된다.

$$SSW = \sum_i \sum_j (X_{ij} - \overline{X_i})^2 \qquad \text{(식 8-1)}$$

집단 간 변량(variation between groups)은 전체의 평균으로부터 각 집단의 평균값이 얼마나 퍼져 있는가를 의미한다. 역시 전체 평균에서 각 집단의 평균을 편차를 제곱하여 합하게 되는데, 이를 *SSB*(sum of squares between groups)라고도 하고, (식 8-2)와 같이 정의된다.

$$SSB = \sum_i \sum_j (\overline{X_i} - \overline{X})^2 \qquad \text{(식 8-2)}$$

그리고 자료 전체의 변량을 총변량(total variation) 또는 *TSS*(total sun of squares)라고 하고, (식 8-3)과 같이 정의된다.

$$TSS(\text{총변량}) = SSW(\text{집단 내 변량}) + SSB(\text{집단 간 변량}) \qquad \text{(식 8-3)}$$

이후 각각의 자유도를 나눠줌으로써 집단 내 평균 변량(*MSW*)과 집단 간 평균 변량(*MSB*)을 계산하는데, (식 8-4)와 같다.

$$MSB = SSB/(k-1)$$
$$MSW = SSW/(N-k) \qquad \text{(식 8-4)}$$

(단 N: 전체 표본의 개수, k: 집단 수)

이를 가설검정을 위한 분산분석의 통계량은 (식 8-5)과 같이 정의되고, 이러 검정 통계량은 자유도가 $df_1=k-1$, $df_2=N-k$인 F 분포를 따르게 된다.

$$F_{(k-1,\, N-k)} = \frac{SSB/(k-1)}{SSW/(N-k)} = \frac{MSB}{MSW} \qquad \text{(식 8-5)}$$

(단 N: 전체 표본의 개수, k: 집단 수)

제2절 R Commander를 이용한 일원분산분석

예제를 통해 대학 졸업생의 전공 계열별로 토익 성적의 집단 간 차이가 있는지 여부를 일원분산분석(one way ANOVA)을 통해 가설을 검정해 보자.

우선 검정에 필요한 가설을 설정하면 귀무가설은 “전공 계열(인문 계열, 사회 계열, 공학 계열, 자연 계열) 모두 졸업생의 토익 평균 성적은 동일할 것이다.”이고, 대립가설은 “졸업생의 토익 성적이 전공 계열 사이에 모두 동일하지는 않다.” 즉, “한 집단 이상은 차이가 있을 것이다.”이다.

H_0: $\mu_{인문}=\mu_{사회}=\mu_{공과}=\mu_{자연}$

H_1: $\mu_{인문}$, $\mu_{사회}$, $\mu_{공과}$, $\mu_{자연}$ 모두가 동일하지는 않다.

다음 각 집단별 토익 성적에 대한 기초 통계량을 살펴보기 위해 우선 R Commander분석을 위해 데이터셋을 ‘취업 특성’으로 선택한다. 이후 [그림 8-1]과 같이 ‘통계’→‘요약’→‘수치 요약’을 선택한다. ‘수치 요약’ 대화창에 ‘데이터’ 탭에 ‘Q24 토익성적’을 선택하고 ‘집단별 요약’을 클릭하여 ‘Q28 전공 계열’을 선택 후 ‘예(OK)’를 클릭한다.[5] ‘통계’ 탭에서는 기초적인 통계량에 대한 옵션을 선택하고 ‘예(OK)’를 클릭하면 기초 통계량이 출력된다.

---

5) ‘Q28 전공 계열’을 선택하기 위해서는 제1장에서와 같이 ‘Q28 전공 계열’ 변수를 요인변수로 정의해야 한다. ‘데이터’→‘활성 데이터셋에 있는 변수관리하기’→‘수치변수를 요인변수로 변환하기’를 클릭하여 질적 변수로 변환해야 한다. 자세한 내용은 제1장을 참고하기 바란다.

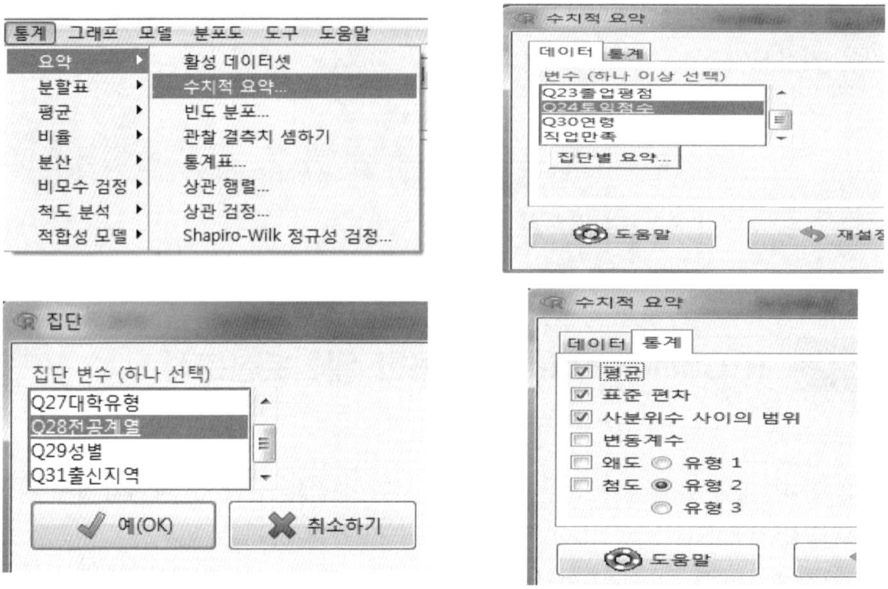

그림 8-1 전공 계열별 토익 성적 기초 통계량

```
> numSummary(취업특성[,"Q24토익점수"], groups=취업특성$Q28전공계열, statistics=c("mean",
"sd",
+     "IQR", "quantiles"), quantiles=c(0,.25,.5,.75,1))
            mean       sd     IQR  0%   25%  50% 75%    100%   data:n
인문계열 790.1795 135.5678 172.75 300 720.0 820 892.75  990    312
사회계열 777.7969 138.7050 185.00 250 700.0 810 885.00  990    704
공학계열 742.5119 140.2906 180.00 150 670.0 760 850.00  990    797
자연계열 759.6438 128.3069 157.50 400 692.5 780 850.00  975    306
```

그림 8-2 전공 계열별 토익 성적 기초 통계량 결과

분산분석 역시 T 검정에서와 같이 각 집단별 분산이 동일하다는 가정을 전제하고 있다. 따라서 Levene의 등분산 검정을 먼저 실시해야 한다. 이를 위해 [그림 8-3]과 같이 상단 메뉴에서 '통계'→'분산'→'Levene의 검정'[6]을 선택한다. 다음 요인변수를

---

6) Levene 검정의 귀무가설(H_0)은 "집단 간 분산이 동일하다", 대립가설(H_1은 "집단 간 분산이 동일하지 않다"이다.

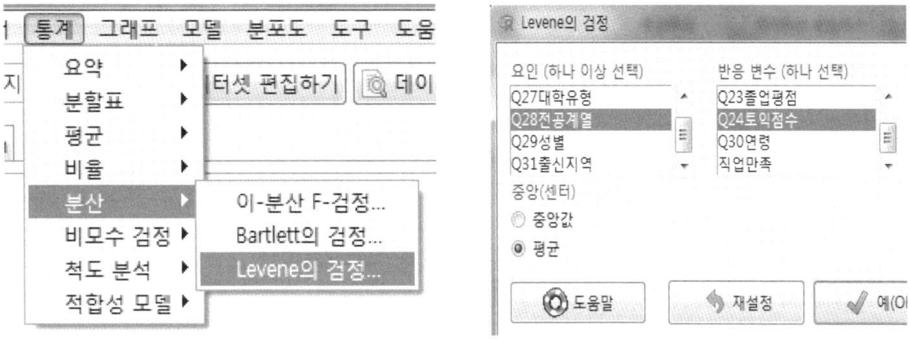

그림 8-3 Levene 등분산 검정

```
> tapply(취업특성$Q24토익점수, 취업특성$Q28전공계열, var, na.rm=TRUE)
인문계열 사회계열 공학계열 자연계열
18378.62 19239.07 19681.46 16462.65

> leveneTest(취업특성$Q24토익점수, 취업특성$Q28전공계열, center=mean)
Levene's Test for Homogeneity of Variance (center = mean)
        Df  F value  Pr(>F)
group    3  1.1438    0.33
      2115
```

그림 8-4 Levene의 등분산 검정 결과

'Q28전공계열'을 선택하고, 반응변수는 'Q24토익점수'를 선택한다. 이후 옵션으로 '평균'을 선택하고 '예(OK)'를 클릭하면, [그림 8-4]과 같이 집단별 등분산에 대한 검정 결과가 제시된다. 결과 F=1.1438, p=0.33으로 유의 수준 0.05 하에서 분산이 동일하다는 귀무가설이 채택되었다. 따라서 전공 계열별 토익 성적은 분산의 동질성이 확보되는 것으로 나타났다.

인문, 사회, 공학, 자연 계열별 대학 졸업생의 토익 성적이 동일한지에 대한 분산분석(ANOVA)을 위해 [그림 8-5]에서와 같이 R Commander의 상단 메뉴에 '통계'→'평균'→'일원분산분석'을 순서대로 선택한다. '일원분산분석' 대화창이 활성화되면, 집단변수(Q28전공계열)와 반응변수(Q24토익성적)를 선택한다. 하단에 있는 '쌍별비교 평균'은 분산분석의 사후검정 옵션으로 선택 후 '예(OK)'를 클릭한다.

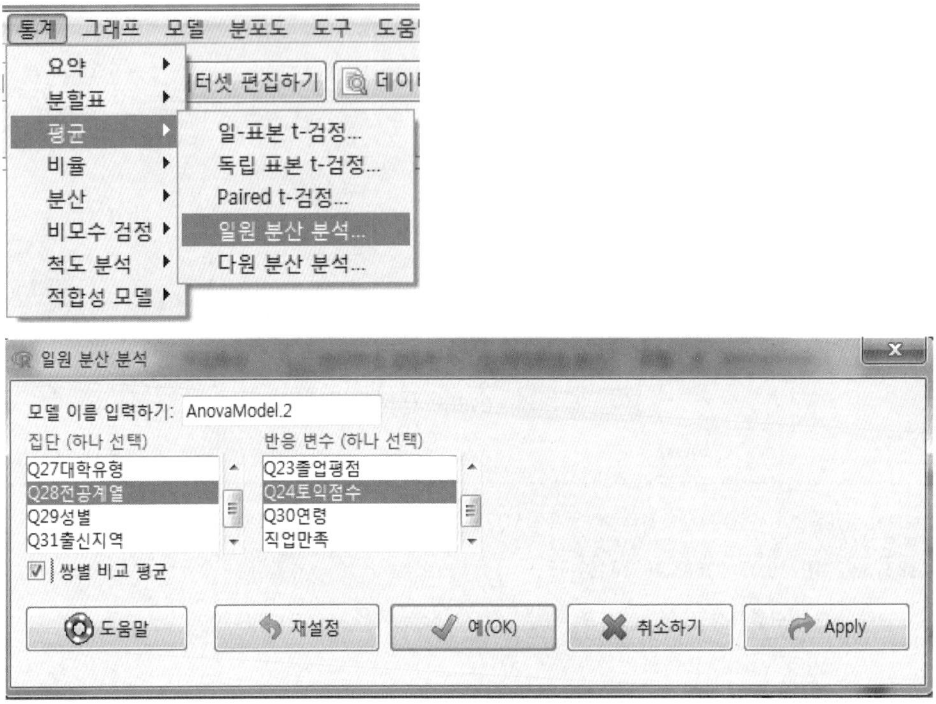

그림 8-5 일원분산분석 절차

```
> AnovaModel.2 <- aov(Q24토익점수 ~ Q28전공계열, data=취업특성)

> summary(AnovaModel.2)
                Df    Sum Sq   Mean Sq  F value    Pr(>F)
Q28전공계열      3    721497    240499    12.74    2.99e-08 ***
Residuals       2115 39928371   18879
---
Signif. codes:  0 '***' 0.001 '**' 0.01 '*' 0.05 '.' 0.1 ' ' 1

> numSummary(취업특성$Q24토익점수 , groups=취업특성$Q28전공계열, statistics=c("mean",
"sd"))
             mean       sd data:n
인문계열 790.1795 135.5678    312
사회계열 777.7969 138.7050    704
공학계열 742.5119 140.2906    797
자연계열 759.6438 128.3069    306




> .Pairs <- glht(AnovaModel.2, linfct = mcp(Q28전공계열 = "Tukey"))

> summary(.Pairs) # pairwise tests
```

```
          Simultaneous Tests for General Linear Hypotheses

Multiple Comparisons of Means: Tukey Contrasts

Fit: aov(formula = Q24토익점수 ~ Q28전공계열, data = 취업특성)

Linear Hypotheses:
                              Estimate Std. Error t value Pr(>|t|)
사회계열 - 인문계열 == 0  -12.383      9.345  -1.325   0.5414
공학계열 - 인문계열 == 0  -47.668      9.176  -5.195   <0.001 ***
자연계열 - 인문계열 == 0  -30.536     11.055  -2.762   0.0283 *
공학계열 - 사회계열 == 0  -35.285      7.107  -4.965   <0.001 ***
자연계열 - 사회계열 == 0  -18.153      9.408  -1.930   0.2115
자연계열 - 공학계열 == 0   17.132      9.240   1.854   0.2439
---
Signif. codes:  0 '***' 0.001 '**' 0.01 '*' 0.05 '.' 0.1 ' ' 1
(Adjusted p values reported -- single-step method)
```

그림 8-6 Levene의 등분산 검정 결과

이상의 분산분석 결과를 정리하면 <표 8-1>, <표 8-2>, <표 8-3>과 같다. 우선 집단별 토익 성적에 대한 기술통계량을 살펴보면 인문 계열 졸업생의 응답자는 312명으로 응답자의 평균 토익 성적은 790.2점으로 나타났고, 사회 계열(704명)의 평균 토익 성적은 777.8점, 공학 계열(797명) 742.5점, 자연 계열(306명)은 759.6점으로 인문 계열 졸업생의 평균 토익 성적이 가장 높고, 공학 계열 졸업생의 평균 토익 성적이 가장 낮은 것으로 나타났다. 각 집단의 등분산에 대한 가설 검정 결과 <표 8-2>와 같이 F=1.1438, p-value=0.33으로 귀무가설이 채택되어 유의 수준 0.05 하에서 분산의 동질성을 갖는 것으로 분석되었다.

표 8-1 전공 계열별 토익 성적 기술통계량

	N	평균	표준 편차	최솟값	최댓값
인문 계열	312	790.2	135.57	300	990
사회 계열	704	777.8	138.70	250	990
공학 계열	797	742.5	140.29	150	990
자연 계열	306	759.6	128.31	400	975

표 8-2 집단별 Levend 분산의 동질성 검정

F	*df*_1	*df*_2	*p*-value
1.1438	3	2,115	0.33

표 8-3 분산분석 결과

F	*df*	제곱합	평균제곱	*F*	*p*-value
집단 간	3	721,497	240,499	12.74	0.000[a)]
집단 내	2,115	39,928,371	18,879		

a) 2.99e-8

전공 계열별 집단 간 차이에 대한 일원분산분석 결과는 <표 8-3>과 같다. 먼저 집단 간 제곱합(*SSB*)은 721.497, *df*=3, 평균제곱(*MSB*)은 24,0,499이다. 집단 내 제곱합(*SSW*)은 39,928,371, *df*=2,115, 평균제곱(*MSW*)은 18,879으로 나타났다. 이때 F=12.74, df=(3, 2115), p-value=0.000으로 유의 수준 0.01 하에서 귀무가설이 기각되고 대립가설이 채택되었다. 따라서 전공 계열별로 토익 성적은 모두 동일하지 않은 것으로 나타났다.

그렇다면 과연 어떤 전공 계열별로 토익 성적이 차이가 나는지를 사후검정을 통해 확인할 수 있다. R Commander에서는 'Tukey'에 의한 사후분석 제공하고 있다. 사후분석을 실시하기 위에서는 앞서 '일원분산분석' 대화상자에서 '쌍별 비교 평균' 옵션을 선택해야 한다. 사후검정 결과는 [그림 8-6]에서와 같이 하단에 표시된다. 이상의 전공 계열별 토익 성적에 대한 사후검정 결과를 정리하면 <표 8-4>와 같다.

표 8-4 사후검정

	I-J	T	*p*-value
사회 계열(I) - 인문 계열(J)	-12.383	-1.325	0.541
공학 계열(I) - 인문 계열(J)	-47.668	-5.195	0.001
자연 계열(I) - 인문 계열(J)	-30.536	-2.762	0.029
공학 계열(I) - 사회 계열(J)	-35.285	-4.965	0.001
자연 계열(I) - 사회 계열(J)	-18.153	-1.930	0.211
자연 계열(I) - 공학 계열(J)	17.132	1.854	0.243

사회 계열과 인문 계열 졸업생의 경우 토익 성적에 대한 사후분석 결과 T=-1.325, p=0.541로 유의 수준 0.05 하에서 귀무가설이 채택되었다. 따라서 인문 계열과 사회 계열 간 졸업생의 토익 성적은 유의 수준 0.05에서 통계적으로 의미있는 차이를 나타내지 않았다. 반면, 공학 계열과 인문 계열(T=-5.195, p=0.001), 자연 계열과 인문 계열(T=-2.762, p=0.029), 공학 계열과 사회 계열(T=-4.965, p=0.001) 사이에는 유의 수준 0.01과 0.05 하에서 각각 귀무가설이 기각되어 집단 간 토익 성적에 차이를 보였다. 기타 자연 계열과 사회 계열(T=-1.930, p=0.211), 자연 계열과 공학 계열(T=1.854, p=0.243) 등은 집단 간 통계적으로 의미있는 차이를 보이지 않았다.

제 9 장 χ^2 검정과 비모수검정

제 1 절 비모수검정

모집단에 대한 가설검정 방법으로, Z 검정, T 검정, F 검정 등을 이용했다. 이러한 가설검정 방법은 모집단이 정규분포, 등분산성 등을 이루고 있는 것을 가정하고 있다. 이렇듯 모집단이 정규분포, 두 집단의 등분산성 등 모집단에 대한 특별한 가정 하에 가설검정 방법을 모수적 통계 방법(parametric statistical method)이라고 한다. 한편 모수적 통계 방법은 키나 몸무게와 같이 수량화가 가능한 등간척도 이상의 양적 자료를 요구하게 된다.

사회과학 연구에서 많은 부분이 서열 또는 명목과 같은 질적 자료로 구성되어 있을 뿐만 아니라 연구자가 일반적으로 사용하고 있는 리커트 타입의 척도 역시 질적 서열척도에 불과하다. 손쉽게 자료를 구할 수 있다는 이유로 서열 자료를 모수적 방법에 의해 가설을 검정하거나, 정책 결정에 매우 중요한 자료로 인식되는 양적 자료가 검정에 필요한 가정을 충족시키지 못할 경우에도 불구하고 무리하게 모수적 방법으로 가설을 검정한다면, 왜곡된 결과로 인해 정책실패 및 잘못된 의사 결정을 내릴 가능성이 높아진다.

모수적 방법으로 가설검정이 곤란한 상황에서 모집단에 대한 가정을 완화하여 유도된 가설검정 방법을 사용하게 되는데, 이러한 통계적 기법들을 비모수적 통계 방법(nonparametric statistical method)이라고 한다. 다시 말하면, 비모수통계검정(또는 무분포 검정: distribution-free tests)은 모수검정에 비해 덜 수학적이며, 실제로 엄격한 수학적 의미를 갖고 있지 않은 단순히 서열(순서) 자료를 가지고 분석할 수 있으며, 아주 작은 크기의 자료를 가지고도 검정을 실시할 수 있다는 장점이 있다. 이와같이 모집단의 분포에 대한 특별한 전제 조건이 필요치 않으므로 특히 서열(순서) 자료나 명목 자료와 같은 질적 자료에 주로 이용된다. 특히 계산 과정이 간단하고, 어떤 경우에는 효율적인 추정 결과를 제공한다.

비모수적 방법은 모수적 방법에 비해 검정력이 떨어진다는 단점이 있다. 따라서 비모수적 방법의 사용은 모수적 방법의 가정이 충족되지 않을 경우에 대안적 방법으로 활용되고 있다. 비모수검정 중에 하나인 χ^2검정은 T검정 또는 F검정과 함께 가장 많이 이용되는 가설검정 방법 중 하나이다. T검정 또는 F검정은 모수통계학에 속하지만, χ^2검정은 비모수통계학[1]의 영역이므로 모수통계학에서 요구하는 까다로운 요건을 충족시킬 수 없는 상황에서도 적용할 수 있는데, 이러한 장점으로 인해 χ^2검정은 가장 평범하고 광범위하게 이용될 수 있는 분석기법이라고 할 수 있다(김호정, 2005: 324).

제2절 χ^2 검정

행정 및 사회 현상과 관련된 사료의 경우 질적 자료 형태인 경우가 많다. 정부가 추진하는 국책사업에 대한 주민의 찬・반 의견뿐만 아니라, 학력 수준, 직급, 다양한 형태의 인식조사[2]의 결과는 명목 또는 서열 자료 형태가 된다. 복수집단 간 차이 검정에서 종속변수가 명목척도나 서열척도로 측정되었나면 χ^2검정이 바람직하다.

그렇다고 χ^2검정 방법이 전혀 가정이 없는 것은 아니다. χ^2검정의 경우 기대도수가 '5'보다 적은 칸의 비율이 20%보다 적어야 하고, 모든 칸의 기대도수가 1 이상이

1) 사회과학의 자료들은 명목척도나 순위척도에 의해 추정되는 경우가 많다. 이 경우 측정된 자료들을 수집하여 어떤 검정을 수행할 때 비모수 검정 방법을 사용한다. 모집단의 분포가 알려져 있지 않거나, 정규분포가 아니고, 표준편차와 같은 주요한 모수를 추정해야 하는 경우, 구간척도나 비율척도에 의해 측정된 자료에 대한 가설검정에 활용되기도 하며, 이렇게 활용하는 비모수 검정 방법 중 하나가 χ^2분포를 활용한 검정이 대표적이라고 볼 수 있다.

2) 대부분 인식조사의 경우 리커트 타입의 5점 척도로만 구성하는 경우가 서열척도이다. 만일 조사설계 과정에서 리커드 타입의 척도를 합계하여 평균값을 변수로 사용했다면 등간척도로 인정받고 있다.

어야 한다.[3] 또한 표본의 크기도 충분히 커야 한다. 표본의 크기가 충분히 커야만 검정통계량인 χ^2이 이루는 분포가 실제 χ^2 분포에 접근하기 때문이다(김호정, 2011: 288).

χ^2 검정은 표본조사를 통해 관찰된 빈도와 관찰 자료에 기초하여 예상되는 모집단의 기대빈도의 차이의 정도를 통해 가설을 검정하는 방법이다. 만일 관측빈도와 기대빈도 사이의 편차가 클 경우 χ^2값이 증가해 귀무가설이 기각될 가능성이 커지게 되고, 반대로 관측빈도와 기대빈도 간에 차이가 적다면, 귀무가설이 기각될 가능성이 줄어든다. 따라서 χ^2통계량은 (식 9-1)과 같이 정의된다. 한편, χ^2통계량은 자유도가 $df=(r-1)(c-1)$인 χ^2분포[4]를 따르게 된다.

$$\chi^2_{(r-1,\,c-1)} = \sum \frac{(f_0 - f_e)^2}{f_e} \qquad \text{(식 9-1)}$$

(단, r: 행의 수, c: 열의 수 f_0: 관찰빈도 f_e: 기대빈도)

$$f_e = \frac{f_r \times f_c}{n} \qquad \text{(식 9-2)}$$

(단, f_r: 세로칸의 한계도수, f_c: 가로칸의 한계도수, n: 자료의 총 개수)

예를 들어 200명의 성인 남・녀에게 국책사업에 대한 의견을 조사한 결과가 <표 9-1>과 같다면, 이때 기대빈도와 χ^2값, p값을 구해 보자.

먼저 '남자' 중 '잘했다'는 의견을 보인 응답자의 기대빈도(f_e)=(120×90)/200=54 (f_r=120 f_c=90, n=200), '남자' 중에서 '보통'라고 답한 응답자의 기대빈도(f_e)=(120×50)/

표 9-1 성별 국책사업 결과에 대한 관측빈도

	잘했다	보통	잘못했다	합계
남자	80	20	20	120
여자	10	30	40	80
합계	90	50	60	200

3) χ^2분포는 연속확률분포이다. 이러한 연속확률분포를 이산변수의 개념을 적용하여 검정통계량으로 활용하게 되는데, 이러한 검정통계량은 어디까지나 근사값에 의한 것이다. 따라서 이러한 근사값에 대한 가설검정은 일반적으로 기대빈도가 최소 5 이상 되어야만 신뢰할 만한 결과를 얻을 수 있다.

4) χ^2분포는 정규분포를 따르는 확률변수 X의 표준점수의 제곱의 합인 $\sum(\frac{X_i-\mu_i}{\sigma_i})^2$으로 정의되는 확률변수가 이루는 분포를 말한다.

200=30 (f_r=120, f_c=50, n=200), '남자' 중 '잘못했다'의 기대빈도(f_e)=(120×60)/200=36 (f_r=120, f_c=60, n=200)이다. 한편 여자의 경우 '잘했다' 응답자의 기대빈도(f_e)=(80×90)/200=36 (f_r=80, f_c=90, n=200), '보통'라고 답한 여자의 기대빈도(f_e)=(80×50)/200=20 (f_r=80, f_c=50, n=200), '잘못했다'라고 응답한 여자의 기대빈도(f_e)=(80×60)/200=24 (f_r=80, f_c=60, n=200)이다. 이상의 기댓값을 정리하면 <표 9-2>와 같다.

표 9-2 성별 국책사업 결과에 대한 기대빈도

	잘했다	보통	잘못했다
남자	54	30	36
여자	36	20	24

$$\chi^2 = \frac{(80-54)^2}{54} + \frac{(20-30)^2}{30} + \frac{(20-36)^2}{36} + \frac{(10-36)^2}{36} + \frac{(50-20)^2}{20} + \frac{(40-24)^2}{24}$$
$$= 57.407$$

자유도는 df=$(r-1)(c-1)$=(2-1)(3-1)=2이다. 따라서 χ^2 = 57.407일 때 p-value= 0.000(3.421e-13)이다.

χ^2검정의 활용은 분포의 적합성 여부를 검토하는 적합도 검정, 명목변수나 서열변수의 형태를 띤 종속변수가 독립변수의 집단들 간에 차이가 있는지의 여부를 알기 위한 동질(동일)성 검정, 두 변수의 상호관련성(또는 독립성) 여부를 확인하기 위한 독립성 검성에 활용되고 있다.

1 적합도 검정

적합도 검정(goodness of fit test)은 어떤 분포가 정규분포, 포아송분포, 유니폼분포(uniform distribution), 또는 연구자가 사전에 가정하는 어떤 확률분포와 같은지 여부를 판단하기 위한 검정 방법이다. 만일 표본분포가 정규분포에 일치하는지의 여부를 검정하고자 한다면, 모집단은 정규분포한다는 가설을 설정하고 모집단의 분포로부터 계산된 이론적 도수, 즉 기대도수(빈도)를 실제의 관찰도수(빈도)와 비교하여 χ^2검정 결과 관측도수와 기대도수 간에 별다른 차이가 없다면 표본의 분포가 정규분포를 이룬다고 결론내리게 된다. 따라서 χ^2을 이용한 적합도 검정이란 결국 관측 빈도와 기대도수가 얼마나 밀접한지를 확인하는 검정 방법인 것이다.

χ^2을 이용한 적합도 검정은 정규분포에 대한 검정뿐만 아니라, "지역별 노인인구의 비중은 동일한가?", "연령대별 특정 비율에 맞게 대표를 선출했는가?" 등 다양한 가설검정에 활용된다. 따라서 적합도 검정과 관련된 가설은 다음과 같다.

H_0: 직업만족도는 정규분포를 이룰 것이다.
H_1: 직업만족도는 정규분포가 아닐 것이다.

H_0: 지역별 노인인구의 비중은 동일할 것이다.
H_1: 지역별 노인인구의 비중은 동일하지 않을 것이다.

H_0: 20대 30%, 30대 30%, 40대 50%, 50대 60%로 대표가 선출되었을 것이다.
H_1: 귀무가설 중 적어도 하나는 사실이 아니다

예를 들어, 300건의 화재가 6개의 지역에서 아래와 같이 발생했다고 하자. 이때 유의 수준 0.05 하에서 지역별로 화재가 고르게 발생했는지 검정해 보자.

표 9-3 지역별 화재 건수

지역	1	2	3	4	5	6	합계
화재 건수	54	70	70	20	50	36	300

H_0: 화재 발생은 지역별로 고르다
H_1: 화재 발생은 지역별로 고르지 않다.

각 지역별 기대빈도는 귀무가설이 고르게 분포되어 있다고, 가정했기 때문에 각 지역별 기대빈도(f_e)=50건으로 동일하다. 이를 기초로 χ^2값을 계산하면,

$$\chi^2 = \frac{(54-50)^2}{50} + \frac{(70-50)^2}{50} + \frac{(70-50)^2}{50} + \frac{(20-50)^2}{50} + \frac{(50-50)^2}{50} + \frac{(36-50)^2}{50}$$

= 38.24이다.

자유도는 df=(6-1)=5으로 $\chi^2_5 = 38.24$에서 p-value=0.000(3.37e-7)으로 유의 수준 0.05 하에서 귀무가설이 기각되고 대립가설이 채택된다. 따라서 화재 발생지역은 지역별로 고르지 않은 것으로 나타났다. 즉, 화재 발생은 지역별 차이를 보이는 것으로 밝혀졌다.

2 동질성 검정

적합도 검정의 경우 단일변수가 특정 분포, 또는 비율과 적합(유사)한지를 검정하는 분석 방법이었다면, 동질성 검정(homogeneity test)은 두 변수 사이에 동질성을 검정하는 방법이다. 예를 들어 두 지역의 산업구조가 동일하다고 할 수 있는가? 남자와 여자의 학력 수준이 동일하다고 할 수 있는가를 검정하기 위해 활용된다. 이러한 동질성 검정은 어떤 변수의 상이한 하위 모집단으로부터 추출된 각 표본들이 모두 동일한 분포를 이루고 있는지를 검정하는 것으로서 이를 '동일성 검정', '비율에 관한 검정' 또는 '비율 차이의 검정'이라고 부르기도 한다.[5] 따라서 동질성 검정의 귀무가설과 대립가설은 다음과 같다.

H_0: 성별 정당 지지도는 동일할 것이다.
H_1: 성별 정당 지지도는 동일하지 않을 것이다.

H_0: 지역별 산업(1차, 2차, 3차 산업)의 비율은 동일하다.
H_1: 지역별 산업(1차, 2차, 3차 산업)의 비율은 동일하지 않다.

예를 들어, 성인 남녀 유권자 1,690명을 무작위로 추출하여 3개의 정당(A, B, C)에 대한 연령별(20대, 30대, 40대 이상) 선호하는 정당에 대한 응답 결과는 <표 9-4>와 같다. 3개 정당에 대한 연령별 선호에 대해 유의 수준 0.05 하에서 동질성 검정을 해보자.

---

5) 즉, 동질성 검정의 목적은 두 변수 간의 관계를 규명하는 것이 아니라, 특정 변수(종속변수)가 다른 변수(독립변수)의 둘 이상 집단 간에 차이가 있는지를 알고자 하는 것이다(김호정, 2005: 329).

표 9-4 연령대별 선호 정당 관측빈도에서의 보상 형태

정당	20대	30대	40대 이상	합계
A	230	190	90	510
B	310	250	160	720
C	185	195	80	460
합계	725	635	330	1690

H_0: 연령대별 선호 정당은 동일하다.
H_1: 연령대별 선호 정당은 동일하지 않다.

연령대별 선호 정당에 대한 기대빈도를 계산하면 <표 9-5>와 같다.

표 9-5 연령대별 선호 정당 기대빈도

정당	20대	30대	40대 이상
A	218.79	191.63	99.59
B	308.88	270.53	140.59
C	197.34	172.84	89.92

이상의 결과로 집단 간 동질성에 대한 검정통계량 χ^2값을 계산하면 χ^2=9.49, 자유도 df=(3-1)×(3-1)=4로 p-value= 0.049이다. 따라서 유의 수준 0.05 하에서 귀무가설이 기각되어 연령별 정당 선호는 차이가 있는 것으로 밝혀졌다.

3 독립성 검정

독립성 검정(independence test)은 동질성 검정과 같이 두 변수의 관계가 서로 독립적인지 아니면 상호 관련성이 있는지에 대해 χ^2검정하는 것을 말한다. 서로 독립적이라는 것은 하나의 변수가 다른 하나의 변수에 영향을 미치지 않았을 때 이 두 변수

를 상호독립적이라고 한다. 즉, 두 변수가 상호독립적인 조건[6]이 만족될 때 예상되는 기대빈도와 실제 관측빈도의 관계를 검정함으로써 두 변수 간의 독립성을 검정하는 방법이다. 따라서 χ^2을 통한 독립성 검정의 의미는 명목척도나 순위척도에 의해 측정된 자료만 가지고 두 변수 사이에 서로 관계가 있는지 여부를 판단하는 것이다.

이러한 독립성 검정은 앞에서 살펴본 동질성 검정과 검정 방법이 동일하다. 특히 두 방법 모두 기대빈도의 계산 과정이 동일해 방법론적인 차이는 없다. 따라서 두 분석을 이용할 때 연구자가 분석의 주안점을 두 변수 간의 독립성 검정에 두느냐? 아니면 동질성 검정에 두느냐에 대한 차이이다. χ^2검정을 통한 독립성 검정과 관련된 가설의 형태는 다음과 같다.

H_0: 성별 종교는 상호독립적이다.
H_1: 성별 종교는 상호독립적이지 않을 것이다.

H_0: 소득 수준에 따라 선호하는 정당은 상호독립적이다.
H_1: 소득 수준에 따라 선호하는 정당은 상호독립적이지 않다.

예를 들어 만일 앞의 <표 9-4>의 예에 대해 독립성 검정을 한다면 귀무가설과 대립가설은 다음과 같다.

H_0: 연령과 선호 정당은 상호독립적이다.
H_1: 연령과 선호 정당은 상호독립직이시 않다.

동질성 검정과 가설검정 통계량이 같으므로, 앞의 예의 결과와 같이 귀무가설에 대한 독립성 검정의 통계량은 χ^2=9.49, df=(3-1)×(3-1)=4로 p-value= 0.049이다. 유의 수준 0.05 하에서 귀무가설이 기각되고 대립가설이 채택된다. 따라서 연령과 선호 정당은 독립적이지 않다는 것이 밝혀졌다. 즉, 연령이 선호하는 정당에 영향을 주고 있는 것으로 나타났다. 다시 말해, 연령대에 따라 선호하는 정당이 다르다. 또는 선호하는 정당에 따라 연령대가 다르다고 해석할 수 있다.

---

6) 앞서 우리는 확률이론에서 $P(A|B)=A$ 즉, $P(A \cap B)=P(A) \times P(B)$ 일 때 이러한 것을 만족히는 사상 A, B의 관계를 상호독립적이라고 했다.

제3절 기타 비모수적 통계검정

χ^2검정으로 통해 단일변수에 대한 적합도와 두 변수 간의 동질성 또는 독립성 등을 검정하는 방법을 앞서 살펴보았다. 이렇듯 비모수적 통계 방법으로 χ^2검정이 광범위하게 활용되고 있지만, 모든 경우의 모수적 통계 방법을 대신하기에는 무리가 있다. 따라서 모수적 통계 방법에 대안으로 통계학자에 의해 다양한 형태의 비모수적 가설검정 방법이 개발되었는데, 가장 대표적인 독립표본 T검정에 대한 비모수적 가설검정 방법으로 윌콕슨 검정(Wilcoxon test),[7] 일원분산분석의 비모수적 방법으로 크러스칼-왈리스 검정(Kruskal-Wallis test)이 있다.

1 윌콕슨 검정

두 집단 간의 평균값이 동일한지 아닌지에 대한 가설을 검정하기 위한 모수적 통계 방법으로 독립표본 T검정을 활용했다. 하지만 T검정을 통한 가설검정을 위해서는 반응변수(종석변수)의 등분산성 조건과 자료가 등간척도 이상에서 측정된 양적 자료여야 하는 조건이 요구된다. 하지만 이러한 조건이 충족되지 않을 때 독립표본 T검정을 대신하여 가설검정을 위한 비모수적 방법으로 윌콕슨 검정을 활용한다. 윌콕슨 검정은 등분산성 조건이 충족되지 않거나 반응변수(종속변수)가 서열척도로 측정된 경우 두 집단 간의 차이에 대한 가설검정이 가능하다.

윌콕슨 검정법의 기본 원리는 짝을 이룬 각 사례에 대해 집단별 차이의 절댓값 $|d_i|$을 계산한 다음, 절댓값($|d_i|$)의 크기에 따라 순위를 설정(R_i)하고, 원래의 부호를 다시 부여한다. 이후 '+' 부호와 '−' 부호 집단을 구분하여 각 집단별로 순위를 모두 합한 이후 다시 절댓값을 취한다. 각각의 집단의 절댓값을 W_a, W_b라고 한다면, 이 중 절댓값이 적은 통계량으로 가설을 검정하게 된다. 만일 W_a, W_b 중 절댓값이 더

7) 일부 통계서적에서 독립표본 T검정의 경우 맨-휘트니(Mann-Whitney) 검정, 대응표본 T검정의 경우 윌콕슨 검정을 소개하고 있지만, 내용과 결과 측면에서 맨-휘트니 검정, 윌콕슨 검정과 유사하다.

적은 값을 W이라고 한다면 평균과 분산은 (식 9-3)과 같다.

$$W = \sum_{j=1}^{n} R_i$$

$$E(W) = \frac{n(n+1)}{4}, \quad Var(W) = \frac{n(n+1)(2n+1)}{24} \qquad \text{(식 9-3)}$$

한편, 표본의 개수가 충분히 크면 W의 분포는 중심극한정리에 의해 평균이 $E(W)$이고 분산이 E(W)인 정규분포에 근사하게 된다. 따라서 Z_W 분포를 이용해 가설을 검정하게 된다.

윌콕슨 검정 방법을 통해 검정 가능한 가설의 형태는 다음과 같다. 독립적인 2집단의 경우 아래와 같이 가설을 설정할 수 있다.

> H_0: 성별에 따라 직무만족도[8]는 동일할 것이다.
> H_1: 성별에 따라 직무만족도는 동일하지 않을 것이다.

만일 대응표본 T 검정과 같이 동일 집단을 대상으로 전·후의 결과에 대한 가설을 다음과 같이 설정하면 된다.

> H_0: 직무적성 프로그램 참여 전·후 직업만족도[9]는 동일할 것이다.
> H_1: 직무적성 프로그램 참여 전·후 직업만족도는 동일하지 않을 것이다.

2 크러스칼-왈리스 검정

크러스칼-왈리스 검정(Kruskal-Wallis test)[10]은 모수통계적 방법의 일원분산분석

8) "매우 불만=1, 불만=2, 보통=3, 만족=4, 매우 만족=5"과 같이 서열척도로 척정한 직무만족도를 의미한다.

9) "매우 불만=1, 불만=2, 보통=3, 만족=4, 매우 만족=5"과 같이 서열척도로 척정한 직업만족도를 의미한다.

10) 크러스칼-왈리스 검정은 두 집단 간의 사이에서도 가설검정이 가능하다. 2집단 분석에서는 윌콕슨

의 비모수적 방법이라고 생각해도 무방하다. 즉, 두 집단 이상에 대해 집단별 차이를 검정하는 비모수적 통계기법이다.

크러스칼-왈리스 검정은 일원배치분산분석과 유사한 원리를 이용한다. 먼저 각 자료의 값을 순서대로 배열한 다음 순위값을 부여한다. 다음 전체 자료의 평균 순위 $\overline{R}$과 각 집단별 순위 $\overline{R_i}$와 집단별 순위의 합 R_i를 계산한다. 전체 자료의 평균 순위 $\overline{R}$은 (식 9-4)와 같다.

$$\overline{R} = \frac{1}{N}\sum_{i=1}^{k}\sum_{j=1}^{n} R_{ij} = \frac{N+1}{2} \qquad \text{(식 9-4)}$$

(단 N은 전체 자료의 개수)

크러스칼-왈리스 검정 통계량(H)은 평균 순위($\overline{R}$)로부터 각 집단의 평균 순위($\overline{R_i}$) 간의 편차를 제곱하여 더해 전체 자료의 개수로 나누어 계산한 형태로 (식 9-5)[11]와 같이 정의된다.

$$\begin{aligned} H &= \frac{12}{N(N+1)}\sum_{i=1}^{k} n_i(\overline{R_i} - \overline{R})^2 = \frac{12}{N(N+1)}\sum_{i=1}^{k} n_i(\overline{R_i} - \frac{(N+1)}{2})^2 \\ &= \frac{12}{N(N+1)}\sum_{i=1}^{k}\frac{R_i^2}{n_i} - 3(N+1) \qquad \text{(식 9-5)} \end{aligned}$$

한편 표본의 수가 큰 경우 H통계량은 근사적으로 자유도가 $k-1$인 χ^2분포를 따른다(임동훈, 2010: 72-75). 한편, 크러스칼-왈리스 검정을 위한 귀무가설은 다음과 같다.

> H_0: 선호하는 정당(A,B,C당)에 따라 학력 수준[12]은 동일할 것이다.
> H_1: 선호하는 정당(A,B,C당)에 따라 학력 수준은 모두 같지 않을 것이다.

검정이 양측 및 단측검정 모두 가능하다는 측면에서 유용성이 높다.

11) 일종의 분산과 비슷한 개념이다. 즉, 편차의 제곱에 대한 평균값과 유사한 개념으로 이 값이 클 경우 집단 간 차이(편차)가 크다는 것을 알 수 있다.

12) (초졸, 중졸, 대졸)

제4절 R Commander 비모수 통계학의 가설검정

1 χ^2 분석에 의한 가설검정

1) 적합성 검정

χ^2검정을 통해 어떤 자료의 집단별로 분포가 고루 분포되어 있는지에 대한 가설을 검정할 수 있다. 예제를 통해 응답자의 전공이 고루 분포되어 있는지 확인해 보자. 먼저 자료 분포에 대한 적합성 검정과 관련된 가설은 다음과 같다.

> H_0: 전공별로 응답자의 비율은 같을 것이다
> H_1: 전공별로 응답자의 비율은 같지 않을 것이다

R Commander를 통한 집단별 적합성 검정을 위해 데이터셋을 '취업특성'으로 설정하고 [그림 9-1]과 같이 상단 메뉴의 '통계'→'요약'→'빈도분포'를 선택한다. '빈도분포' 대화상자가 활성화되면 변수에 적합성을 검정할 변수(Q28전공계열)을 선택한다.[13] 이후 하단에 있는 '카이 제곱 적합성 검정(오직 하나의 변수)'에 대한 옵션을 선택한 이후 '예(OK)'를 클릭하면 적합성 검정을 위한 대화상자가 활성화된다 가설을 검정할 전공별 비중값[14]을 입력한 이후 '예(OK)'를 클릭하면 된다. 이후 χ^2분석에 의한 전공별 비중에 대한 적합성 분석 결과는 [그림 9-2]와 같이 출력된다.

---

13) 'Q28전공계열'을 선택하기 위해서는 제1장에서와 같이 'Q28전공계열' 변수를 요인변수로 정의해야 한다. '데이터'→'활성 데이터셋에 있는 변수관리하기'→'수치변수를 요인변수로 변환하기'를 클릭하여 질적 변수로 변환해야 한다. 자세한 내용은 제1장을 참고하기 바란다.

14) 이 사례에서는 동일하다고 가정했기 때문에 각각의 확률값을 1/4 비중을 동일하게 했지만, 연구 목적에 따라 비중을 달리해서 적합도를 검정할 수 있다. 앞의 예에서 귀무가설을 인문계열 2/10, 사회계열 3/10, 공학계열 4/10, 자연계열 1/10이므로 설정하고, 적합도 검정을 통해 해당 귀무가설을 검정할 수 있다.

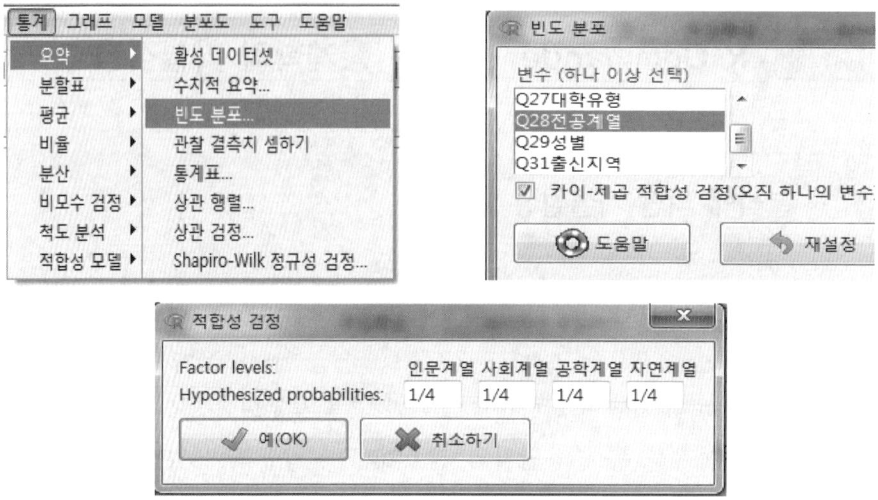

그림 9-1 χ^2 검정 적합성 분석 절차

```
> .Table <- table(취업특성$Q28전공계열)

> .Table  # counts for Q28전공계열

인문계열 사회계열 공학계열 자연계열
     312        704       797        306

> round(100*.Table/sum(.Table), 2)  # percentages for Q28전공계열

인문계열 사회계열 공학계열 자연계열
   14.72      33.22      37.61      14.44

> .Probs <- c(0.25,0.25,0.25,0.25)

> chisq.test(.Table, p=.Probs)

         Chi-squared test for given probabilities

data:  .Table
X-squared = 376.1487, df = 3, p-value < 2.2e-16

> remove(.Probs)

> remove(.Table)
```

그림 9-2 χ^2 검정 적합성 분석 절차 결과

분석 결과를 정리하면 <표 9-6>과 같다. 표본 응답자 중 공학계열이 전공자가 37.61%로 가장 많고, 다음 자연계열 14.44%, 사회계열 33.22%, 인문계열 14.72% 순으로 나타났다. 전공별 응답자의 고른 분포에 대한 적합성 검정 결과 χ^2=376.15, *df*=3, *p*=0.000으로 유의 수준 0.01 하에서 귀무가설이 기각되었다. 따라서 전공별 응답자의 비율은 동일하지 않은 것으로 나타났다.

표 9-6 전공별 응답자의 적합성 검정

	인문계열	사회계열	공학계열	자연계열	합계
빈도	312	704	797	306	2,119
비율	14.72%	33.22%	37.61%	14.44%	100%

χ^2= 376.15, *df*=3, *p*=0.000(2.2e-16)

2) 동질성 및 독립성 검정

동질성 검정의 목적은 두 변수 간의 관계를 규명하려는 것이 아니라 T검정과, F 검정에서처럼 집단 간 차이를 알고자 할 때 사용된다. 반면, 독립성 검정은 두 변수 간의 관계가 독립적인지 아니면 상호 관련이 있는지를 검정하는 것으로 동질성 검정과는 구별된다. 하지만, χ^2값의 산출 과정은 동일하다. 따라서 연구자의 연구 목적에 따라 가설을 설정하고 해당 가설을 검정하면 된다. 예제를 통해 성별에 따라 근로 형태가 어떠한가에 대해 χ^2검정을 활용해 보자.

H_0: 성별 근로 형태는 동일하다(관련성이 없다).
H_1: 성별 근로 형태는 동일하지 않다(관련성이 있다).

통계분석을 위해 먼저 R Commander 데이터셋에 '취업 특성'을 선택한다. [그림 9-3]과 같이 메뉴에서 '통계'→'분할표'→'이원표'를 차례로 선택한다. '이원표' 대화상자가 활성화되면 '데이터' 탭의 '열 변수'에 'Q29성별'을 선택하고, '행 변수'에는 'Q20고용형태'를 선택한다.[15] 다음 '통계' 탭을 클릭하여 가설검정 부분에 '카이 제곱 독립

15) 'Q29성별' 변수와 'Q20고용형태' 변수를 사전에 요인변수로 정의 해두어야 한다. 제1장 참조.

성 검정', '카이 제곱 통계량 요소', '예상된 빈도를 출력하기'의 옵션을 선택한 후 '예(OK)'를 클릭하면 분석 결과가 제시된다.

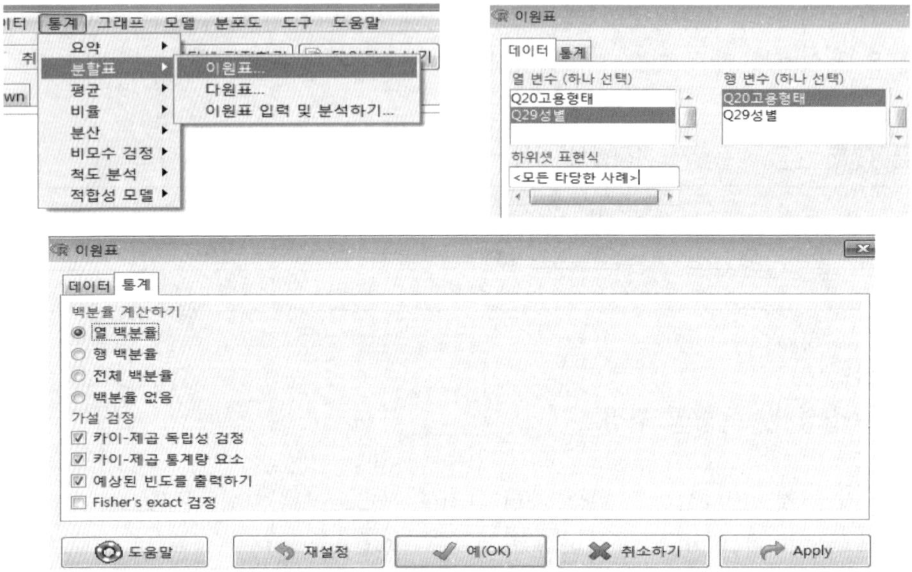

TIP

'통계' 탭에서 '백분율 계산하기'는 연구자의 필요에 따라 옵션을 선택하면 된다.
Q29성별 변수와 Q20 고용형태는 질적(요인)변수로 정의 및 라벨이 붙이기를 한 상태이다.

그림 9-3 χ^2 검정 분석 절차

```
> .Table <- xtabs(~Q29 성별+Q20고용형태, data=취업특성)

> .Table
       Q20고용형태
Q29성별  정규직   비정규직
   남자  1018      298
   여자   501      302

> rowPercents(.Table) # Row Percentages
       Q20고용형태
Q29성별  정규직  비정규직  Total  Count
   남자  77.4     22.6      100   1316
   여자  62.4     37.6      100    803
```

```
> .Test <- chisq.test(.Table, correct=FALSE)

> .Test

        Pearson's Chi-squared test

data:  .Table
X-squared = 55.0203, df = 1, p-value = 1.193e-13

> .Test$expected # Expected Counts
        Q20고용형태
Q29성별    정규직       비정규직
   남자    943.3714   372.6286
   여자    575.6286   227.3714

> round(.Test$residuals^2, 2) # Chi-square Components
        Q20고용형태
Q29성별  정규직  비정규직
   남자   5.90    14.95
   여자   9.68    24.49

> remove(.Test)

> remove(.Table)
```

그림 9-4 χ^2 검정 결과 출력

χ^2 검정 결과를 정리하면 <표 9-7>과 같다. 우선 χ^2 검정의 기본적인 전제 조건인 기대빈도(expected frequencies)값이 5 이하인 셀(cell)은 없는 것으로 나타났다. 관측빈도를 살펴보면 대학 졸업생 중 남자의 경우 정규직에 종사하는 비중이 77.4%로 여자(62.4%)에 비해 높았다. 모집단에 대한 가설검정 결과 χ^2=55.0203, df=1, p=0.000

표 9-7 성별에 따른 근로 형태

		정규직	비정규직	합계
남자	관측빈도	1,018	298	1316
	비율	77.4%	22.6%	100%
	기대빈도	943.37	372.63	
여자	관측빈도	501	302	803
	비율	62.4%	37.6%	100%
	기대빈도	575.63	227.37	

χ^2= 55.0203, df=1, p=0.000(1.193e-13)

으로 유의 수준 0.01 하에서 귀무가설이 기각되었다. 따라서 성별에 따라 근로 형태는 다른 것(동일하지 않은 것)으로 나타났다.

2 윌콕슨 검정

앞서 살펴본 바와 같이 T 검정을 대신하여 가설검정을 위한 비모수적 방법으로 윌콕슨 검정[16]을 활용한다. 윌콕슨 검정은 등분산성 조건이 충족되지 않거나 반응변수(종속변수)가 서열척도로 측정된 경우 두 집단 간의 차이에 대한 가설검정이 가능하다. 예제를 통해 고용 형태에 따라 현재 직업과 전공의 일치 정도에 대한 인식 차이가 있는지에 대한 가설을 검정해 보자. 윌콕슨 검정에 필요한 가설은 다음과 같다.

> H_0: 고용 형태(정규직/비정규직)별로 현재 직업과 전공의 일치 정도에 대한 인식은 동일한 것이다
> H_1: 고용 형태별로 현재 직업과 전공의 일치 정도에 대한 인식은 동일하지 않을 것이다

R Commander를 통한 통계분석을 위해 데이터셋을 '취업특성'으로 설정한다. 본격적인 윌콕슨 검정 방법에 의한 가설검정에 앞서 집단(고용 형태)별로 전공 일치 정도에 대한 교차표를 작성한다. 교차표를 나타내기 위해 [그림 9-5]와 같이 상단 메뉴의 '통계'→'분할표'→'이원표'를 선택한다. '이원표' 대화상자가 나오면 데이터 탭에 'Q20고용형태'와 'L11전공일치도[17]'를 선택한다. '통계' 탭 에서는 '열백분율' 옵션을 선택한다. '예(OK)'를 클릭하면 [그림 9-6]과 같이 교차표를 통한 기초 통계량이 제시된다.

---

16) T 검정과 유사한 미모수적 방법으로 맨-휘트니(Mann-Whitney) 검정도 많이 활용하고 있지만, 내용과 결과 측면에서 윌콕슨 검정과 유사하다.

17) R Commander에서 데이터를 요인(질적 자료)로 선정할 경우 윌콕슨 검정 변수에 활성화되지 않는 문제가 발생한다. 따라서 해당 예제에서는 'Q11전공 일치도' 변수를 복사하여 새로운 변수(L11전공일치도)로 변수명을 부여했다. 'L11전공 일치도' 변수에 대해 '데이터'→'활성 데이터셋에 있는 변수 관리하기'→'수치변수를 요인으로 변환하기'를 시행하여 '1=전혀 일치하지 않는다', '2=일치하지 않는다', '3=보통', '4=일치한다', '5=매우 일치한다'로 라벨을 붙여 요인(질적 자료)으로 변환했다.

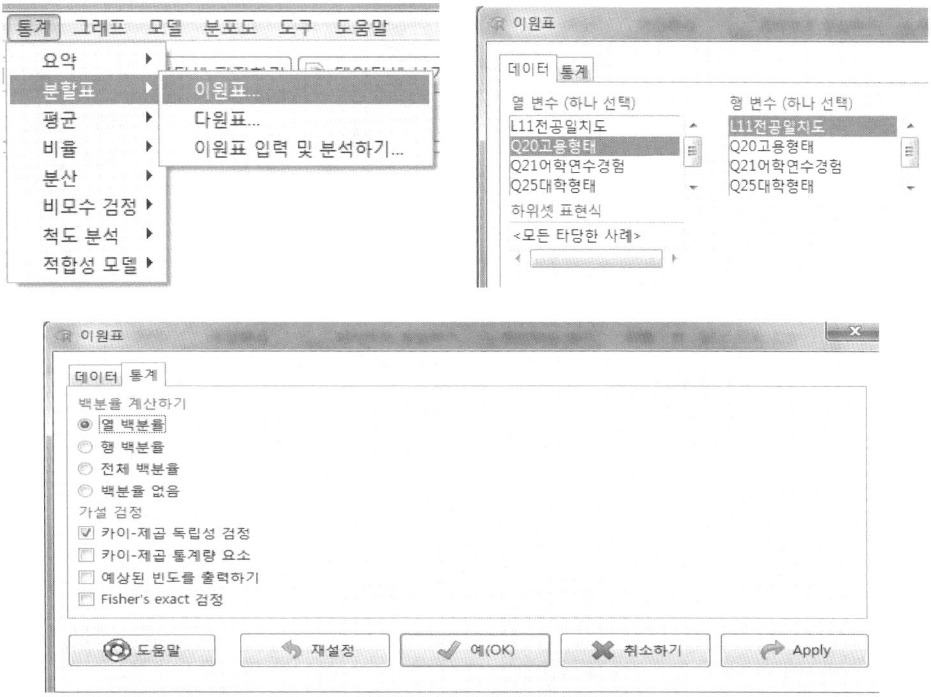

그림 9-5 고용 형태별 전공 일치 정도에 대한 이원표 작성 설차

```
> .Table <- xtabs(~Q20고용형태+L11전공일치도, data=취업특성)
> .Table
           L11전공일치도
Q20고용형태 전혀일치하지않는다 일치하지않는다 보통  일치한다 매우일치한다
    정규직              135            187   521    482      194
    비정규직             80             82   198    154       86

> rowPercents(.Table) # Row Percentages
           L11전공일치도
Q20고용형태 전혀일치하지않는다  일치하지않는다 보통  일치한다 매우일치한다 Total
    정규직          8.9              12.3      34.3  31.7     12.8        100
    비정규직        13.3             13.7      33.0  25.7     14.3        100
           L11전공일치도
Q20고용형태 Count
    정규직   1519
    비정규직  600

<이하생략>
```

그림 9-6 고용 형대별 전공 일지 정도에 대한 이원표 작성 결과

그림 9-7 윌콕슨 검정 절차

```
> tapply(취업특성$Q11전공일치도, 취업특성$Q20고용형태, median, na.rm=TRUE)
  정규직 비정규직
       3        3

> wilcox.test(Q11전공일치도 ~ Q20고용형태, alternative="two.sided", data=취업특성)

        Wilcoxon rank sum test with continuity correction

data:  Q11전공일치도 by Q20고용형태
W = 482700, p-value = 0.02723
alternative hypothesis: true location shift is not equal to 0
```

그림 9-8 윌콕슨 검정 결과

R Commander를 통한 윌콕슨 검정을 위해 [그림 9-7]과 같이 상단 메뉴의 '통계'→'비모수검정'→'이-표본 윌콕슨 검정'를 선택한다. '이-표본 윌콕슨 검정' 대화상자가 활성화되면 '데이터' 탭에서 집단변수에 'Q20고용형태'[18]를 선택하고, 반응변수에

는 'Q11전공일치도'를 각각 선택한다. '선택 기능' 탭에서는 옵션 선택을 '양측' 및 '기본값'으로 두고 '예(OK)'를 클릭하면 된다.

이상의 분석 결과를 정리하면 <표 9-8>과 같다. 정규직 근로자의 경우 전공과 현재 직장과의 일치 정도에 대해 '일치한다' 또는 '매우 일치한다'는 의견이 44.5%로 나타났고, 비정규직 종사자는 40.0%의 비중을 차지했다. 두 집단 간의 전공 일치 정도에 대한 윌콕슨 검정 결과 W=4827, p=0.027으로 유의 수준 0.05 하에서 귀무가설이 기각되고 대립가설이 채택되었다. 따라서 고용 형태별로 현재 직업과 전공의 일치도에는 동일하지 않은(차이가 나는) 것으로 분석되었다.

표 9-8 고용 형태별 전공 일치도

		전혀 일치하지 않는다	일치하지 않는다	보통	일치한다	매우 일치한다	합계
정규직	빈도	135	187	521	482	194	1,519
	비율	8.9%	12.3%	34.3%	31.7%	12.8%	100%
비정규직	빈도	80	82	198	154	86	600
	비율	13.3%	13.7%	33.0%	25.7%	14.3%	100%

Wilcoxon rank sum test: W=4827, p-0.027

정책의 집행 전·후의 값을 비교함으로써 정책 효과에 유·무에 대한 검정 방법으로 앞서 대응표본 T검정을 제7장에서 소개했다. 대응표본 T검정을 적용하기 위해서는 모집단의 정규분포성과 자료가 등간척도 이상인 양적 자료인 요건이 충족되어야 한다. 윌콕슨 검정은 이러한 조건을 완화시킨 분석 방법으로 척도가 서열척도로 측정된 자료도 분석이 가능하다. 이를 위해서는 '통계'→'비모수검정'→'Paired-sample Wilcoxon 검정'을 차례로 선택하여 가설을 검정하면 된다. 해당 방법은 '이-표본 윌콕슨 검정'과 동일하게 하면 된다.

18) 설문 응답을 '전혀 일치하지 않는다'= 1, '일치하지 않는다'= 2, '보통'= 3, '일치한다'= 4, '매우 일치한다'= 5로 코딩했다.

3 크러스칼-왈리스 검정

크러스칼-왈리스 검정은 두 집단 이상에 대해 집단별 차이를 검정하는 비모수적 통계기법이다. 예제를 통해 '전공 계열별로 현재 직업과 일치 정도에 대한 인식 차이'를 크러스칼-왈리스 검정으로 실시해 보자.

> H_0: 전공 계열별로 현재 직업과 일치 정도에 대한 인식은 동일하다.
> H_1: 전공 계열별로 현재 직업과 일치 정도에 대한 인식은 모두 동일하지 않다.

R Commander를 통한 통계분석을 위해 데이터셋을 '취업 특성'으로 설정하고, 가설검정에 앞서 전공 계열별 전공 일치 정도에 대한 이원표를 작성하기 위해 [그림 9-9]와 같이 상단 메뉴에서 '통계'→'분할표'→'이원표'를 차례로 선택한다. 이후 '이원

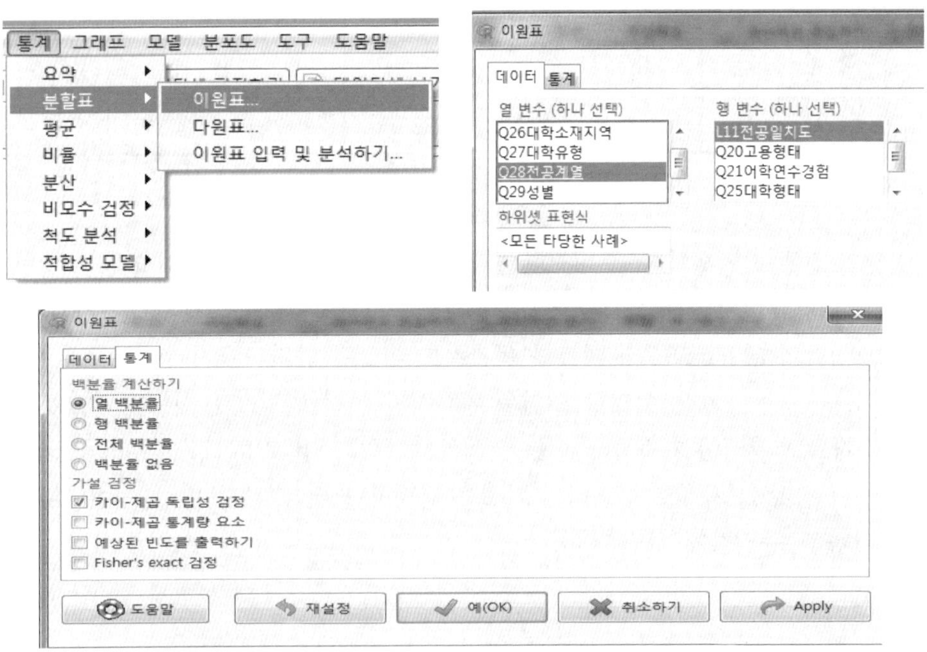

그림 9-9 전공 계열별 전공 일치에 대한 이원표 작성 설차

```
> .Table <- xtabs(~Q28전공계열+L11전공일치도, data=취업특성)
> .Table
            L11전공일치도
Q28전공계열 전혀 일치하지 않는다 일치하지 않는다 보통 일치한다 매우 일치한다
   인문계열                 56               53  105     74            24
   사회계열                 58               83  280    200            83
   공학계열                 63               88  235    281           130
   자연계열                 38               45   99     81            43

> rowPercents(.Table) # Row Percentages
            L11전공일치도
Q28전공계열 전혀 일치하지 않는다 일치하지 않는다 보통 일치한다 매우 일치한다 Total
   인문계열               17.9             17.0 33.7    23.7     7.7  100.0
   사회계열                8.2             11.8 39.8    28.4    11.8  100.0
   공학계열                7.9             11.0 29.5    35.3    16.3  100.0
   자연계열               12.4             14.7 32.4    26.5    14.1  100.1
            L11전공일치도
Q28전공계열 Count
   인문계열   312
   사회계열   704
   공학계열   797
   자연계열   306

<이하생략>
```

그림 9-10 고용 형태별 전공 일치 정도에 대한 이원표 작성 결과

표' 대화상자가 활성화되면 '데이터' 탭에서 'Q28전공계열'과 'L11전공일치도'를 선택한다. '통계' 탭에서는 '열백분율' 옵션을 선택하고 '예(OK)'를 선택하면 [그림 9-10]과 같이 집단별 기초 통계량에 대한 교차분석 결과가 출력된다.

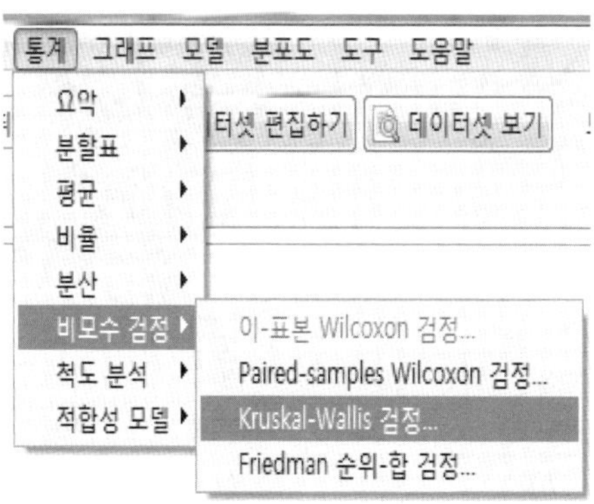

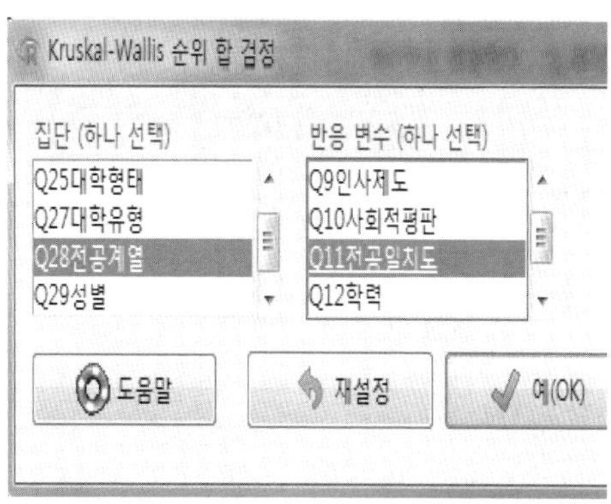

그림 9-11 크러스칼-왈리스 검정 절차

크러스칼-왈리스 검정을 통한 귀무가설을 검정하기 위해 [그림 9-11]과 같이 상단 메뉴에서 '통계'→'비모수검정'→'Kruskal-Wallis'를 차례로 선택한다. 'Kruskal-Wallis 순위 합 검정' 대화상자가 활성화되면 집단에 'Q28전공계열'을 선택하고, 반응변수에는 'Q11전공일치도'를 선택한 이후 '예(OK)'를 선택하면 [그림 9-12]와 같이 검정 결과가 출력된다.

```
> tapply(취업특성$Q11전공일치도, 취업특성$Q28전공계열, median, na.rm=TRUE)
인문계열 사회계열 공학계열 자연계열
       3        3        4        3

> kruskal.test(Q11전공일치도 ~ Q28전공계열, data=취업특성)

        Kruskal-Wallis rank sum test

data:  Q11전공일치도 by Q28전공계열
Kruskal-Wallis chi-squared = 52.872, df = 3, p-value = 1.952e-11
```

그림 9-12 크러스칼-왈리스 검정 결과

이상의 결과를 표로 정리하면 <표 9-9>와 같다. 공학 계열의 경우 '일치한다'(35.30%)와 '매우 일치한다'(16.30%)로 현재 직업과 전공의 일치 정도가 가장 높은 것으로 나타났고, 인문 계열의 경우 '일치한다'(23.7%), '매우 일치한다'(7.7%)로 다른 전공 계열에

표 9-9 전공 계열별 전공 일치도

		전혀 일치하지 않는다	일치하지 않는다	보통	일치한다	매우 일치한다	합계
인문 계열	빈도	56	53	105	74	24	312
	비율	17.9%	17.0%	33.7%	23.7%	7.7%	100%
사회 계열	빈도	58	83	280	200	83	704
	비율	8.2%	11.8%	39.8%	28.4%	11.8%	100%
공학 계열	빈도	63	88	235	281	130	797
	비율	7.9%	11.0%	29.5%	35.3%	16.3%	100%
자연 계열	빈도	38	45	99	81	43	306
	비율	12.4%	14.7%	32.4%	26.5%	14.1%	100%

Kruskal-Wallis rank sum test: Kruskal-Wallis χ^2=52.872, df=3, p=0.000(1.952e-11)

비해 전공 일치 정도가 낮은 것으로 답했다. 전공 계열별 현재 직업과의 일치 정도에 대한 크러스칼-왈리스의 검정 결과 χ^2=52.872, *df*=3, *p*=0.000으로 유의 수준 0.01 하에서 귀무가설이 기각되었다. 따라서 전공 계열별 현재 직업과 전공과의 일치 정도는 모든 집단이 동일하지 않은 것으로 나타났다. 즉, 전공 계열별로 직장과 전공과의 일치 정도는 같지 않다는 것을 알 수 있다.

제10장 상관분석

제1절 상관분석의 기초

1 공분산과 상관계수

행정기관 또는 기업은 의사 결정을 내리는 데 변수 간의 관계가 어떠한지에 대한 정보가 필요할 수 있다. 예를 들어 임금상승률과 물가변동률과의 관계, 통화량 증가와 주택가격 변화와의 관계 등은 정책을 수립하고 집행하기 위한 주요한 자료가 될 수 있다. 이러한 변수 간의 관련성을 확인하는 방법으로 일반적으로 산점도와 같은 그림으로 확인이 가능하다. 산점도의 경우 시각적으로 변수간이 관련성 정도를 파악할 수 있으나, 구체적으로 이들 변수 간의 관련성 정도가 어느 정도인지에 대한 정보와 각 변수 사이의 강도에 대한 비교가 불가능하다.

만일 X, Y 두 변수값의 관계가 X값이 적은 값일 때, Y의 값이 적고, X가 클 때 Y값 역시 크다면 두 변수 간의 관계는 정(+)의 관계라고 할 수 있다. 반면, X값이 적을 때 Y값이 크고, X가 클 때 Y값이 적은 값을 취한다면 X, Y 두 변수 간의 관계는 부(-)의 관계라고 할 수 있다. 이러한 개념을 이용해 두 변수 간의 관련성을 나타낸 지표가 공분산(covariance)이다. 공분산은 우선 (식 10-1)과 같이 정의된다. 즉, $(X_i-\overline{X})$값이 '-'일 때, $(Y_i-\overline{Y})$값이 '-'값이면 두 변수는 정(+)의 관계가 될 것이고, $(X_i-\overline{X})$값이 '-'일 때 $(Y_i-\overline{Y})$ '+'값이 되면 두 변수의 관계는 부(-)의 관계가 될 것이다. 이러한 관계를 평균값(기댓값)으로 나타낸 것이 공분산이다.

$$Cov(X, Y) = \frac{\sum(X_i - \overline{X})(Y_i - \overline{Y})}{N} \qquad (식\ 10\text{-}1)$$

따라서 공분산 값이 '+'일 경우 두 변수는 정(+)의 관련성을 지니고, 반면, '−'값을 가지면 두 변수는 부(−)의 관계를 나타낸다. 한편, 공분산의 절댓값이 클수록 두 변수 간의 관련성이 높게 된다. 즉, 두 변수의 선형 관계가 큰 것을 의미하고, 공분산 절댓값이 적을수록 두 변수 간에는 관련성이 약해, 선형 관계가 적음을 보여준다. 즉, '+', '−' 부호는 두 변수의 방향성을 나타내고, 두 변수 간의 관련성은 공분산의 절댓값의 크기이다.

변수 간의 관련성 정도를 나타내는 공분산은 사용된 자료의 단위에 따라 공분산[1] 값이 달라진다는 단점이 있다. 따라서 단위를 표준화함으로써 이러한 문제를 해결할 수 있다. 이렇듯 공분산 값을 표준화한 것이 피어슨 상관계수(Pearson correlation coefficient)이다. 따라서 상관계수는 공분산 값의 단점을 보완한 변수들 간의 관련성 정도를 나타내는 지표로 (식 10-2)와 같이 정의된다.

$$r = \frac{Cov(X, Y)}{S_X S_Y} = \frac{\sum(X_i - \overline{X})(Y_i - \overline{Y})}{\sqrt{(X_i - \overline{X})^2 (Y_i - \overline{Y})^2}} \qquad (식\ 10\text{-}2)$$

두 변수의 관련성을 나타내는 상관계수는 다음과 같은 몇 가지 특성을 갖는다.

첫째, 상관계수이 범위는 $1 \le r \le 1$ 값을 갖고 단위에 영향을 받지 않는다. 즉, 단위에 따라 상관계수의 값이 변화하지 않는다.

둘째, $r > 0$이면 한 변수가 증가할 때, 다른 변수가 증가한다는 의미이고, $r < 0$이면 한 변수가 증가할 때, 다른 변수값은 감소한다.

셋째, $r = |1|$ 인 경우 두 변수의 관계가 완전한 직선 관계이고, $r = 0$이면 직선 관계가 아니라는 의미이다. 즉, $|r|$값이 클수록 직선 관계(선형성)가 강하다는 의미이다.

넷째, 일반적으로 $|r| \le 0.20$일 때는 아주 낮은 관계, $0.20 \le |r| \le 0.40$이면 낮은 관

1) 공분산은 측정된 값의 단위(scale)에 영향을 받는다. 예를 들어, 두 변수 X, Y가 센티미터(cm)로 측정된 값은 미터(m)로 측정된 것보다 공분산이 크다.

계, 0.40 ≤ $|r|$ ≤ 0.70이면 비교적 높은 관계, 0.70 ≤ $|r|$ ≤ 0.90이면 아주 높은 관계, r > 0.9이면 아주 높은 관계라 한다(김호정, 2005: 423).

다섯째, r=0.80은 r=0.40에 비해 두 배 더 강한 상관성을 나타내는 것이 아니고, 단순히 상관성이 더 높다는 의미이다.

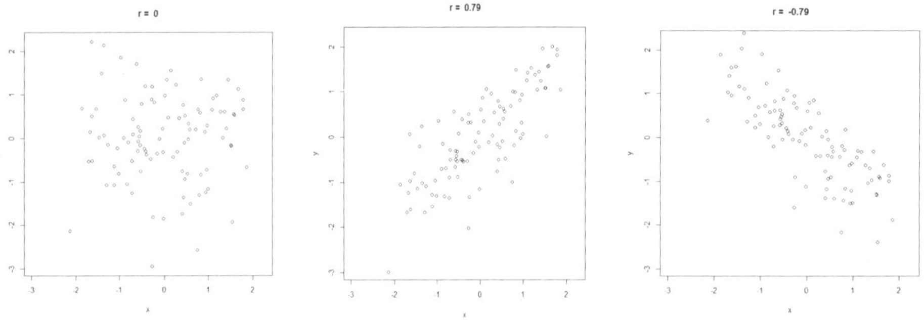

r=0 r=0.79 r=−0.79

그림 10-1 상관계수의 강도(-0.79, 0, +0.79)에 따른 산점도

2 상관분석의 요건 및 가정

상관분석은 단위에 제약을 받지 않는다는 장점은 있지만, 분석을 위해 몇 가지 요건이 충족되어야 한다.

첫째, 각 변수는 일반적으로 양적 자료 이상의 자료여야 한다. 즉, 등간척도 이상의 척도에 의해 측정된 자료여야 한다. 물론 순서형(서열척도) 자료에서도 상관분석이 가능한 방법들이 소개되고 있지만, 이들에 대한 검정력은 양적 자료에 비해서는 낮다. 따라서 특별한 경우가 아니면 양적 자료로 선택하는 것이 바람직하다.

둘째, 한 변수의 각 값에 대응하는 다른 변수의 값들이 이루는 분포는 정규분포하며, 등분산성이 가정되어야 한다.

셋째, 상관분석은 단위에 영향을 받지 않지만, 표본의 개수에 따라 상관 관계의 정도에 대한 편차가 심해져 상관분석의 안전성과 신뢰성을 상실할 수 있다.[2)]

마지막으로, 두 변수의 관계는 선형(직선) 관계를 가정한다. 만일 직선 관계가 아님에도 불구하고 단순상관분석을 실시한다면, 비선형성은 물론이고 실제의 관련성보다 약하게 나타난다.

제 2 절 상관분석의 가설 및 검증

1 상관분석의 가설 및 검증

표본을 통한 자료를 기초하여 모집단의 변수 간의 관련성을 검정하기 위해 상관분석을 통해 가설을 검정하게 된다. X, Y 두 변수의 결합분포의 모상관계수(ρ)의 확률분포의 모양을 알아야 한다. 1921년 피셔(Ronald A. Fisher)에 의해 표본의 크기가 10 이상일 때 표본상관계수를 이용한 새로운 형태의 (식 10-3)과 같이 새로운 변수를 고안했다.

$$Z_r = \frac{1}{2} ln(\frac{1+\rho}{1-\rho}) \qquad \text{(식 10-3)}$$

새로 정의된 Z_r은 평균이 $\frac{1}{2} ln(\frac{1+\rho}{1-\rho})$이고 분산이 $\frac{1}{n-3}$인 정규분포를 따른다는 것으로 밝혔다(이종원, 1994: 512). 이러한 관계를 기초로 하여 모상관계수의 모상관계수(ρ)이 신뢰구간을 추정하여 모평균에 대한 가설을 검정하게 된다. 상관분석을 통해 검정하는 가설은 다음과 같다.

H_0: 모집단의 변수 A와 B 간의 상관성이 없다.
H_1: 모집단의 변수 A와 B 간에는 상관성이 있다.

---

2) 김호정(2010: 402)은 표본의 크기를 50 이상일 것을 권고하고 있고, 최소 25 이상은 되어야 한다고 주장함.

H_0: $\rho=0$
H_1: $\rho\neq 0$

즉, 상관분석은 표본을 통해 계산된 상관계수 값을 기준으로 모집단 간의 상관계수 값이 '0'인지 아닌지를 검증하는 것이다.

2 편상관분석

사회 현상은 다양한 변수들 간에 상호 영향 및 밀접한 관계를 갖고 있다. 이러한 상황에서 A와 B 두 변수 간의 관계가 제3의 변수에 의해 더욱 커지거나 약해지는 경우가 발생하게 된다. 예를 들어 월 소득과 외식비용 간의 관계에서 가족의 숫자는 이들 변수 간에 영향에 강하게 하는 역할을 할 수 있다. 따라서 편상관분석(partial correlation)은 A와 B 두 변수 간 상관 관계에 대해 C변수의 상관성을 통제한 이후 분석하는 방법으로 제3의 변수인 C변수의 역할을 확인할 수 있는 분석 방법이다. 변수 X_c를 통제하고 변수 X_A와 X_B 간의 편상관계수를 $r_{X_AX_B\cdot X_c}$라고 한다면 $r_{X_AX_B\cdot X_c}$는 (식 10-4)와 같이 정의된다(김호정, 2005: 441).

$$r_{X_AX_B\cdot X_c}=\frac{r_{X_AX_B}-r_{X_AX_C}\times r_{X_BX_C}}{\sqrt{1-r^2_{X_AX_C}}\times\sqrt{1-r^2_{X_BX_C}}} \qquad \text{(식 10-4)}$$

만일 C변수를 통제한 이후의 A와 B변수의 상관성이 높아졌다면, C변수는 A와 B 변수 관계를 억압하는 역할을 한다고 할 수 있다. 이처럼 C에 의해 A와 B변수가 상관 관계가 있음에도 불구하고 없는 것으로 나타났다면, 두 변수의 관계를 억압 관계(suppressor relationships)에 있다고 한다. 그리고 두 변수 간에 상관성이 있는데도 불구하고 마치 상관성이 없는 것처럼 보여주는 변수 C를 억압변수라고 한다.

반대로 C를 통제 이전에는 A와 B변수가 상관성이 높은 것으로 나타났지만, C를 통제한 경우 A와 B 사이의 상관성이 없어진다면, A와 B는 허위상관관계(spurious correlation)에 있다고 한다. 그리고 실제로 상관 관계가 없는데 마치 상관 관계가 있는 것처럼 보이게 하는 변수 C를 허위변수라고 한다.

이처럼 억압 또는 허위변수를 다른 말로 혼란변수라고 하는데, 이들 혼란변수의 역할로 인해 정책효과 추정에서 잘못된 결과를 초래하는 원인이 된다. 따라서 정책분석 평가에서 이러한 혼란변수에 대한 제거가 무엇보다 중요하다.

3 순위상관 관계

제9장에서 살펴보았듯이 T 검정과 F 검정에 대한 모수통계학적 가정을 벗어날 경우 비모수적 통계 방법을 소개했다. 앞선 상관분석 역시 변수가 양적 자료 이상이고, 한 변수의 각 값에 대응하는 다른 변수의 값들이 이루는 분포 역시 정규성과 등분산성을 가정하고 있다. 이러한 가정을 완화시켜 서열척도에 대한 상관분석을 가능하게 하는 모수적 방법 역시 다양하게 소개되고 있는데, 이 중에서 가장 널리 사용되는 가설검정 방법이 순위상관(rank correlation)에 의한 방법 중 스피어만 상관계수(Spearman rank correlation coefficient)와 켄달의 타우(Kendall's tau)에 의한 방법이 있다. 먼저 스피어만 상관계수는 서열 자료 X변수와 Y변수 간의 상관 관계를 알아보기 위해 X변수와 Y변수 자료를 순서대로 배열한 이후 X_i변수에 순위에 대응되는 Y_i변수의 순위를 R_i라고 한다면, 두 개의 순위 자료들의 집합에 대한 일치 정도를 나타내는 스피어만 상관계수는 (식 10-5)와 같이 정의된다.

$$r_s = \frac{\sum_{i=1}^{n}(i - \frac{n+1}{2})(R_i - \overline{R})}{\sqrt{\sum_{i=1}^{n}(i - \frac{(n+1)^2}{2}} \sqrt{\sum_{i=1}^{n}(R_i - \overline{R})^2}} \qquad \text{(식 10-5)}$$

스피어만 상관계수(r_s)는 다른 상관계수 값과 같이 마찬가지로 -1.0~+1.0 사이에 놓이게 된다.

켄달의 타우의 경우 X변수와 Y변수의 대해 i번째 쌍을 (X_i, Y_i)라고 하고, j번째 쌍을 (X_j, Y_j)라고 한다면, $X_i - X_j$와 $Y_i - Y_j$의 부호가 같으면 (X_i, Y_i)와 (X_j, Y_j)는 일치, $X_i \quad X_j$와 $Y_i - Y_j$의 부호가 다르면 (X_i, Y_i)와 (X_j, Y_j)는 불일치라고 하고, 일

치(concordant) 확률을 π_c , 불일치(discordant) 확률을 π_d라고 한다면, 켄달의 타우는 (식 10-6)과 같이 정의된다.

$$\tau = \pi_c - \pi_d \qquad \text{(식 10-6)}$$

τ 값은 역시 $-1 \le \tau \le 1$ 사이의 값을 가지며, $\tau=0$일 때 상관성이 없다고 하고, +값이면 양의 상관, −값이면 음의 상관으로 해석한다.

제3절 R Commander를 이용한 상관분석

1 상관분석

상관분석은 두 변수 사이의 상관성을 분석하는 도구로 상관계수(coefficient)를 통해 변수 간의 상호관련성의 방향과 정도를 확인할 수 있다. 예를 들어 지방자치단체의 재정자립도와 지방재정에서 차지하는 복지비 비중 사이에 어떤 관련성이 있는가? '지방자치단체의 인구와 재정자립도 간에는 어떤 상관성이 있는가?' 등을 확인하기 위해 상관분석이 사용된다. 상관분석을 위한 귀무가설은 '변수 간에 상관 관계가 없다'이고, 대립가설은 '변수 간 상관 관계가 있다'이다. 좀 더 구체적인 가설은 다음과 같다.

$$H_0: \rho_{x,\ y} = 0$$
$$H_1: \rho_{x,\ y} \neq 0$$

(단, $\rho_{x,y}$는 변수 x와 변수 y의 모집단의 상관계수)

R Commander로 기초자치단체의 인구와 재정자립도 간의 상관 관계를 분석해 보자. 분석을 위해 우선 데이터셋을 '지방재정'으로 선택한다. [그림 10-2]와 같이 상단

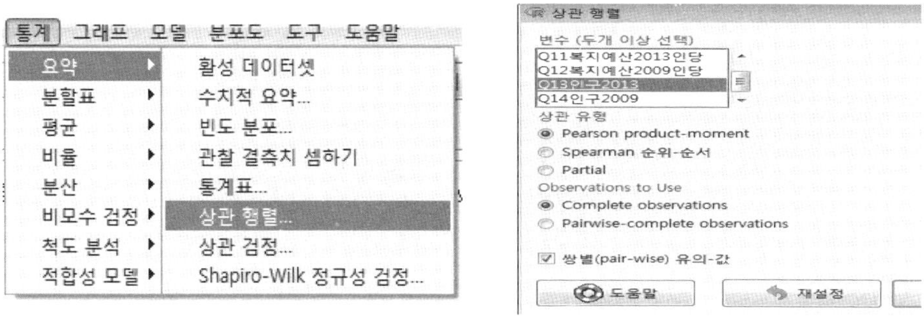

TIP

상관분석은 두 변수 모두 양적 자료를 가정하고 있다. 하지만 서열척도에 의해 측정된 자료의 경우 'Sperman 순위-순서' 옵션을 선택하여 서열 자료에 대해 상관분석이 가능하다. 상관분석에 대한 검정통계량 등 좀 더 구체적인 자료가 필요하면 '통계→요약'→'상관분석'을 실시하면 좀 더 구체적인 분석 결과를 얻을 수 있다.

그림 10-2 상관분석 절차

```
>    rcorr.adjust(지방재정[,c("Q5재정자립도2013","Q13인구2013")],    type="pearson",
use="complete")

 Pearson correlations:
                Q5재정자립도2013 Q13인구2013
Q5재정자립도2013          1.0000      0.6558
Q13인구2013               0.6558      1.0000

 Number of observations: 226
 Pairwise two-sided p-values:
                Q5재정자립도2013 Q13인구2013
Q5재정자립도2013                  0
Q13인구2013        0
 Adjusted p-values (Holm's method)
                Q5재정자립도2013 Q13인구2013
Q5재정자립도2013                  0
Q13인구2013        0
```

그림 10-3 상관분석 검정 결과

메뉴에서 '통계'→'요약'→'상관행렬'을 차례로 선택하면 '상관행렬'을 위한 대화상자가 활성화된다. '변수' 항목에 'ctrl'키를 누른 상태에서 마우스로 분석에 필요한 변수

(Q5재정자립도2013과 Q13인구2013)을 클릭한다. 상관 유형에는 'Pearson product-moment' 옵션을 선택한 이후 아래의 '쌍별(pair-wise) 유의-값'의 옵션을 선택하고 '예(OK)'를 클릭한다.

[그림 10-3]에 있는 상관분석 검정 결과를 표로 정리하면 <표 10-1>과 같다. 결과를 해석하면 재정자립도와 인구 간의 피어슨 상관계수 값은 0.656으로 비교적 높은 상관 관계를 나타났고, 이때 검정통계량은 T≒13.00, p=0.000으로 유의 수준 0.01 하에서 귀무가설이 기각되고, 대립가설이 채택되었다. 따라서 지방재정과 인구 사이에는 유의 수준 0.01 하에서 통계적으로 의미있는 상관 관계가 있는 것으로 나타났다.

표 10-1 재정자립도와 인구와의 상관분석 결과

		재정자립도	인구
재정자립도	Pearson 상관계수	1.00	0.656 ***
	n	225	225
인구	Pearson 상관계수	0.656***	1.00
	n	225	225

* p<0.1, ** p<0.05, *** p<0.01
※ 즉 10%, 5%, 1% 유의 수준에서 통계적으로 유의미함(signficant)을 의미함.

2 편상관분석

편상관분석(partial corrlation)은 하나 이상의 제3의 변수를 통제하고 두 변수 간 상관 관계 정도와 방향을 수치로 표현한 것이다. 이러한 편상관분석을 통해 두 변수 간의 허위상관(spurious correlation)과 억압 관계(suppressor relationships)를 확인할 수 있다.

예제를 통해 기초자치단체의 재정자립도와 1인당 복지예산 간의 상관 관계에 인구 변수가 어떤 관계에 있는지를 살펴보고자 한다. 우선 R Commander의 데이터셋에 '지방재정'을 선택한다. 편상관분석에 앞서 이들 변수 간의 상관분석을 실시한다. [그림 10-2]와 같이 상단의 메뉴에 '통계'→'요약'→'상관행렬'을 선택한다. 변수를 'Q5재정자립도2013', 'Q11복지예산2013인당', 'Q13인구2013'을 각각 선택하고, Pearson product-moment' 옵션을 선택한 이후 아래의 '쌍별(pair-wise) 유의-값'의 옵션을

선택하고 '예(OK)'를 클릭한다.

편상분석을 위해 상관분석과 동일하게 상단의 메뉴에 '통계'→'요약'→'상관행렬'을 선택한다. '상관행렬' 대화창에 변수를 'Q5재정자립도2013', 'Q11복지예산2013인당', 'Q13인구2013'을 각각 선택하고 [그림 10-4]와 같이 상관 유형에 'Partial'을 선택하고, 아래의 '쌍별 유의-값'의 옵션을 선택한 후 '예(OK)'를 클릭한다.

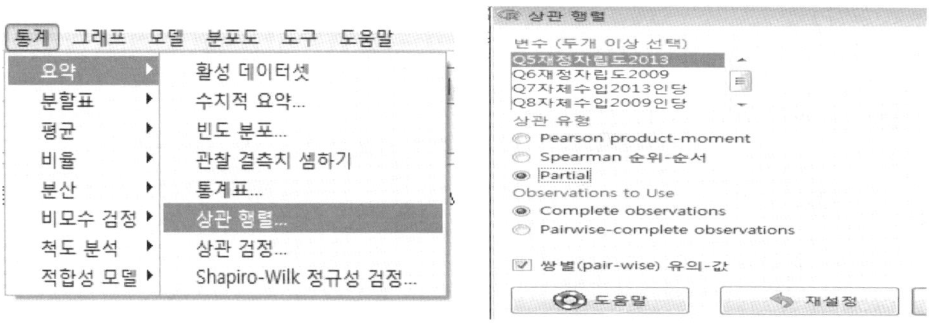

그림 10-4 편상관분석 절차

```
>          rcorr.adjust(지방재정[,c("Q5재정자립도2013","Q11복지예산2013인당","Q13인구2013")], type="pearson", use="complete")

 Pearson correlations:
                     Q5재정자립도2013  Q11복지예산2013인당  Q13인구2013
Q5재정자립도2013              1.0000              -0.7243       0.6558
Q11복지예산2013인당          -0.7243               1.0000      -0.7213
Q13인구2013                   0.6558              -0.7213       1.0000

 Number of observations: 226

 Pairwise two-sided p-values:
                     Q5재정자립도2013  Q11복지예산2013인당  Q13인구2013
Q5재정자립도2013                      0                     0
Q11복지예산2013인당  0                                      0
Q13인구2013          0                0

 Adjusted p-values (Holm's method)
                     Q5재정자립도2013  Q11복지예산2013인당  Q13인구2013
Q5재정자립도2013                      0                     0
Q11복지예산2013인당  0                                      0
Q13인구2013          0                0
```

그림 10-5 편상관분석 검정 결과

```
>  partial.cor(지방재정[,c("Q5재정자립도2013","Q11복지예산2013인당","Q13인구2013")],
tests=TRUE, use="complete")

 Partial correlations:
                   Q5재정자립도2013 Q11복지예산2013인당 Q13인구2013
Q5재정자립도2013            0.0000             -0.4805      0.2793
Q11복지예산2013인당        -0.4805              0.0000     -0.4732
Q13인구2013                 0.2793             -0.4732      0.0000

 Number of observations: 226




 Pairwise two-sided p-values:
                   Q5재정자립도2013 Q11복지예산2013인당 Q13인구2013
Q5재정자립도2013                   0                   0
Q11복지예산2013인당 0                                  0
Q13인구2013         0              0

 Adjusted p-values (Holm's method)
                   Q5재정자립도2013 Q11복지예산2013인당 Q13인구2013
Q5재정자립도2013                   0                   0
Q11복지예산2013인당 0                                  0
Q13인구2013         0              0
```

그림 10-6 편상관분석 결과

이상의 피어슨 상관분석 결과와 편상관분석 결과를 표로 정리하면 <표 10-2>와 같다. 재정자립도와 1인당 복지예산의 경우 피어슨 상관계수 값이 -0.72의 비교적 강한 음(−)의 상관성을 나타났다. 즉, 재정자립도가 낮을수록 1인당 복지 예산이 많다는 것을 알 수 있다. 인구와 재정자립도의 경우 피어슨 상관계수 값이 0.65으로 인구가 많은 기초자치단체일수록 재정자립도가 높은 것으로 나타났다.

표 10-2 지방자치단체 재정변수 간 편상관분석 결과

	재정자립도		1인당 복지예산		인구	
	Pearson	Partial	Pearson	Partial	Pearson	Partial
재정자립도	−	−	−0.72***	−0.48***	0.65***	0.28***
1인당 복지 예산	−0.72***	−0.48***	−	−	−0.72***	−0.47***
인구	0.65***	0.27***	−0.72	−0.47***	−	−

* p<0.1, ** p<0.05, *** p<0.01

편상관분석 결과를 살펴보면 인구 변수를 통제한 상황에서 재정자립도와 1인당 복지 예산 간의 편상관계수 값은 -0.48로 나타났다. 이는 인구 변수를 통제하지 않은 경우(-0.72)보다 상관성에 대한 강도가 감소되는 것을 알 수 있다. 각 기초자치단체의 재정자립도와 1인당 복지 예산과 관계에서 인구 변수의 영향으로 상관계수가 증가하는 것을 알 수 있다. 이러한 결과는 재정자립도와 1인당 복지 예산의 관계를 기초로 지방자치단체의 재정건전성을 높이기 위한 정책 수단을 마련할 경우 각 자치단체의 인구 규모도 동시에 고려해야 한다는 것을 의미한다.

3 순위상관 관계

순위상관 관계 분석은 피어슨 상관분석이 모수적 가정을 완화하여 서열적 자료 수준에서 변수 간의 상관성에 대한 가설을 검정하는 방법이다. 가설검정에 필요한 가설은 피어슨 상관분석과 동일하다. 예를 들어 전공 일치 정도와 직무 내용에 대한 만족과 상관성이 있는지 분석해 보자.

H_0= 전공 일치 정도는 현 직장의 직무 내용에 대한 만족과 상관 관계에 있을 것이다.[3)]
H_1= 전공 일치 정도는 현 직장의 직무 내용에 대한 만족과 상관 관계가 아닐 것이다.
즉, H_0: $\rho_{x,\ y} = 0$, H_1: $\rho_{x,\ y} \neq 0$

먼저 스피어만 상관계수를 통해 가서를 검정해 보자. 우선 R Commander를 통한 통계분석을 위해 데이터셋을 '취업특성'으로 설정하고, [그림 10-7]과 같이 '통계'→'요약'→'상관검정'을 선택한다. '상관검정' 대화창에 변수를 'Q3직무내용', 'Q11전공일치도'를 각각 선택한다.[4)] 아래 상관 유형에서 '스피어만 순위-순서' 옵션을 선택하고, 대립가설에는 '양쪽을 선택한다. 이후' '예(OK)'를 클릭하면 [그림 10-8]과 같이 스피어만 상관계수에 대한 결과값이 출력된다.

한편, [그림 10-7]에서 상관 유형을 '켄달의 타우(Kendall's tau)'로 설정하고 '예

3) 전공 일치 정도와 직무 내용에 대한 만족도는 모두 리커트 타입의 서열척도이다.
4) ctrl키를 누른 상태에서 두 변수를 클릭하면 된다.

(OK)'를 클릭하면 [그림 10-9]와 같이 켄달의 타우(τ)를 통한 가설검정 값이 출력된다.

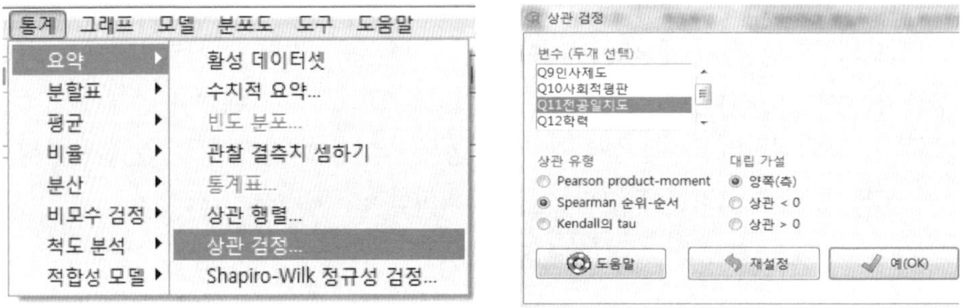

그림 10-7 순위상관분석 절차

```
> cor.test(취업특성$Q3직무내용, 취업특성$Q11전공일치도, alternative="two.sided",
method="spearman")

        Spearman's rank correlation rho

data:  취업특성$Q3직무내용 and 취업특성$Q11전공일치도
S = 1120964504, p-value < 2.2e-16
alternative hypothesis: true rho is not equal to 0
sample estimates:
      rho
0.2931124
```

그림 10-8 스피어만 순위상관분석 검정 결과

스피어만 순위상관분석 검정 결과에 기초하여 가설을 검정 및 해석을 하면, 전공 일치 정도와 현재 직장의 직무만족도와의 스피어만 순위상관분석 검정 결과 스피어만 순위상관계수는 0.293114(p=0.000[a])로 유의 수준 0.01 하에서 귀무가설이 기각되고 대립가설이 채택된다. 따라서 전공 일치 정도와 현 직장의 직무만족도 간에는 정(+)의 상관 관계가 있는 것으로 나타났다.

a) 2.2e-16

```
        Kendall's rank correlation tau

data:  취업특성$Q3직무내용 and 취업특성$Q11전공일치도
z = 13.7478, p-value < 2.2e-16
alternative hypothesis: true tau is not equal to 0
sample estimates:
      tau
0.2540728
```

그림 10-9 켄달의 타우 상관분석 검정 결과

한편 동일한 가설을 켄달의 타우 결과에 기초하여 가설을 검정하면 켄달의 타우 값이 0.2540728(p=0.000[b)])으로 유의 수준 0.01 하에서 전공 일치 정도와 현 직장의 직무만족도 간에는 정(+)의 상관 관계가 있는 것으로 나타났다.

b) 2.2e-16

제11장 단순회귀분석

행정 또는 경영 및 경제 등 다양한 사회 현상을 이해하고, 의사 결정을 하기 위해 변수 간의 관계를 파악하는 것은 중요한 요소이다. 예를 들어 개인의 소득 변화가 소비에 어떤 영향을 미치는가와 같이 어떤 변수가 원인이 되고 결과가 되는지에 대한 관계 규명은 정책 또는 의사 결정을 위해 좋은 정보가 될 것이다. 한편, 원인변수의 1단위 증가가 결과변수에 어느 정도를 변화를 줄 것인지를 예측할 수 있다면 정책 및 의사 결정의 신뢰도를 높일 수 있을 것이다. 이러한 변수 간의 관계를 규명하고 예측하는 통계적 기법으로 회귀분석(regression analysis)이 가장 널리 활용된다.

앞서 살펴본 상관분석 역시 두 변수 간의 관련성 정도에 대한 규명에서 매우 활용도가 높은 분석 방법이다. 하지만 인과성에 대한 규명과 원인변수 변화에 따른 종속변수의 변화 정도에 대한 예측치를 제시할 수 없다. 따라서 상관 관계 분석이 회귀분석에 비해 변수 간의 관계를 규명하는 데 제한적일 수밖에 없다. 즉, 상관분석의 주된 목적은 두 변수 간에 선형 관계의 정도(strength or degree of linear association)를 측정하는 데 초점이 있다. 반면 회귀분석은 독립변수 값을 토대로 종속변수의 평균값을 추정하거나 예측하는 데 관심을 두고 있다.

회귀분석은 원인변수와 결과변수 간의 함수 관계를 설정하여 표본자료를 통해 모집단의 함수 관계를 추정해 나가는 통계적 분석 방법이라고 할 수 있다. 회귀분석에서 원인변수가 1개인 경우를 단순회귀분석(simple regression), 원인변수의 개수가 2개 이상인 경우를 다중회귀분석(multiple regression)이라고 한다. 이 장에서는 회귀분석의 기초적 개념을 이해하기 위해 단순회귀분석에 대해 살펴볼 것이다.

제 1 절 회귀분석의 기초

사회 현상에서 우리는 Y라는 결과에 대해 원인을 규명하려고 한다. 예를 들어 "바닷물의 수온 상승이 적조를 발생시켰다"고 밝혀졌다면 바닷물의 수온 상승이 원인변수가 되고 적조 발생은 결과변수가 된다. 이렇듯 두 변수 간의 관계에서 원인이 되는 변수를 독립변수(independent variable) 또는 설명변수(explanatory variable)라고 하고, 결과 변수를 종속변수(dependent variable)라고 한다.[1]

회귀분석은 종속변수가 독립변수에 어떻게 의존하고 있는가를 연구하는 것이며, 이는 반복적인 표본추출 과정에서 이미 알려져 있거나 또는 고정된 값을 취하는 독립변수를 가지고 종속변수의 값을 추정하고 예측하는 문제를 다룬다(Gujarati, 1988: 14). 따라서 두 변수 간의 관계 규명에 초점을 두게 되는데, 일반적으로 변수 간의 관계를 함수식으로 설정하고, 이러한 함수식을 통해 변수 간의 관련성을 규명하게 된다.

1 통계적 관계와 함수적 관계

단순회귀분석은 하나의 변수인 종속변수가 하나의 독립변수에 어떻게 의존하고 있는가를 연구하는 것이라고 했다. 여기서 '어떻게 의존하고 있는가'라는 표현은 다시 말해 두 변수(종속변수와 독립변수)의 관계를 나타내는 것으로서 일반적으로 통계적 관계와 수학적 관계로 나누어 설명할 수 있다.

먼저 수학적 관계는 예를 들어 뉴턴의 힘의 법칙 '$F = ma$'[2]와 같이 힘이라는 종속변수가 질량과 힘이라는 원인에 의해 완전히 결정된다. 즉, 독립변수에 의해 종속변수의 결과가 동일하게 나타나게 되는데, 이러한 경우를 수학적 관계(mathematical

1) 종속변수(dependent variable)는 종종 피설명 변수(explained variable), 피예측 변수(predicated variable), 복귀 또는 반응변수(response variable), 그리고 내생적 변수(endogenous variable)라고도 한다. 반면 독립변수 또는 설명변수(independent variable or explanatory variable)는 예측변수(predictor variable) 회귀 또는 복귀변수(regressor variable), 자극 또는 통제변수(stimulus or control variable), 그리고 외생변수(exogenous variable)라고도 한다.

2) F: 힘, m: 질량, a: 가속도

relationship) 또는 확정적 관계(deterministic dependence)라고 한다. 일반적으로 수학이나 자연과학의 법칙이 이러한 관계를 나타낸다.

반면, 행정과 같이 인간의 행태를 나타내는 사회 현상의 경우 물리적 법칙처럼 항상 일정한 결과를 나타낼 수 없다. 즉, 독립변수와 종속변수 사이에 항상 오차가 발생하게 된다. 예를 들어, 어떤 농작물의 수확량은 기온, 강수량, 일조량 및 토지의 비옥도에 의존한다고 하자. 그러나 이러한 독립변수들만을 가지고 종속변수(수확량)를 정확하게 예측할 수 없다. 이러한 관계를 확률적 관계(random or stochastic[3] relationship) 또는 통계적 관계(statistical relationship)라고 한다. 사회 현상이 확률적 관계인 이유는 이들 변수를 측정하는 데 오차가 발생할 뿐만 아니라 수확량에 전체적으로도 영향을 미치지만 각 개별적 효과를 구분하기 어려운 수많은 요인이 존재하기 때문이다. 따라서 아무리 많은 독립(설명)변수를 고려한다 할지라도 수확량을 완전하게 설명할 수 없는 내재적(intrinsic) 또는 확률적(random) 변이성(variability)이 반드시 존재한다(Gujarati, 1988: 18).

여기에서 회귀분석은 통계적 관계를 다룬다. 이러한 회귀식은 일정한 유형의 확정적 함수 관계를 나타내는 부분과 확률적 오차항을 결합한 함수식(이종원, 1994: 421)으로 표현하면 (식 11-1)과 같다.

확정적 부분

확률적 오차(잔차)

$$Y = \beta_0 + \beta_1 X + \epsilon \qquad \text{(식 11-1)}$$

종속변수(Y)　독립변수(X)

따라서 회귀분석이란 오차항에 대한 가정을 전제로 표본조사를 통해 모집단의 종속변수와 독립변수 간의 의존 관계를 규명해 나가는 과정이다. 회귀분석에서 추정된

3) stochastic(확률적)이라는 용어는 '과녁의 중심점(bull's eye)'을 의미하는 희랍어 Stokhos에서 유래된 단어로서 과녁에 명중할 결과는 과녁을 빗나갈 경우를 포함한 확률적 과정이란 뜻으로 해석할 수 있다.

모형의 수식을 회귀방정식(regression equation) 또는 회귀식이라고 한다.[4] 이러한 회귀식에 대해 통계적으로 유의성을 검증함으로써 독립변수에 대한 종속변수의 영향력에 대한 통계적 예측을 실시한다. 즉, 회귀분석이란 독립변수가 종속변수에 미치는 영향에 대한 크기와 방향을 분석하는 통계적 분석 방법이다(박성현 · 김성수, 2001: 168).[5]

2 가설의 설정과 회귀모형

회귀분석을 위해 사용되는 연구가설은 "독립변수(independent variable)가 종속변수(dependent variable)에 영향을 미칠 것이다." 또는 "방향성 까지 부여한 '독립변수가 종속변수에 정(+) 또는 부(-)의 영향을 미칠 것이다"와 같이 독립변수와 종속변수 간의 관계를 나타내는 표현을 가설로 설정한다. 앞서 연구가설을 대립가설로 규정한다

표 11-1 소득 및 지출

(단위: 만 원)

	X: 소득	Y: 지출		X: 소득	Y: 지출
1	80	70	11	280	200
2	100	65	12	300	200
3	120	90	13	400	250
4	140	95	14	500	250
5	160	110	15	600	300
6	180	115	16	650	400
7	200	120	17	700	600
8	220	140	18	800	500
9	240	155	19	800	500
10	260	150	20	800	500

4) 회귀분석에 모수에 대한 선형 관계를 살펴보는 것으로 선형회귀모형을 전제로 한다. 예를 들어 $Y=\beta_0+\beta_1 X+\epsilon$와 같은 회귀식의 경우 선형이라고 하지만, $Y=\beta_0+\beta_1^2 X+\epsilon$는 지수함수로 선형이 아니다. 이런 경우 양변에 로그를 취해 선형함수로 변형하여 회귀분석을 진행하게 된다.

5) 상관분석은 두 변수 간의 선형의 강도(strength of linear relationship)만을 나타내지 회귀분석에서와 같이 방향성(directionality)을 말해주지 않는다. 따라서 회귀분석은 상관분석보다 한 단계 더 높은 통계분석 방법이라고 설명할 수 있다.

고 했을 때 회귀분석에 필요한 귀무가설은 "독립변수가 종속변수에 정(+) 또는 부(−)의 영향을 주지 않을 것이다"로 표현하면 된다.

예를 들어, 가상적인 월 평균 소득과 지출 자료 <표 11-1>을 이용해 회귀직선을 나타내면 [그림 11-1]과 같다.

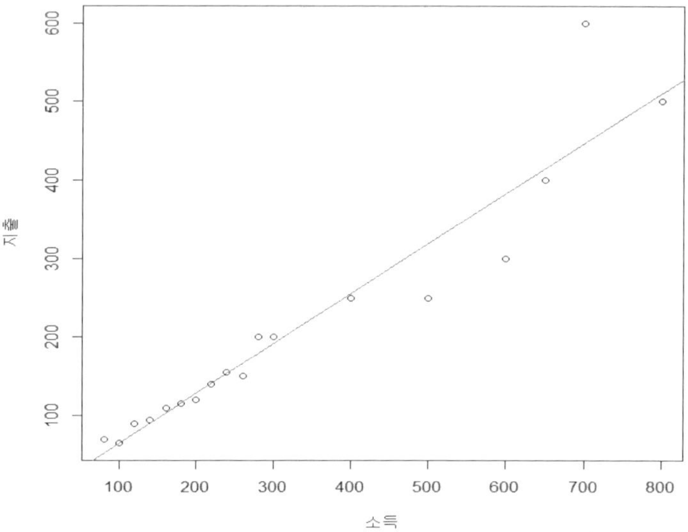

그림 11-1 월 평균 소득에 따른 지출의 회귀직선

[그림 11-1]을 좀 더 구체적으로 표현하면 [그림 11-2]와 같이 회귀직선 그래프를 나타낼 수 있다. 관찰될 값을 기초로 자료를 가장 잘 나타내는 가상의 회귀식 $\hat{Y}=\hat{\beta}_0+\hat{\beta}_1X$를 추정할 수 있다. 이렇게 추정된 회귀식은 실제 관측값(Y)과 추정값($\hat{Y}$) 간에 오차(e) 또는 잔차가 발생한다. 이를 수리적으로 표현하면 $e=Y-\hat{Y}$이 된다. 앞선 가상의 회귀식은 e^2의 합($\sum e^2$)이 최소로 하는 가상의 회귀식($\hat{Y}=\hat{\beta}_0+\hat{\beta}_1X$)을 의미한다.

이렇게 추정된 표본의 회귀식을 기초로 오차(ϵ)항에 대해 $E(e)=0$이고, 분산이 일정하다는 가정을 설정해, 독립변수 값에 대한 종속변수의 평균값인 $E(Y|X)$을 추정한다. 이때 Y와 X가 선형 관계에 있다고 가정함으로써 [그림 11-3]과 같이 X의 모든 값에 대응하는 Y의 조건부 기댓값들은 직선상에 놓이게 된다.

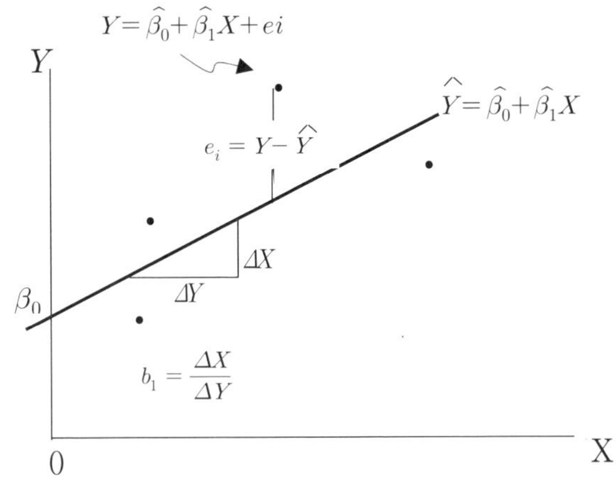

그림 11-2 회귀직선 그래프

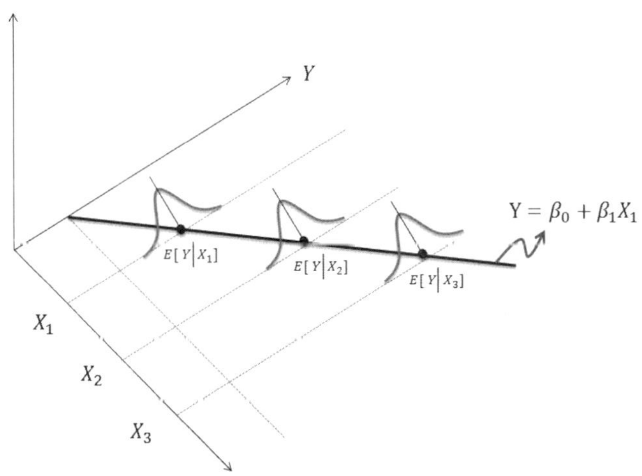

그림 11-3 모회귀선의 추정

앞의 (식 11-1)에서 β_0 및 β_1을 모집단 회귀계수(population regression coefficient)라 하고, 이들 모집단의 회귀계수 값이 '0'인지 아닌지를 표본 자료를 기초로 평가하게 되는 것이다. 예를 들어, X_1(소득)과 지출(Y)에 대한 기울기에 대한 귀무가설, 대립가설과 이를 수치적으로 표현하면 다음과 같다.

H_0: 소득은 지출에 정(+)의 영향을 미치지 않을 것이다.
H_1: 소득은 지출에 정(+)의 영향을 미칠 것이다.

$H_0: \beta_1 = 0, \quad H_1: \beta_1 \neq 0$

제2절 단순회귀분석의 이론적 기초

단순회귀분석이란 한 개 독립변수와 한 개의 종속변수 간의 관계를 파악하기 위한 방법이다. 이를 위해 종속변수와 독립변수 간의 관계에 대해 회귀모형[6]을 설정하고, 표본으로부터 수집된 자료를 이용하여 모집단의 회귀계수를 추정하게 된다. 이때, 우리는 제5장에서 살펴본 바람직한 추정량에 기초하여 모수를 추정할 수 있다. 하지만 일반적으로 바람직한 추정량의 조건을 어느 정도 충족시키는 방법을 사용하게 되는데, 최우법(method of maximum likelihood)과 최소자승법(method of lest squares) 등이 가장 대표적인 방법이다. 이렇게 추정된 표본의 회귀계수($\hat{\beta}_k$)는 모집단의 회귀계수(β_k)의 추정치로 사용된다.

1 표본 회귀식의 결정

회귀분석은 종속변수와 독립변수 간의 관계를 나타내는 회귀식을 결정하는 데 일반적으로 보통 최소자승법(Ordinary Least Squares: OLS)[7]을 가장 많이 이용한다. 앞의 [그림 11-1]의 월평균 소득에 따른 지출의 회귀직선에서 우리가 가진 자료는 20개의 관측값(n=20)을 갖고 있다. 이러한 상황에서 20개의 관측값을 가장 잘 대표하는 직선을 추정하고 싶다고 하자. 이때 제일 먼저 생각해 낸 것이 오차 또는 잔차(residual)의 개념이다. 즉, 모든 20개의 점이 잔차가 0인 직선(오차가 없는 완전한 직선)

6) 여기의 회귀모형은 확정적 모형이 아니라 확률적 모형을 의미하고, 회귀분석에서는 종속변수와 독립변수 간의 선형성을 가정하고 있다.
7) 보통최소자승법은 독일의 수학자 가우스(Carl Friedrich Gauss, 1777-1855)에 의해 처음 이루어졌다.

을 구했다고 가정하자. 이러한 관계는 앞에서 간략하게 언급했듯이 확정적 관계(deterministic dependence) 또는 수학적 관계(mathematical relationship)라고 할 수 있다. 이러한 관계는 사회과학에서 관찰이 불가능하다.

따라서 사회과학에서는 어느 정도의 오차를 감안해 잔차(오차)를 최소화하는 직선을 추정할 수 있을 것이다. 즉, $\sum e_i$를 최소화하는 직선을 도출할 수 있다. 하지만 이러한 방법은 부호에 대한 문제와 잔차의 크기에 대한 동일한 가중치를 두고 있다는 문제가 발생한다. 따라서 잔차의 크기에 대한 가중치를 부여하고, 부호에 대한 단점을 보완한 잔차제곱의 합($\sum e^2$)이 최소화되는 직선을 도출하게 되는데, 이러한 논리가 바로 적용된 것이 바로 최소자승법 추정량이라고 볼 수 있다.

관측된 자료와 회귀식으로 추정된 값과의 차이를 잔차(residual)[8]라고 하는데, 최소자승법(OLS)은 이러한 잔차를(정확하게는 잔차제곱의 합: $\sum_{i=1}^{n} e_i^2$) 최소화하는 회귀식을 추정하는 방법 중 하나이다. 잔차를 최소화하는 데에도 다양한 방법이[9] 있는데, 이 중 최소자승법(OLS)은 회귀식과 관측된 자료간 거리의 제곱합($\sum_{i=1}^{n} e_i^2$)이 최소화되도록 하는 회귀식을 구하는 방법이다. 즉, 수많은 $\hat{\beta}_0$와 $\hat{\beta}_1$의 집합 중에 잔차제곱의 합($\sum_{i=1}^{n} e_i^2$)을 최소화하는 $\hat{\beta}_0$와 $\hat{\beta}_1$의 선택 방법이라고 이해할 수 있다. 즉, (식 11-2)를 편미분하여 0이 되는 $\hat{\beta}_0$와 $\hat{\beta}_1$값을 찾으면 (식 11-3), (식 11-4)와 같다.[10]

---

8) 통계학에서 대부분의 경우 잔차를 e로 표시함.

9) 예를 들어 최우도법(Maximum Likelihood Estimator: MLE)이 있다. 최우도법은 이 책의 한계를 넘어가기 때문에 간략하게 설명하기로 한다. 확률 표본 $X_1, X_2, \cdots X_n$으로부터 최우도법 추정량이 θ라 한다면, 이 θ는 관측된 표본이 발생할 수 있는 가장 높은 확률을 갖는 θ의 값이다. 즉, θ는 밀도함수 $f(x, \theta)$를 극대화하는 값이다. 우도함수(likelihood function)은 다음과 같이 나타낼 수 있다.

$$f(Y_1, Y_2, \ldots, Y_n | \beta_0 + \beta_1 X_i, \sigma^2) = \frac{1}{\sigma^N (\sqrt{2\pi})^2} exp - \frac{1}{2} \sum \frac{(Y_i - \beta_0 - \beta_1 X_i)^2}{\sigma^2}$$

이를 용이하게 미분하기 위해 양변 자연로그를 취하면,

$$\ln f(Y_1, Y_2, \ldots, Y_n | \beta_0 + \beta_1 X_i, \sigma^2) = -N \cdot \ln\sigma - \frac{N}{2} ln(\pi) - \frac{1}{2} \sum \frac{(Y_i - \beta_0 - \beta_1 X_i)^2}{\sigma^2}$$

이를 각각 β_0와 β_1 편미분하면 여기서 나오는 추정량 $\hat{\beta}_0$과 $\hat{\beta}_1$는 모집단의 교란항(오차항)이 정규분포 한다거나 표본의 크기가 크다면 OLS 추정량과 일치하게 된다. 과거에는 계산상의 복잡함과 더불어 소프트웨어의 부족으로 최우법이 사용이 제한적이었으나, 관련 소프트웨어의 발달과 빠른 처리 능력으로 말미암아 OLS보다 더욱더 바람직한 속성을 가지고 있는 최우법을 이용한 추정 방법이 널리 사용되고 있는 실정이다.

10) (1) $\frac{\partial \sum e^2}{\partial \hat{\beta}_0} - \frac{\partial \sum (Y - \hat{\beta}_0 - \hat{\beta}_1 X)^2}{\partial \hat{\beta}_0} = 2\sum (Y - \hat{\beta}_0 - \hat{\beta}_1 X)(-1) = 0$에서 $\sum Y = n\hat{\beta}_0 + \hat{\beta}_1 \sum X$이다.

$$\sum e^2 = \sum (Y - \hat{Y})^2 = \sum (Y - \hat{\beta_0} - \hat{\beta_1} X)^2 \qquad (식\ 11\text{-}2)$$

$$\hat{\beta_0} = \frac{1}{n}(\sum Y - \hat{\beta_1} \sum X) = \overline{Y} - \hat{\beta_1}\overline{X} \qquad (식\ 11\text{-}3)$$

$$\hat{\beta_1} = \frac{\sum x_i y_i}{\sum x_i^2} \qquad (식\ 11\text{-}4)$$

(단 $x_i = X_i - \overline{X}$, $y_i = Y_i - \overline{Y}$)

여기서 표본회귀함수(sample regression function: SRF)의 $\hat{\beta_0}$와 $\hat{\beta_1}$는 모회귀함수(population regression function: PRF)의 모수(parameters) β_0와 β_1를 추정하기 위한 추정량(estimator)이다. 즉, $\hat{\beta_0} = \beta_0$의 추정량, $\hat{\beta_1} = \beta_1$의 추정량이다.

그러면 위의 (식 11-3) 및 (식 11-4)에 의해 추정된 추정값은 얼마나 신뢰성 또는 정확성을 갖추고 있는지에 대해 알아보기로 하자. 통계학에서는 추정값의 정확성을 추정하기 위해 소위 표준오차(standard error: SE)를 사용한다. 엄밀하게 표현한다면 회귀계수($\hat{\beta_0}$와 $\hat{\beta_1}$)의 표준오차이다.[11] 따라서 OLS 추정량을 이용해 계산된 추정값

(ii) $\frac{\partial \sum e^2}{\partial \hat{\beta_1}} = \frac{\partial \sum (Y - \hat{\beta_0} - \hat{\beta_1} X)^2}{\partial \hat{\beta_1}} = 2\sum (Y - \hat{\beta_0} - \hat{\beta_1} X)(-X) = 0$에서 $\sum XY = \hat{\beta_0}\sum X + \hat{\beta_1}\sum X^2$이다.

(iii) (i), (ii)에서 이원이차 연립방정식을 구성하여 $\hat{\beta_0}$와$\hat{\beta_1}$을 구하면 된다. 즉,

$\sum Y = n\hat{\beta_0} + \hat{\beta_1}\sum X$ ...... ①

$\sum XY = \hat{\beta_0}\sum X + \hat{\beta_1}\sum X^2$ ...... ②

①에서 $\hat{\beta_0} = \frac{1}{n}(\sum Y - \hat{\beta_1}\sum X)$을 ②에 대입하면,

$$\hat{\beta_1} = \frac{\sum XY - \frac{\sum X \sum Y}{n}}{\sum X^2 - \frac{(\sum X)^2}{n}} = \frac{\sum (X-\overline{X})(Y-\overline{Y})}{\sum (X-\overline{X})^2} = \frac{\sum XY - n\overline{X}\overline{Y}}{\sum X^2 - n\overline{X}^2} = \frac{\frac{\sum (X-\overline{X})(Y-\overline{Y})}{(n-1)}}{\frac{\sum (X-\overline{X})^2}{(n-1)}}$$

$$= \frac{Cov(X, Y)}{Var(X)} = \frac{S_{XY}}{S_X^2}$$

$\hat{\beta_0} = \frac{1}{n}(\sum Y - \hat{\beta_1}\sum X) = \overline{Y} - \hat{\beta_1}\overline{X}$, 여기서 $x_i = X_i - \overline{X}$, $y_i = Y_i - \overline{Y}$라고 하면, $\hat{\beta_1} = \frac{\sum x_i y_i}{\sum x_i^2}$

이 된다.

11) 일반적으로 표준오차(standard error: SE)는 추정량(estimator, 예를 들어 OLS에 의해 추정된 $\hat{\beta_0} = \overline{Y} - \hat{\beta_1}\overline{X}$, $\hat{\beta_1} = \frac{\sum x_i y_i}{\sum x_i^2}$)에 대한 표본분포의 표준편차이다. 여기서 추정량에 대한 표본분포란 단순히 추정량의 확률분포 또는 도수분포를 말한다. 따라서 주어진 모집단으로부터 추출한 같은 크

들은 표준오차가 적을수록 통계적으로 유의하다고 할 수 있다. 회귀계수($\widehat{\beta_0}$와 $\widehat{\beta_1}$)의 표준오차 및 분산은 다음과 같다.

$$var(\widehat{\beta_1}) = \frac{\sigma^2}{\sum x_i^2} \text{ 그리고 } SE(\widehat{\beta_1}) = \frac{\sigma}{\sqrt{\sum x_i^2}} \quad \text{(식 11-5)}$$

$$var(\widehat{\beta_0}) = \frac{\sum X_i^2}{N\sum x_i^2} \cdot \sigma^2 \text{ 그리고 } SE(\widehat{\beta_0}) = \sqrt{\frac{\sum X_i^2}{N\sum x_i^2}} \cdot \sigma \quad \text{(식 11-6)}$$

(단, $x_i = X_i - \overline{X}$, N= 총표본 수)

(식 11-5)과 (식 11-6)에서 σ^2 및 σ을 제외하고는 모두 다 표본으로부터 구할 수 있다. 따라서 σ, σ^2는 모집단의 표준편차 및 분산이므로 표본의 $\hat{\sigma} = \sqrt{\frac{\sum(Y_i - \widehat{Y_i})^2}{n-2}}$ 및 $\widehat{\sigma^2} = \frac{\sum(Y_i - \widehat{Y_i})^2}{n-2} = \frac{\sum {e_i}^2}{n-2}$을 사용한다.

2 회귀식의 전제 조건

만일 우리의 연구 목적이 $\widehat{\beta_0}$와 $\widehat{\beta_1}$의 점추정에 있다면, 앞의 보통 최소자승법으로 충분하다. 그러나 이와 관련된 기울기의 통계적 유의성 또는 신뢰구간 등 바람직한 구간 추정을 위해서는 몇 가지 전제 조건이 필요하다. 다시 말해, $Y = \beta_0 + \beta_1 X_1 + \varepsilon$ (식 11-1)과 같은 모집단회귀식이 바람직한 속성을 갖기 위해 다음과 같은 전제 조건들이 필요하게 된다.

(i) 회귀모형이 정확히 설정되어야 한다.

(ii) 독립변수와 종속변수 모두 등간척도 이상의 양적 자료를 원칙으로 한다.[12)]

(iii) 독립변수 변화에 따라 나타나는 종속변수의 분산은 모두 동일해야 한다는 등분산성(equal variance) 또는 균일분산(homoskedasticity)을 만족해야 한다.[13)]

기의 모든 가능한 표본으로부터 얻어지는 일련의 추정값들에 대한 분포이다. 또한 표본분포는 하나 또는 그 이상의 표본으로부터 계산된 추정량의 값들을 기초로 하여 모수의 값에 대한 추론을 이끌어 내는 데 이용된다.

12) 독립변수가 명목척도일 경우 더미(dummy)변수를 이용하여 분석이 가능하다.

(iv) 보통 최소자승법(OLS) 방법에 의한 회귀식을 추정하기 위해 잔차(오차)에 대해 오차의 평균값은 '0'이어야 한다($\sum e_i = E(e_i) = 0$).[14]

(v) 잔차들 간에는 상호독립적 또는 자기상관(autocorrelation)이 존재하지 않아야 한다.[15]

(vi) 오차항과 독립변수(X)는 상관되어 있지 않아야 한다.[16]

(vii) 특히 관측값이 적을 때($n < 30$), 확률교란항 또는 오차항(disturbance term or error term, 즉 $e \sim N(0, \sigma^2)$)은 정규분포한다는 가정이 필요하다.[17] 따라서 관측값이 30 이상인 자료가 바람직하다고 하겠다.

이상과 같은 전제 조건을 만족하는 선형회귀모형을 고전적(선형) 회귀모형(classical regression model), 표준회귀모형(standard regression model) 또는 일반선형 회귀모형(general linear regression model)이라고 부른다. 또한 최소자승법에 대한 이론적 정당성은 가우스-마르코프정리(Gauss-Markov theorem)에 있다. 이 정리는 고전적 (선형) 회귀모형에서 여러 가정이 만족되는 경우, 최소자승법에 의한 추정량은 선형불편추정량(unbiased linear estimators) 가운데 최소의 분산(minimum variance)을 갖는다. 즉, 최소자승추정량은 BLUE(best linear unbiased estimator), 즉 최대 선형불편추정량이다.

3 회귀식의 오차항

여기서 모집단회귀식인 $Y = \beta_0 + \beta_1 X_1 + \epsilon$ (식 11-1)의 확률교란항(stochastic

---

13) 통계 기호로 표현하면, 등분산성 또는 균일분산(homoskedasticity)은 $var(\varepsilon_i | X_i) = \sigma^2$으로 표시할 수 있다. 반면 X가 증가함에 따라 Y모집단의 조건부 분산이 증가하는 경우 이를 이분산(異分散, heteroskedasticity)이라 하고, $var(\epsilon_i | X_i) = \sigma_i^2$으로 나타낼 수 있다.

14) 통계 기호로 표현하면, $E(\epsilon_i | X_i) = 0$으로 표시할 수 있다.

15) 통계 기호로 표현하면, $cov(\epsilon_i, \epsilon_j) = E[\epsilon_i - E(\epsilon_j)][\epsilon_j - E(\epsilon_j)] = E(\epsilon_i \epsilon_j) = 0$ for $i \neq j$이다.

16) 통계 기호로 표현하면, $cov(\epsilon_i, X_i) = E[\epsilon_i - E(\epsilon_i)][X_i - E(X_i)] = 0$으로 표시할 수 있다.

17) 오차항의 가정을 만족하는지를 알아보기 위해 잔차항의 정규확률분포도(normal probability plot) 또는 Shapiro-Wilk normal test와 같은 정규성 검정 및 다양한 방법을 통해 잔차의 정규분포성을 확인하거나, 시계열 자료일 경우 오차항의 자기상관(autocorrelation) 존재 여부를 확인한다. 자기상관이 있는가에 대한 가설검증은 Durbin-Watson(DW) 통계량을 사용하고, DW값이 2에 가까우면 오차항 간에 독립성이 있는 것이고, 0에 가까우면 인접오차항에 양의 상관 관계가 존재하고, 4에 가까우면 인접 오차항 간에 음의 상관 관계가 존재한다(박성헌 · 김성수, 2001: 174).

disturbance) 또는 오차항(stochastic error term)이라 불리는 ϵ에 대해 살펴보도록 하자. 한마디로 ϵ는 모형에 들어가지 않은(생략된) 모든 변수에 대한 대용변수이다. 그렇다면 가능한 많은 변수를 포함하는 다중회귀분석을 전개하지 않은 이유는 무엇일까?

(i) 종속변수(Y)의 행태를 결정짓는 이론이 비록 존재한다고 할지라도 그것은 불완전할지도 모르며 대개의 경우 불완전하다. 앞의 <표 11-1> 소득 및 지출 예에서 알 수 있듯이 소득(X)가 지출(Y)에 영향을 미친다는 것은 거의 확실하지만, 지출(Y)에 영향을 미치는 다른 변수들에 대해서는 무지하거나 확신할 수 없을지도 모른다. 따라서 ϵ는 모형에서 제외되거나 생략된 변수들에 대한 대용물로서 이용될 수 있다.

(ii) 비록 제외된 변수들의 일부가 어떤 변수인지를 알고 있어 다중회귀분석을 고려한다고 하더라도 이 변수들에 대한 정보를 갖추지 못할 수도 있다. 예를 들어, 지출에 영향을 미치는 유력한 변수로 가계의 부(family wealth)를 생각해 볼 수 있다. 그러나 현실적으로 부에 대한 측정 및 정보는 일반적으로 입수할 수 없다.

(iii) 지출에 영향을 미치는 소득 이외에도 자녀의 수, 성별, 종교, 교육, 지리적 위치 등 많은 변수가 지출에 영향을 미친다고 가정하자. 그러나 이들 모든 변수 또는 일부 변수들이 함께 미치는 영향의 정도가 매우 작고 기껏해야 비체계적(non-systematic)이거나 확률적(random)이어서 현실적인 비용 등을 고려할 때 이들 변수를 명시적으로 도입하지 않을 수도 있다. 혹은 이들 변수의 결합된 효과는 확률변수 ϵ로 취급될 수 있을 것이다.

(iv) 모든 가능한 설명변수들을 모형에 도입시킨다 할지라도 설명될 수 없는 개별 지출(Y)의 내재적(intrinsic) 우연성(randomness)이 반드시 존재하기 마련이다. 확률교란항은 이러한 내재적(intrinsic) 우연성(randomness)을 잘 반영할 수도 있다.

(v) 변수의 측정에서 아무런 오차도 없다고 가정하지만 실제로 우리의 자료는 측정오차(errors of measurement)로 기인한 매우 곤란한 경우가 있을 수 있다.

(vi) 물론 적절하고도 중요한 변수들을 배제시켜서는 안 되지만, 오캄의 면도날 이론(Occam's razor)에 따라[18] 가능하다면 회귀모형을 간단하게 표시하는 것이 좋다(Gujarati, 1988: 33-34).

---

18) "그러한 설명은 그것이 부적절한 것으로 입증될 때까지 가능한 단순한 것으로 유지하는 것이 좋다"(Newman(ed., 1956: 1247). 또는 "범위, 구역, 경계(entities)는 필요 이상으로 확대(multiplied) 시키지 않아야 한다"(Morrison, 1983: 58).

4 회귀식의 적합도

최소자승법(OLS)을 통해 관측된 자료를 가장 잘 설명해줄 수 있는 회귀선을 구했다고 해도, 이러한 회귀선이 관측 자료를 얼마나 잘 반영하고 있는지에 대한 정보가 필요하다. 즉, [그림 11-4]에서와 같이 (a)와 (b) 모두 OLS 방법에 의해 회귀선을 구했지만, (b)보다 (a)의 회귀선이 좀 더 자료를 잘 설명하고 있다. 이렇듯 관찰 자료로부터 추정된 회귀직선이 관측값을 얼마나 잘 나타내고 있는가를 나타내는 것이 회귀식의 적합도(goodness of fit)이다. 적합도가 높으면 회귀선을 중심으로 점들이 밀집되어 있고, 자료를 잘 요약 대표하고 있으며, 두 변수 관계도 잘 설명하고 있다. 적합도가 높을 경우 안정성과 정확성을 띠게 되고, 적합도가 낮은 회귀분석은 활용가치가 떨어져 분석 결과의 신빙성과 정확성을 의심받게 된다(김호정, 2005: 471). 회귀식 적합도를 측정하는 방법은 '추정치의 표준오차', '결정계수'가 있다.

추정치의 표준오차는 예측값을 추정하는 데 생기는 오차로 표본의 실제 관측값이 회귀식으로부터 얼마나 멀리 떨어져 있는가를 나타낸다. 일반적으로 회귀식 또는 추정값의 표준오차(standard error of estimate 또는 standard error of regression: S_e)라고 불리고 S_e 라고 표시된다.[19]

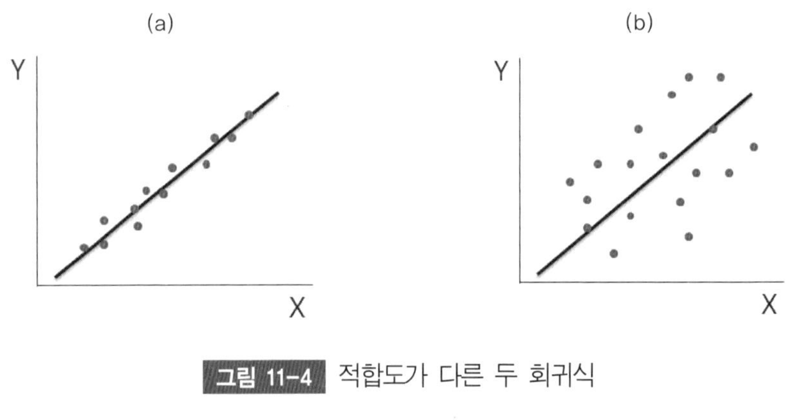

그림 11-4 적합도가 다른 두 회귀식

19) 앞의 회귀계수($\hat{\beta}_0$와$\hat{\beta}_1$)의 표준오차(SE)와 구분하기 위해 회귀식 또는 추정값의 표준오차(S_e: standard error of estimate 또는 standard error of regression)는 S_e 라고 다르게 나타내었다. 일명 $\hat{\sigma}= S_e$ 이다. 즉, $\hat{\sigma}=\sqrt{\frac{\sum(Y_i-\hat{Y}_i)^2}{n-2}}$ 또는 $\widehat{\sigma^2}=\frac{\sum(Y_i-\hat{Y}_i)^2}{n-2}=\frac{\sum e_i{}^2}{n-2}$

$$S_e = \sqrt{\frac{\sum(Y_i - \hat{Y}_i)^2}{n-2}} \qquad (식\ 11\text{-}7)$$

다시 말해 S_e는 회귀식으로부터 얻은 예측값($\hat{Y}_i$)과 실제 관측값(Y_i) 간의 차이를 나타내는 편차(잔차)의 표준편차이다.[20] 추정값의 표준오차(S_e)는 넓게 보자면 회귀식의 적합도를 나타내는 지표이기는 하지만 단위에 따라 값이 달라진다는 단점을 갖고 있다. 즉, 주택가격을 예측하는 데 변수의 값을 천 원 단위로 한 경우와 만 원 단위로 한 경우에 S_e값이 달라진다는 문제가 있다. 이를 해결하기 위해 결정계수(coefficient of determination)를 사용한다. 결정계수는 0부터 1까지 값을 가지며, 일반적으로 R^2으로 표시한다.

이러한 결정계수는 독립변수가 종속변수를 설명해주는 비율을 말한다. $\sum(Y_i - \overline{Y})^2$은 Y의 표본 평균에 대한 실제 Y값의 총변동[21]이며 이를 총자승합(Total Sum of Squares: *TSS*)이라고 한다. $\sum(Y_i - \hat{Y}_i)^2$ 또는 $\sum_{i=1}^{n} e_i^2$은 잔차 또는 설명되지 않는 변동 또는 잔차자승의 합(Residual Sum of Squares: *RSS*)이라고 하며, $\sum(\hat{Y}_i - \overline{Y})^2$은 회귀에 기인되는(즉, 설명변수에 기인하는) 자승합 또는 설명되는 자승합(Explained Sum of Squares: *ESS*)이라고 한다. 여기서 주의할 것은 많은 통계학 서적에서 이와 같은 영어 약자 표현들이 혼재되어 쓰이고 있다는 점이다. 예를 들어 잔차자승의 합의 경우 오차자승의 합(Error Sum of Squares: *ESS*) 또는 설명되지 않는 자승의 합(Unexplained Sum of Squares: *USS*), 그리고 설명되는 자승합의 경우 회귀자승의 합(Regression Sum of Squares: *RSS*)으로 쓰이는 경우가 있다.

따라서 이 책에서는 이러한 혼란을 피하기 위해 총자승합, 설명되는 자승합, 잔차자승의 합으로 쓰기로 한다. 결정계수는 (식 11-8)과 같이 정의된다.

$$R^2 = \frac{ESS}{TSS} = 1 - \frac{RSS}{TSS} \qquad (식\ 11\text{-}8)$$

---

20) 표준오차에 대한 혼동을 피하기 위해 (i) SE: 회귀계수의 표준오차(standard error: SE), (ii) S_e: 회귀식 또는 추정값의 표준오차(S_e: standard error of estimate 또는 standard error of regression)라고 구분지어 표시하기로 한다.

21) 변동(variation)과 분산(variance)은 서로 다른 개념이다. 변동은 어떤 변수의 평균값에서 편차자승의 합(Sum of Squares)을 의미한다. 분산은 이 자승합을 적절한 자유도로 나눈 값이다. 예를 들어, 분산 = 변동/자유도(*df*)이다.

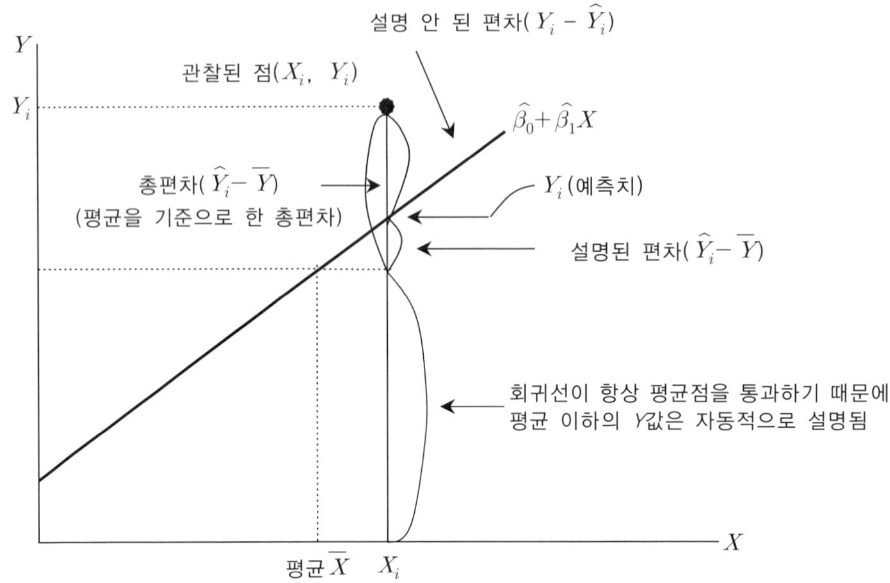

$TSS = \sum(Y_i - \overline{Y})^2$ (Total Sum of Squares)

$RSS = \sum(Y_i - \hat{Y}_i)^2$ (Residual Sum of Squares)

$ESS = \sum(\hat{Y}_i - \overline{Y})^2$ (Explained Sum of Squares)

$TSS = RSS + ESS$

그림 11-5 총변동량의 분해

R^2(결정계수: coefficient of determination)는 마이너스 값을 가질 수 없으며, 0과 1 사의 값을 갖는다. 예를 들어, R^2=1이면 설명변수로 종속변수를 100% 설명되는 완전한 적합도를 의미하며, R^2=0의 경우 설명변수와 종속변수 간에 아무런 관계가 존재하지 않음을 의미한다.

5 회귀식의 선형 관계 및 회귀계수에 대한 가설 검증

회귀분석은 두 변수 간의 선형 관계를 가정하고 있다. 따라서 이들 변수 사이에 선형 관계가 성립되지 않는다면, 회귀분석을 사용하는 것은 무의미해진다. 회귀모형의 선형 관계에 대한 검증 방법에는 일반적으로 설명되는 자승합(*ESS*)과 잔차자승의 합(*RSS*)의 상대적 크기를 기초로 F 검증을 하는 방법이 사용된다. 이때 검증 통계량 F 값은 다음과 같다.

$$F_{(1,\, n-2)} = \frac{RSS/1}{ESS/(n-2)} \qquad \text{(식 11-9)}$$

모집단의 회귀식의 기울기인 β_1가 '0'이지 아닌지를 통계적으로 나타내는 검증통계량은 표본 회귀식의 기울기인 $\widehat{\beta_1}$가 모집단 회귀식의 기울기인 β_1를 중심으로 T 분포를 이루고 있다고 가정해 T 검증을 실시한다. 따라서 귀무가설(β_1=0)에 대한 검정통계량은 (식 11-10)이고, β_1에 대한 신뢰구간 (식 11-11)과 같다.

$$T = \frac{\widehat{\beta_1} - \beta_1}{SE(\widehat{\beta_1})} \sim t_{(n-2)} \qquad \text{(식 11-10)}$$

$$\widehat{\beta_1} - t_{n-2} SE(\widehat{\beta_1}) \leqq \beta_1 \leqq \widehat{\beta_1} + t_{n-2} SE(\widehat{\beta_1}) \qquad \text{(식 11-11)}$$

일반적으로 p값 $< \alpha$이면 귀무가설($H_0 : \beta_1 = 0$)을 기각하여 추정된 기울기가 통계적으로 유의하다고 말한다. 즉, 기울기가 '0'이 아님을 의미한다($\beta_1 \neq 0$).

제3절 R Commander를 이용한 단순회귀분석

단순회귀분석(simple regression)은 종속변수와 독립변수가 각 1개인 경우 종속변수와 독립변수 관계를 분석하는 방법이다. 이때 회귀계수에 대한 귀무가설은 "독립변수 X가 종속변수 Y에 영향을 주지 않는다고, 대립가설은 이때 회귀계수에 대한 귀무가설은 "독립변수 x가 종속변수 y에 영향을 준다." 이를 회귀식과 관련하여 표현하면 다음과 같다.

$$Y = \beta_0 + \beta_1 X$$

$$H_0: \beta_1=0 \ , \ H_1: \beta_1 \neq 0$$

R Commander를 이용해 기초자치단체의 재정자립도가 지방재정에서서 차지하는 복지비 비중에 어떠한 영향 관계에 있는지를 단순회귀분석을 해보자. 단순회귀분석을 통해 검정할 가설은 다음과 같다.

> H_1: 지방자립도의 증가는 자치단체 재정에서 복지비가 차지하는 비중에 영향을 주지 않을 것이다.
> H_1: 지방자립도의 증가는 자치단체 재정에서 복지비가 차지하는 비중에 영향을 줄 것이다.

> Y(복지비 비중) $= \beta_0 + \beta_1$(재정자립도)
> $H_0: \beta_1 = 0 \ , \ H_1: \beta_1 \neq 0$

R Commander를 통해 이상의 가설을 검정하기 위해 먼저 데이터셋에 '지방재정'을 선택한다. [그림 11-6]과 같이 메뉴에서 '통계'→'적합성 모델'→'선형회귀'를 차례로 선택하면 '선형회귀' 대화상자가 활성화된다. 반응변수에 종속변수(Q09복지비비중)를 선택하고, 설명변수에는 독립변수인(Q5재정적합도)을 선택한 후 '예(OK)'를 클릭한다.

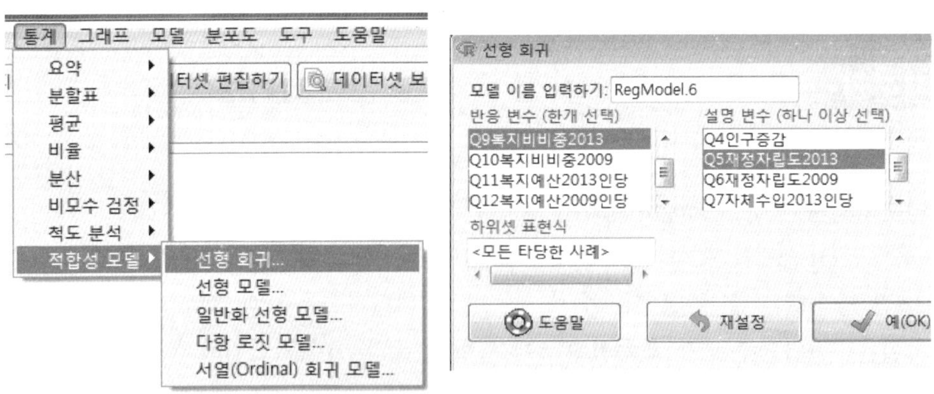

그림 11-6 단순회귀분석 절차

```
> RegModel.6 <- lm(Q9복지비비중2013~Q5재정자립도2013, data=지방재정)

> summary(RegModel.6)

Call:
lm(formula = Q9복지비비중2013 ~ Q5재정자립도2013, data = 지방재정)

Residuals:
    Min       1Q   Median       3Q      Max
-19.833   -9.704   -5.646    6.487   39.617

Coefficients:
                  Estimate   Std. Error   t value    Pr(>|t|)
(Intercept)       20.92910    1.86267     11.236     < 2e-16 ***
Q5재정자립도2013  0.34251     0.06104      5.612     5.89e-08 ***
---
Signif. codes:  0 '***' 0.001 '**' 0.01 '*' 0.05 '.' 0.1 ' ' 1*

Residual standard error: 13.66 on 224 degrees of freedom

Multiple R-squared:  0.1233,  Adjusted R-squared:  0.1193

F-statistic: 31.49 on 1 and 224 DF,  p-value: 5.888e-08
```

그림 11-7 단순회귀분석 결과

표 11-2 단순회귀 모형의 요약

결정계수		회귀모형의 유의성	
R^2	$adj\, R^2$	F	p-value
0.1233	0.1193	31.49	0.000[a)]

a) 5.888e-8

표 11-3 회귀계수에 대한 가설검정 결과

	$\hat{\beta}$	T	p-value
Intercept	20.929	11.236	0.000[a)]
재정자립도	0.343	5.612	0.000[b)]

종속변수: 복지비 비중, a) 2e-16, b) 5.89e-8

R Commander를 이용한 회귀분석의 결과를 정리하면 <표 11-2>와 <표 11-3>과 같다. 우선 회귀모형에 대한 유의성 검정 결과 F=31.49, p=0.000으로 유의 수준 0.01 하에서 통계적으로 의미있는 것으로 나타나 '재성건전성'에 대한 '복지비 비중'의 회

귀모형은 유의한 것으로 나타났다. 결정계수(R^2값)이 0.1233으로 기초자치단체의 재정건전성이 지방재정에서 복지비 비중 변수의 12.33%가량을 설명하는 것으로 나타났다.

회귀계수에 대한 가설검정 결과 '재정건전성' $\hat{\beta}$=0.343, T=5.612, p=0.000으로 유의수준 0.01 하에서 독립변수가 종속변수에 영향을 준다는 대립가설이 채택되었다. 따라서 지방자치단체의 재정건전성 재정에서 증가는 지방자치단체 재정에 복지비 비중 증가에 정(+)의 영향을 주는 것으로 나타났다. 추정된 결과를 바탕으로 회귀식을 나타내면 다음과 같다.

$$\hat{Y} = 20.929 + 0.343X$$

따라서 지방재정건전성 1단위(1%) 증가할 때 기초자치단체의 전체 예산에서 복지비가 차지하는 비중은 0.343이 증가한다는 것을 예측할 수 있다.

제12장 다중회귀분석

제1절 다중회귀분석 개요

일반적인 사회 현상은 하나의 원인보다는 다수의 원인에 의해 발생되는 경우가 많다. 즉, 하나의 종속변수는 여러 개의 독립변수와 관계성을 가지게 된다. 예를 들어 주택가격은 단순한 주택의 면적, 방수, 거실 등의 물리적 구조뿐만 아니라 학군 및 교통환경, 생활편의시설 등 다양한 공간적 요소에 의해서도 영향을 받게 된다. 직무만족 역시 승진 및 보수와 같은 동기 요인뿐만 아니라 직장 동료와의 관계 등 다양한 인간관계적인 요소에 의해 결정된다. 이와같이 하나의 종속변수에 둘 이상의 독립변수와의 관계를 살펴보고자 할 때 많이 사용되는 통계적 분석 방법이 다중회귀분석(multiple regression) 또는 중회귀분석이다.

다중회귀분석은 단순회귀분석으로 확장한 것으로 다중회귀식은 아래와 같이 단순회귀식에서 독립변수만 늘어난 형태이다.

$$Y_i = \beta_0 + \beta_1 X_{1i} + \beta_2 X_{2i} + \cdots \beta_k X_{ki} + \epsilon_i \qquad \text{(식 12-1)}$$

(단, $\epsilon_i \sim N(0, \sigma^2)$ 이고 상호독립)

(식 12-1)과 같은 형태를 고전적 정규선형회귀모형(Classical Normal Linear Regression Model) 또는 고전선형회귀모형(Classical Linear Regression Model)으로 부르기도 한다.

가설 검증의 경우 단순회귀 분석과 같이 모집단의 회귀계수인 β_1, $\beta_2 \cdot \cdot \cdot \beta_k$이 '0'인지 아닌지를 설정하고 이를 표본 자료를 통해 검정한다.

제2절 다중회귀분석의 가정 및 이론적 기초

다중회귀분석은 단순회귀분석을 확장한 것으로 앞서 살펴본 단순회귀분석과 같은 절차와 방법에 의해 가설이 검정된다. 다만 단순회귀분석과 달리 독립변수의 개수가 1개가 아니라 2개 이상으로 계산식이 복잡하다는 것을 제외하고 기본적인 분석에 이용되는 통계적 원리는 동일하다.

단순회귀분석과 분석 방법이 동일하다는 측면에서 단순회귀분석에서 필요로 한 가정 역시 다중회귀분석에서도 그대로 적용된다. 즉, (i) 회귀모형이 정확히 설정되어야 한다. (ii) 독립변수와 종속변수 모두 등간척도 이상의 양적 자료를 원칙으로 한다. (iii) 독립변수 변화에 따라 나타나는 종속변수의 분산은 모두 동일해야 한다는 등분산성(equal variance) 또는 균일분산(homoskedasticity)을 만족해야 한다. (iv) 최소자승법(OLS)에 의한 회귀식을 추정하기 위해 잔차(오차)에 대해 오차의 평균값은 '0'이어야 한다($\sum e_i = E(e_i) = 0$). (v) 잔차들 간에는 상호독립적 또는 자기상관(auto-correlation)이 존재하지 않아야 한다. (vi) 오차항과 독립변수(X)는 상관되어 있지 않아야 한다. (vii) 독립변수들 간에 서로 상관되어 있지 않아야(독립적) 한다. 마지막으로, (viii) 특히 관측값이 적을 때($n < 30$), 확률교란항 또는 오차항(disturbance term or error term, 즉 $\epsilon \sim N(0,\sigma^2)$)은 정규분포한다는 가정이 필요하다.

다만 여기서 정규성의 가정에 대해 간략하게 설명을 부연하고자 한다. 고전적 정규선형회귀모형에서 각 ϵ_i는 다음과 같은 평균, 분산, 공분산을 가지고 있으며 정규분포되어 있다고 가정한다. (i) $E(\epsilon_i | X_i) = 0$, (ii) $var(\epsilon_i | X_i) = \sigma^2$, (iii) $cov(\epsilon_i, \epsilon_j) = E[\epsilon_i - E(\epsilon_j)][\epsilon_j - E(\epsilon_j)] = E(\epsilon_i \epsilon_j) = 0$. 이때 $i \neq j$[1] 이것은 $e_i \sim N(0,\sigma^2)$과 같이 간단하게 쓸 수 있다. 즉, 오차항인 e_i가 평균이 0이고 표준분산이 σ^2인 정규분포를 이룬다는 것이다. 이와같이 정규분포를 가정하는 이유는 다음과 같이 정리할 수 있다.

1) 공분산 '0'의 의미는 정규성 가정 하에서 ϵ_i 및 ϵ_j는 상관되어 있지 않을 뿐만 아니라 각각 독립적으로 분포되어 있다는 것을 뜻한다.

첫째, 중심극한정리는 e_i의 정규성 가정에 대해 이론적 타당성을 제공한다. e_i는 회귀모형에 직접 반영되지 않는 수많은 독립변수(설명변수)가 종속변수에 미치는 종합(복합)된 영향을 나타낸다. 이러한 생략되거나 직접 반영되지 않은 변수들의 영향력은 매우 작으며 확률적인 것으로 가정한다. 만일 독립적이고 일정하게 분포된 확률변수(iid, i.e., independent and identically distributed random variables)가 많이 존재할 경우 이들 합의 분포는 확률변수의 수가 무한히 증가함에 따라 정규분포를 따르는 경향이 있다는 것이다.

둘째, 비록 변수의 수가 많지 않거나 엄격하게 독립이 아닐 경우에도 변수들의 합은 여전히 정규분포될 수 있다.

셋째, 정규분포된 변수들의 어떤 선형함수 그 자체가 정규분포되는 것은 정규분포의 속성 중 하나이다.

다시 말해, 정규성 가정 하에 OLS의 추정량 $\widehat{\beta_0}$ $\widehat{\beta_1}$ 또한 정규분포한다. 마지막으로 정규분포는 단지 두 개의 통계량 평균 및 분산(또는 표준편차)을 알고 있으면 비교적 단순한 분포이다(Gujarati, 1988: 90).

이와 같은 정규성 가정 하의 OLS 추정량들(예를 들어, $\widehat{\beta_0}$, $\widehat{\beta_1}$, $\widehat{\sigma^2}$)은 다음과 같은 통계적 속성을 갖는다(Gujarati, 1988: 91-93).

(i) OLS 추정량들은 불편추정량(unbiased estimator)이다.

(ii) OLS 추정량들은 최소분산(minimum variance)을 갖는다. 이는 (i)과 더불어 최소분산 불편추정량(minimum variance unbiased estimator) 또는 효율적 추정량(efficient estimator))을 의미한다.

(iii) OLS 추정량들은 일치(consistency) 추정량이다. 즉, 표본의 크기가 무한히 증가함에 따라 추정량들은 그들의 실제 모집단 값에 수렴한다.

(iv) $\widehat{\beta_0} \sim N(\beta_o, \sigma^2_{\beta_0})$. 즉 $\widehat{\beta_0}$는 정규분포하며 평균은 β_0이고, 분산은 $\sigma^2_{\beta_0}$이다. 따라서 $Z = \dfrac{\widehat{\beta_0} - \beta_0}{\sigma_{\widehat{\beta_0}}} \sim N(0, 1)$이다.

(v) $\widehat{\beta_0} \sim N(\beta_o, \sigma^2_{\beta_1})$. 즉 $\widehat{\beta_1}$은 정규분포하며 평균은 β_1이고, 분산은 $\sigma^2_{\beta_1}$이다. 따라서 $Z = \dfrac{\widehat{\beta_1} - \beta_1}{\sigma_{\widehat{\beta_1}}} \sim N(0, 1)$이다.

(vi) $(N-k)\widehat{\sigma^2} / \sigma^2$은 N-k의 자유도를 갖는 χ^2(카이자승) 분포를 따른다. 여기서 k

는 모수의 수(number of parameters), 예를 들어 단순회귀식의 경우 $k=2(\hat{\beta}_0,\ \hat{\beta}_1)$이다.

(vii) $\hat{\beta}_0$, $\hat{\beta}_1$는 $\hat{\sigma^2}$와 독립적으로 분포되어 있다.

(viii) $\hat{\beta}_0$, $\hat{\beta}_1$는 선형이건 아니건 간에 모든 불편추정량 중 최소의 분산을 갖는다.

한편 단순회귀분석에서와 달리 독립변수가 늘어나면서 발생하는 몇 가지 문제점과 결과 해석에서 주의해야 할 점이 추가로 발생하게 된다. 단순회귀분석에서와 달리 주의해야 할 사항으로 다중공선성(muliticollinearity)과 수정된 결정계수(adjusted R^2), 표준회귀계수(standardized regression coefficient) 등이 있다.[2)]

1 다중공선성의 문제와 해결

다중공선성은 오차항이 상호 독립적이라는 가정이 깨어진 것으로 독립변수들 간의 강한 상관성이 발생하는 경우를 의미한다. 이렇듯 다중공선성이 발생할 경우 회귀분석의 결과를 신뢰할 수 없는 상황이 발생한다. 즉, 다중공선성이 발생할 경우 실질적으로 독립변수가 종속변수에 영향을 미치는 주요한 변수임에도 불구하고, 분석 결과 전혀 영향 관계가 없는 것으로 나타나거나, 반대로 독립변수가 종속변수에 실질적으로 영향 관계가 없음에도 불구하고, 다중공선성으로 인해[3)] 높은 영향력이 존재하는 것으로 나타나는 경우가 발생하게 된다.

다중공선성 존재 여부를 확인하는 방법은 우선 독립변수 간의 단순상관분석을 통해 확인이 가능하다. 일반적으로 단순상관계수가 0.8 이상이면 다중공선성을 의심해 보아야 한다. 둘째, 허용오차(tolerance)가 아주 작은 경우 다중공선선이 있다고 본다. 일반적으로 허용오차값이 0.1 이하이면 심각한 수준, 0.2 정도라면 주의 수준 정도로 파악하면 된다. 한편 분산허용인자(Variance Inflation Factor: VIF)값이 10 이상이면 다중공선성에 문제가 된다.[4)] 셋째, 한 독립변수를 회귀모형에서 추가 또는 제거했을

2) 이 밖에도 현실적으로는 고전적 선형회귀모형의 전제 가정들을 위반하는 수많은 문제점에 직면하게 된다. 예를 들어, 중요 변수의 누락 및 관련 없는 변수의 삽입과 같은 모형 선택의 문제, 이분산성의 문제, (공간)자기상관의 문제 등이 있을 수 있다.

3) 다중공선성은 회귀식의 전제 조건 중 독립변수들 간에 서로 상관되어 있지 않아야(독립적) 한다는 전제 조건을 위반하게 된다.

4) 허용오차(tolerance) = 1/VIF 이다. VIF가 10이라면 독립변수가 나머지 독립변수에 의해 90% 이상이 설명된다는 뜻이다. 해당 독립변수가 분석에 포함되지 않아도 된다는 의미이다.

때 추정된 회귀계수의 크기나 부호의 방향이 큰 변화를 나타내거나, 중요한 영향을 줄 것이라고 예상되는 독립변수가 유의미하지 않은 경우, 과거 이론적 측면에서 알려진 부호와 반대의 값이 나타날 때 다중공선성을 의심해 봐야 한다.

다중공선성을 해결하기 위한 방법은 첫째, 상관계수가 높은 변수들 간에 변수를 1개로 묶어 통합하거나[5], 아니면 하나의 변수를 제거하는 방법이 있다. 둘째, 표본의 수가 증가할 경우 다중공선성의 문제가 완화될 수 있다. 따라서 표본 수를 증가시키는 것도 하나의 방법이다. 셋째, 다중공선성이 문제가 되지 않는 분석 방법을 이용하여 분석하는 경우이다.[6]

2 수정된 결정계수

회귀식의 설명도, 즉 적합도를 나타내는 데 가장 일반적으로 사용되는 결정계수인 R^2의 경우 실질적으로 모형의 적합도가 개선되지 않았음에도 불구하고 독립변수의 개수가 증가하므로 R^2값이 증가한다는 단점이 있다. 따라서 다중회귀분석에서 독립변수가 증가됨에 따라 증가된 R^2값을 조정할 필요가 있는데, 이것이 '수정된 R^2 또는 $\overline{R^2}$'라고 한다. 즉, 독립변수 각자의 영향력이 통계적으로 유의하지 않으면(일반적으로 p-값$>\alpha$) 독립변수의 수를 아무리 증가시켜도 수정된 결정계수($\overline{R^2}$)의 값은 증가되지 않는다. 수정된 결정계수($\overline{R^2}$)는 다음과 같이 계산된다.

$$R^2 = 1 - \left\{ (1 - R^2) \frac{N-1}{N-k} \right\} \qquad \text{(식 12-2)}$$

여기서 N = 표본 수, k=모수의 수(number of parameters)이다. 예를 들어 독립변수가 하나인 단순회귀식의 경우 k=2 ($\hat{\beta}_0$, $\hat{\beta}_1$), 독립변수가 두 개인 다중회귀식의 경우 k=3 ($\hat{\beta}_0$, $\hat{\beta}_1$, $\hat{\beta}_2$)이다.

---

5) 요인분석을 이용하여 독립변수들 간의 비슷한 변수를 하나의 요인으로 묶어 분석에 이용할 수 있다.

6) 대표적으로 구조방정식 모형은 독립변수 오차항의 상관성을 인정하면서 변수 간의 영향 관계를 분석할 수 있는 방법이다.

3 표준회귀계수

연구에서 독립변수와 종속변수와의 영향 관계(인과 관계)뿐만 아니라 종속변수에 영향을 미치는 독립변수 간의 상대적 중요도를 평가하기 위해 표준회귀계수를 사용한다. 일반적으로 독립변수 간의 측정 단위가 동일하지 않아 단순회귀계수를 이용해 상대적 중요도를 평가하는 것은 문제가 발생한다. 따라서 이러한 문제 해결을 위해 표준점수로 전환된 회귀계수를 사용하게 되는데 이것이 표준회귀계수(standardized regression coefficient)이다. 다시 말해, 각 변수의 단위를 없애고(unit free) 각 변수를 자기들의 평균에서 얼마나 떨어져 있는지를 측정하는 표준편차의 개념으로 전환한다는 것이다. 즉, 각각의 독립변수들을 Z(표준정규)화시키는 작업으로 이해할 수 있다. 또는 이와 유사하게 회귀식의 양변에 로그를 취하게 되면 모든 회귀계수는 %개념(탄력성: elasticity)으로 전환시킬 수 있다. 그러나 엄밀하게 말하자면 아무리 변수들을 표준화시킨다 할지라도 변수들 간의 측정 단위가 다르기 때문에 정확한 비교라고는 말할 수 없다. 예를 들어, 똑같은 크기와 무게의 사과와 오렌지의 맛을 비교한다 할지라도 사과의 맛과 오렌지의 맛은 근원적으로 비교가 되지 않는 이치와 마찬가지이다.

4 독립변수의 선택 및 방법

하나의 결과는 단일의 원인보다는 매우 다양한 변수에 의해 결정되는 것이 일반적이다. 즉, 실제 현실에서는 종속변수에 영향을 미치는 독립변수의 수는 적지 않을 것이다. 하지만 모든 독립변수를 회귀모형에 포함시키는 것이 불가능하거나 다중공선성과 같은 문제가 발생할 수 있다. 따라서 어떤 변수를 설명변수로 해야 할지에 대한 선택이 필요하다.

종속변수에 대한 설명력이나 예측력을 높일 수 있다는 것이 다중회귀분석의 장점이다. 즉, 독립변수의 수가 많을수록 회귀식의 적합도는 높아진다. 하지만 설명력을 높이기 위해 무작정 독립변수의 수를 늘릴 수는 없으며, 오히려 일정 수준을 넘어선 독립변수의 수는 바람직하지 않다. 따라서 일반적으로 독립변수의 수가 5~6개 정도가 능률적이다(임인재, 1991: 516; 김호정, 2005: 503).

다중회귀분석에서 변수 선정에 다양한 통계적 방법이 사용되나 일반적으로 전방선택법(forward seclection), 후방제거법(backward elimination), 단계적 방법(stepwise method) 등이 있다.

먼저 전방선택법은 상수항을 초기 모형화하여 독립변수 중 가장 중요하다고 판단되는 변수부터 차례로 모형에 추가시켜 더 이상 추가할 만한 유의미한 변수가 없을 경우 최종적으로 선택되는 변수만을 이용하여 회귀모형을 결정하는 방식이다. 하지만 이러한 방법은 한번 선택된 변수가 추후에 다른 변수의 추가로 더 이상 통계적으로 유의하지 않게 되더라도 제거될 수 없다는 단점이 있다(서혜선 외, 1999: 63).

후방선택법은 전방선택법과 반대로 모든 독립변수를 한꺼번에 투입시킨 다음 회귀모형에 기여도가 낮은 변수를 하나씩 제거하는 방법이다. 이러한 방법의 경우 한번 제거된 변수는 추후에 다른 변수의 제거에 의해 중요도가 증가할 경우 모형에 포함시킬 수 없다는 단점이 있다.

단계적 방법은 한번 선택 또는 제거되었을 경우 추후에 발생하는 여건 변화에 대해 독립변수를 추가 또는 제거할 수 없다는 전방선택법과 후방선택법의 단점을 보완한 방법이다. 따라서 단계적 방법은 전방선택법과 후방선택법을 교대로 수행하면서 가장 최적의 모형을 선택하는 방법이다.

제3절 더미변수를 이용한 회귀분석

고전적 선형회귀모형의 전제 조건 중 하나인 독립변수와 종속변수 모두 등간척도 이상의 양적 자료를 원칙으로 한다는 가정이 있다. 그러나 현실적으로 특히 사회과학에서 모든 변수를 등간척도 이상으로 수집하기는 여간 어려운 일이 아니다. 따라서 보통 더미변수(dummy variable)로 일컫는 질적 변수의 도입은 실증연구에서 직면하게 되는 많은 흥미있는 연구문제들에 관해 선형회귀모형을 매우 신축적인 도구로 만들어주고 있다. 예를 들어, 모든 다른 요인이 고정되어 있다고 할 때(ceteris paribus, i.e, holding all other factors constant), 남·녀의 임금 차이, 강남과 강북의 주택가격 차이 등 많은 분석을 가능케 해준다. 즉, 이러한 차이를 불러오는 요인이 무엇이든

간에 우리가 알고 싶어하는 종속변수에 영향을 미치고 있으므로 회귀모형의 설명변수(독립변수)에 포함되어야 한다. 보통의 경우 어떠한 특성 또는 속성을 수량화하는 방법으로 1 또는 0의 값을 취하는 인위적 변수(artificial variable)를 설정하게 된다. 이때 0은 그 속성 및 특성이 존재하지 않는 경우 반대로 1은 그 속성 및 특성이 존재하는 경우를 나타낸다. 예를 들어, '1'은 여성, '0'은 남성, '1'은 강북에 위치한 주택, '0'은 강남에 위치한 주택 등으로 이용할 수 있다. 이와같이 '0'이 부여된 그룹이나 범주 또는 계층을 기준(base), 통제(control), 비교(comparison) 또는 생략된 그룹 또는 범주(omitted category)라고 부른다. 예를 들어 성별 및 대학의 위치에 따른 대학생들의 월 평균 용돈 지출을 알아보고자 한다면 회귀방정식은 (식 12-3)과 같다.

$$Y_i = \beta_0 + \beta_1 D_1 + \beta_2 D_2 + \beta_3 X_i + e_i \quad \text{(식 12-3)}$$

여기서 Y= 대학생들의 월 평균 용돈 지출, X= 가구의 소득,
D_1= 성별 더미(남학생의 경우= 1, 여학생의 경우= 0),
D_2= 지역 더미(수도권 소재 대학=1, 지방 소재 대학= 0)

이때, (i) 수도권 소재 대학 남학생의 월 평균 용돈 지출은 어떻게 될까?

$$\hat{Y}_i = \hat{\beta}_0 + \hat{\beta}_1 + \hat{\beta}_2 + \hat{\beta}_3 X_i \quad \text{(식 12-4)}$$

(ii) 수도권 소재 대학 여학생의 월 평균 용돈 지출은 어떻게 될까?

$$\hat{Y}_i = \hat{\beta}_0 + \hat{\beta}_2 + \hat{\beta}_3 X_i \quad \text{(식 12-5)}$$

(iii) 지방 소재 대학 남학생의 월 평균 용돈 지출은 어떻게 될까?

$$\hat{Y}_i = \hat{\beta}_0 + \hat{\beta}_1 + \hat{\beta}_3 X_i \quad \text{(식 12-6)}$$

(iv) 지방 소재 대학 여학생의 월 평균 용돈 지출은 어떻게 될까?

$$\hat{Y}_i = \hat{\beta}_0 + \hat{\beta}_3 X_i \quad \text{(식 12-7)}$$

이와같이 더미변수의 활용은 특히 사회학, 심리학, 교육학 등에서 매우 광범위하게 사용된다. 더미변수를 이용한 회귀분석에서 주의할 것은 소위 더미변수 함정(dummy variable trap)을 피해야 한다는 것이다. 만일 어떤 변수가 m개의 범주를 갖고 있다면 반드시 m-1개의 더미변수만을 모형에 반영해야 한다는 것이다. 예를 들어, 고소득층, 중간소득층, 하위소득층 가구들의 지출에 대한 영향을 보고자 한다면, D_1, D_2, D_3

과 같은 소득계층에 따른 더미변수를 모형에 반영하면 완전한 다중공선성 문제에 직면하게 된다. 따라서 모형에는 D_1, D_2만을 도입해야 한다. 이러한 경우 만약 D_1= 고소득층, D_2=중간소득층이라면, 모형에서 생략된 하위소득층이 소위 기준(base 또는 omitted category) 범주가 된다. 즉, 모형은 다음과 같이 구성되어야 한다.

$$Y_i = \beta_0 + \beta_1 D_1 + \beta_2 D_{2_i} + e_i$$

여기서 Y= 지출

D_1= 고소득층(고소득층의 경우=1, 나머지=0),

D_2= 중간소득층(중간소득층의 경우=1, 나머지=0)

제4절 R Commander를 이용한 다중회귀분석

기초자치단체의 재정자립도가 어떤 요인에 의해 영향을 받는지 아래와 같은 모형을 설정하고, 다중회귀분석을 실시하고자 한다.

$$Y = \beta_0 + \beta_1 X_1 + \beta_2 X_2 + \beta_3 X_3 + \epsilon$$

(단 Y= 재정자립도, X_1= 주민 1인당 자체수입액, X_2= 주민 1인당 복지비, X_3= 인구)

1 다중회귀분석

R Commander를 이용해 다중회귀분석을 실시하기 위해 먼저 데이터셋에 '지방재정'을 선택한다. [그림 12-1]과 같이 메뉴에서 '통계'→'적합성 모델'→'선형회귀'를 차례로 선택하면 '선형회귀' 대화상자가 활성화된다. 반응변수에 종속변수(Q5재정자립도2013)를 선택하고, 설명변수에는 독립변수인(Q7자체수입2013, Q11복지예산2013인당, Q13인구2013)을 선택한 이후 "모델 이름 입력하기"라는 창에 모델 이름(다중회귀_01)을 입력한 이후 '예(OK)'를 클릭한다. R Commander 출력창 [그림 12-2]와 같이 단

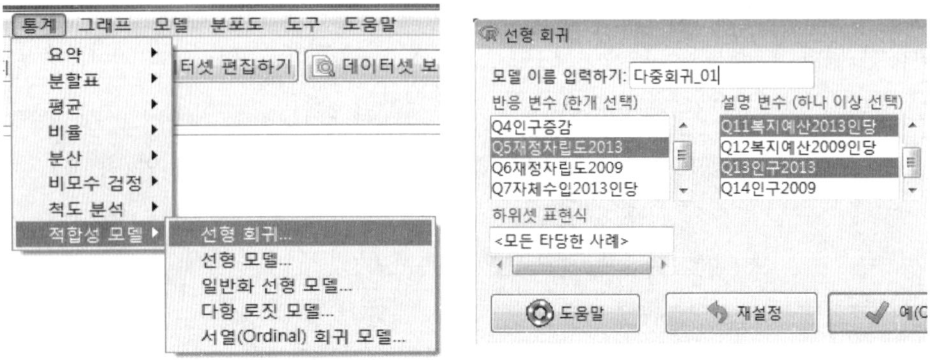

그림 12-1 다중회귀분석 절차

```
> 다중회귀_01 <- lm(Q5재정자립도2013~Q7자체수입2013인당+Q11복지예산2013인당+Q13
인구2013, data=지방재정)

> summary(다중회귀_01)

Call:
lm(formula = Q5재정자립도2013 ~ Q7자체수입2013인당 + Q11복지예산2013인당 +
    Q13인구2013, data = 지방재정)

Residuals:
    Min       1Q    Median      3Q     Max
 -34.768   -4.384  -0.948    3.361   25.558


Coefficients:
                      Estimate   Std. Error    t value   Pr(>|t|)
(Intercept)          3.417e+01   2.418e+00    14.134    < 2e-16 ***
Q7자체수입2013인당    2.468e-02   1.728e-03    14.282   < 2e-16 ***
Q11복지예산2013인당  -4.074e-02   2.613e-03   -15.590   < 2e-16 ***
Q13인구2013          2.401e-05   3.361e-06    7.142     1.3e-11 ***
---
Signif. codes:  0 '***' 0.001 '**' 0.01 '*' 0.05 '.' 0.1 ' ' 1

Residual standard error: 7.18 on 222 degrees of freedom

Multiple R-squared:  0.7716,  Adjusted R-squared:  0.7685

F-statistic:  250 on 3 and 222 DF,  p-value: < 2.2e-16
```

그림 12-2 다중회귀분석 결과

순회귀분석과 동일한 형태로 결정계수, 회귀모형의 유의성 검정 결과, 회귀계수의 검정 결과가 제시된다.

2 다중공선성의 진단과 잔차분석

다중회귀분석에서는 회귀모형에서 중요한 요소인 변수의 선택 방법, 다중공선성의 진단 등의 추가적인 분석이 필요하다. 이들에 대한 추가적인 분석을 위해 [그림 12-3]과 같이 상단 메뉴 '모델'을 클릭해 지정해주면 된다. 우선 모형을 선택해주어야 하는데 이를 위해서는 '모델'→'활성 모델 선택하기'를 클릭하면 '모델 선택' 대화상자가 활성화된다. 앞서 다중회귀분석에서 입력한 '다중회귀_01'을 선택하고 '예(OK)'를 클릭하면 해당 모형에 대한 추가적인 분석이 가능하다.

모형의 다중공선성(multicollinearuty) 문제를 검토하기 위해 우선 분산-팽창 요인(VIF)을 살펴보기 위해 [그림 12-4]와 같이 '모델'→'수치적 진단;→'분산-팽창 요인'을 클릭하면 [그림 12-5]와 같이 VIF값이 계산된다. 한편 잔차를 분석하기 위해 [그림 12-4]와 같이 '모델'→'그래프'→'기초진단 그림'을 클릭하면 [그림 12-5]와 같이 잔차의 산포도를 볼 수 있는 그래프가 제시된다. 기타 Akaike 정보량 기준(AIC)은 모형의 적합도를 나타내는 수치로 모형 간 적합도를 비교하기 위해 일반적으로 사용된다.

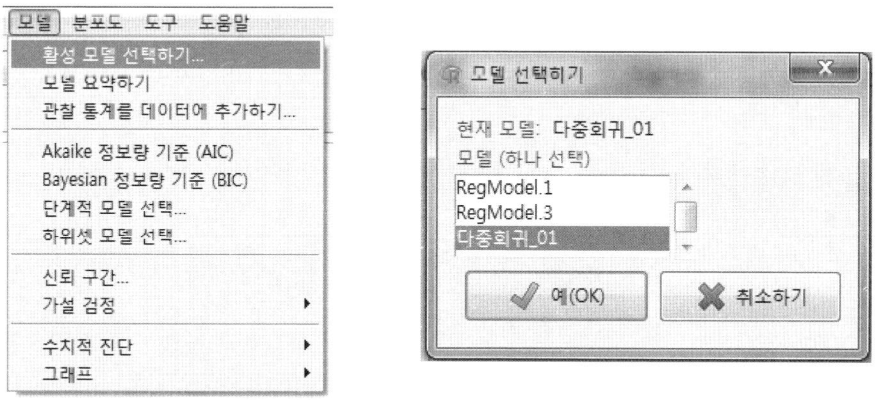

그림 12-3 추기 분석을 위한 모형의 선택

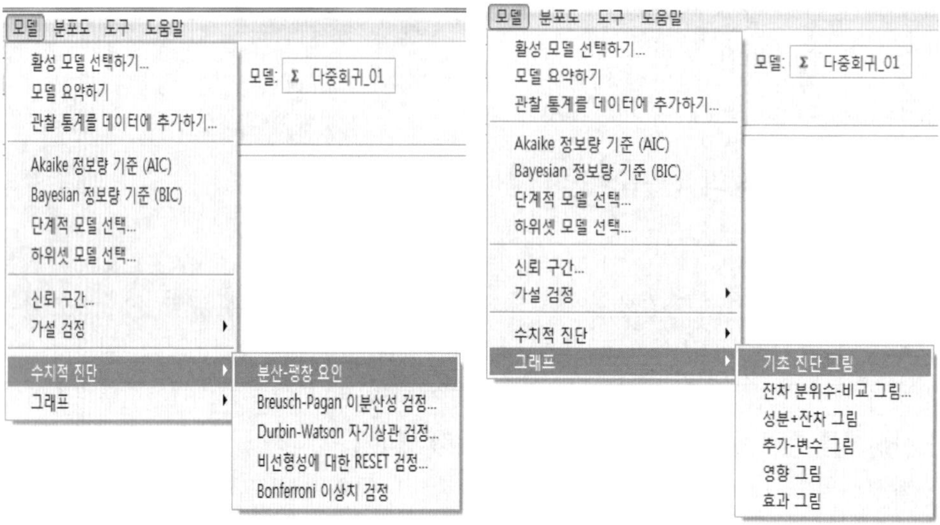

그림 12-4 분산 팽창 요인 및 잔차분석 절차

```
> vif(다중회귀_01)
 Q7자체수입2013인당  Q11복지예산2013인당          Q13인구2013
          1.395832             2.375219             2.098391
```

그림 12-5 분산 팽창 요인 분석 결과

```
> AIC(다중회귀_01)
[1] 1538.379

> BIC(다중회귀_01)
[1] 1555.482
```

그림 12-6 AIC와 BIC

AIC값은 적을수록 모형이 적합하다. 한편, 베이스(Bayesian)의 정보량 기준(BIC) 역시 모형의 적합도를 나타내는 것으로 AIC값의 변형 상태이다. 이 역시 값이 적을수록 모형의 적합도가 높은 것으로 평가된다.

잔차에 대한 기본적인 분석 결과는 [그림 12-7]과 같다. 위쪽 우측부터 잔차 플롯, 정규Q-Q 플롯이다. 잔차 플롯을 살펴보면 22번과 23번 209번째 사례를 제외하고는 어느 정도 일정한 범위 내에 값들이 있는 것으로 보인다. Scale-location 역시 잔차의 산포도를 나타내고 있다. 하단의 우측 지렛대 플롯은 표준화 잔차와 이에 대응되는 지렛대 값들을 나타낸 플롯으로 209번째 케이스를 제외하고 크게 범위를 벗어나는 자료는 없는 것으로 나타났다.

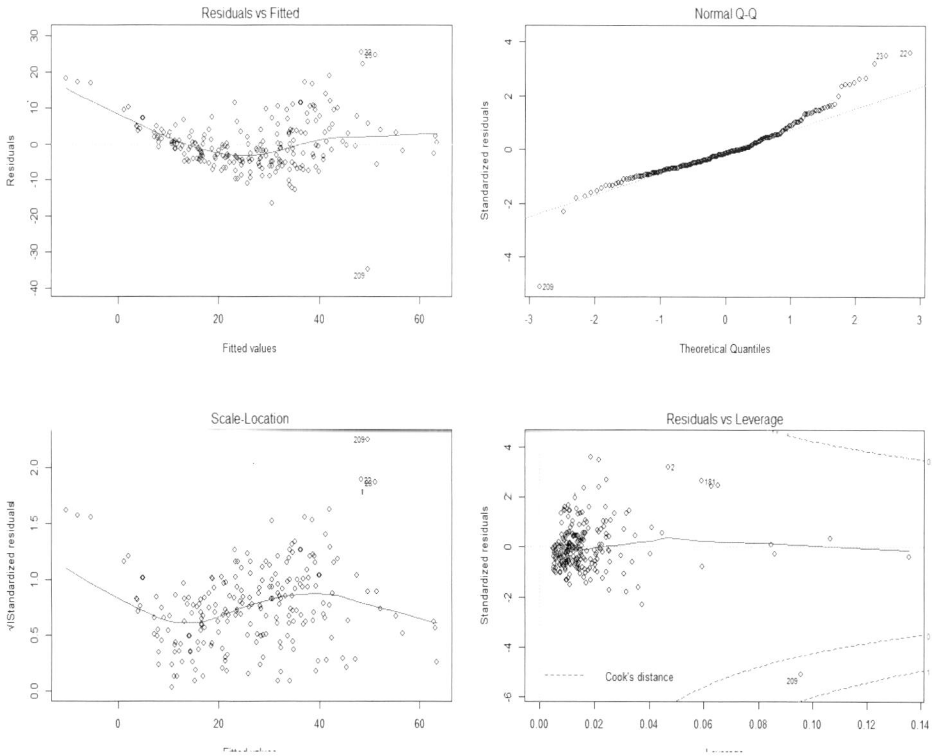

그림 12-7 잔차분석 결과

3 표준화된 회귀계수

표준화된 회귀계수값은 R Commander에서는 기본적으로 해당 값을 출력해주지 않는다. 따라서 몇 가지 절차를 거쳐 표준화된 회귀계수값을 계산할 수밖에 없다. 먼저 모든 변수를 표준점수(*Z*)값으로 변형시켜야 한다. 이를 위해서는 [그림 12-8]과 같이 R Commander에 있는 메뉴에서 '데이터'→'활성 데이터셋에 있는 변수관리하기'→'변수 표준화하기'를 차례로 선택한다. '변수 표준화하기' 대화상자가 활성화되면 종속변수(Q5재정자립도2013)뿐만 아니라 독립변수(Q7자체수입2013인당, Q11복지예산2013인당, Q13인구2013)를 'ctrl'를 누른 상태에서 마우스로 선택한 후 '예(OK)'를 클릭하면, 해당 변수들이 '*Z*.Q5재정자립도2013'과 같이 표준점수화된 변수가 생성된다.

앞선 다중회귀분석과 같이 '통계'→'적합성 모델'→'선형회귀'를 차례로 선택하면 '선형회귀' 대화상자가 활성화된 후 반응변수에 종속변수(*Z*.Q5재정자립도2013)를 선택하고, 설명변수에는 독립변수인 (*Z*.Q7자체수입2013, *Z*.Q11복지예산2013인당, *Z*.Q13인구2013)을 선택하고 '예(OK)'를 클릭하면 [그림 12-8]과 같이 'coefficients' 항목의 추정된 값들이 표준화된 회귀계수값이다.

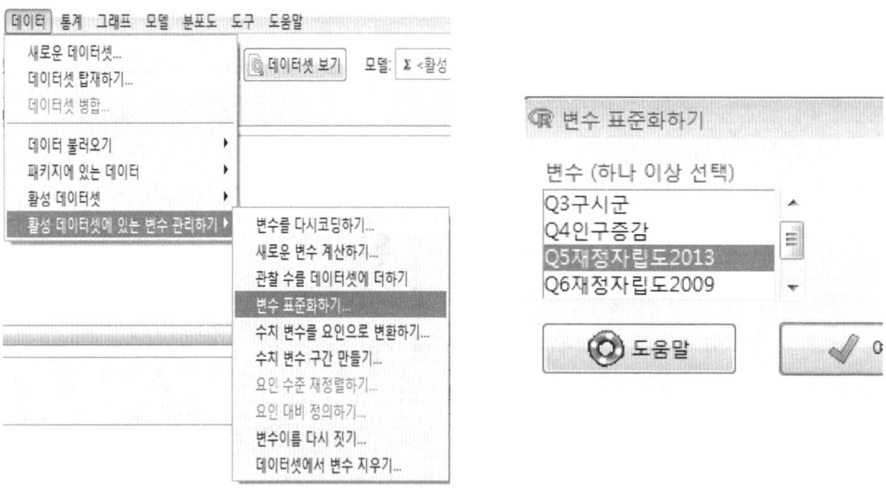

그림 12-8 변수의 표준점수화

```
> RegModel.1 <- lm(Z.Q5재정자립도2013~Z.Q7자체수입2013인당+Z.Q11복지예산2013인당
+Z.Q13인구2013,
+     data=지방재정)

> summary(RegModel.1)

Call:
lm(formula = Z.Q5재정자립도2013 ~ Z.Q7자체수입2013인당 + Z.Q11복지예산2013인당 +
    Z.Q13인구2013, data = 지방재정)

Residuals:
     Min       1Q   Median       3Q      Max
-2.32977 -0.29375 -0.06351  0.22523  1.71264

Coefficients:
                          Estimate  Std. Error   t value   Pr(>|t|)
(Intercept)             -1.082e-16  3.201e-02    0.000        1
Z.Q7자체수입2013인당      5.413e-01  3.790e-02   14.282    < 2e-16 ***
Z.Q11복지예산2013인당    -7.707e-01  4.944e-02  -15.590    < 2e-16 ***
Z.Q13인구2013            3.319e-01  4.647e-02    7.142    1.3e-11 ***
---
Signif. codes:  0 '***' 0.001 '**' 0.01 '*' 0.05 '.' 0.1 ' ' 1

Residual standard error: 0.4812 on 222 degrees of freedom
Multiple R-squared:  0.7716,  Adjusted R-squared:  0.7685
F-statistic:   250 on 3 and 222 DF,  p-value: < 2.2e-16
```

그림 12-9 표준회귀계수 출력 결과

4 다중회귀분석의 요약 및 해석

이상의 결과를 표로 정리하면 <표 12-1>, <표 12-2>와 같다. 먼저 수정된 R^2값이 0.7685로 해당 모형으로 재정자립도를 76.85%가량 설명하는 것으로 나타났다. 회귀모형에 대한 유의성 검정 결과 F=250, p=0.000으로 유의 수준 0.01 하에서 다중회귀모형이 유의한 것으로 분석되었다.

표 12-1 모형의 요약

결정계수		회귀모형의 유의성	
R^2	$adj\,R^2$	F	p-value
0.7716	0.7685	250	0.000[a)]

a) 2.2e-16

다중회귀식의 다중공선성에 대한 VIF분석 결과 1인당 자체수입(1.3958), 1인당 복지 예산(2.2375), 인구(2.098) 변수 모두 허용값[7] 내에 있는 것으로 나타나 다중공선성에 대한 문제는 없는 것으로 나타났다. 회귀계수에 대한 가설검정 결과 1인당 자체수입의 경우 $\hat{\beta}$=0.25, T=14.282, p=0.000으로 유의 수준 0.01 하에서 재정자립도에 정(+)의 영향 관계를 나타냈고, 1인당 복지 예산은 $\hat{\beta}$= - 0.041, T=-15.590, p=0.000으로 유의 수준 0.01 하에서 재정자립도에 부(−)의 영향 관계에 있는 것으로 밝혀졌다. 끝으로 인구의 경우 β=0.000024, T=7.142, p=0.000으로 지방자치단체의 인구 수 역시 재정자립도에 정(+)의 영향 관계에 있는 것으로 나타났다.

표준화된 회귀계수값(B)은 1인당 복지 예산이 B= - 0.7707, 1인당 자체수입 B=0.5413, 인구 B=0.3319로 나타났다. 따라서 재정자립도 상대적으로 1인당 복지 예산의 영향력이 가장 높고, 다음 1인당 자체수입, 인구 순으로 밝혀졌다.

표 12-2 회귀계수에 대한 가설 검정 결과

종속변수: 재정자립도	$\hat{\beta}$ a)	B c)	T a)	p-value a)	VIF b)
Intercept	0.314		14.134	0.000(2e-16)	
1인당 자체수입	0.025	0.5413	14.282	0.000(2e-16)	1.3958
1인당 복지예산	-0.041	-0.7707	-15.590	0.000(2e-16)	2.37521
인구	0.000024	0.3319	7.142	0.000(1.3e-11)	2.0983

a) [그림 12-2] 참조, b) [그림 12-5] 참조, c) [그림 12-9] 참조.

이상의 결과로 재정자립도에 대한 회귀식은 다음과 같다.

$$\hat{Y} = 0.314 + 0.025X_1 - 0.041X_2 + 0.000024X_3$$

(단 Y=재정자립도, X_1=주민 1인당 자체수입액, X_2=주민 1인당 복지비, X_3=인구)

5 더미변수를 이용한 회귀분석

앞서 우리는 단순회귀분석 및 다중회귀분석에서 종속변수와 독립변수 모두를 등간

7) VIF < 10

척도 이상의 양적 자료를 이용해서 인과성에 대한 가설검정을 실시했다. 이번에는 독립변수 중 하나의 변수가 명목 또는 서열척도로 구성된 질적 자료인 경우 회귀분석을 실시하는 방법을 살펴보자. 질적 자료를 이용해 회귀분석을 위해서는 질적 자료를 직접 분석에 사용할 수 없고, 더미(dumy)라는 대리변수를 이용하여 분석에 이용하게 된다.

그렇다면 예제를 통해 더미변수를 이용하여 질적 변수의 회귀분석을 실시해 보자. 좀 더 구체적으로 앞서 논의한 다중회귀분석과 같이 종속변수를 재정자립도 독립변수로는 '1인당 자체수입', '1인당 복지 예산', '인구' 그리고 명목변수인 '지역 구분(수도권/지방)'을 더미변수로 전환해 회귀분석을 실시하고자 한다.

1) 질적 자료의 더미변수화

lfin.csv를 '지방재정'이라는 데이터셋으로 불러온다. 'Q1지역' 변수에 대해 질적(요인)변수로 설정한다. [그림 12-10]과 같이 상위 메뉴에서 '데이터'→활성 데이터셋에

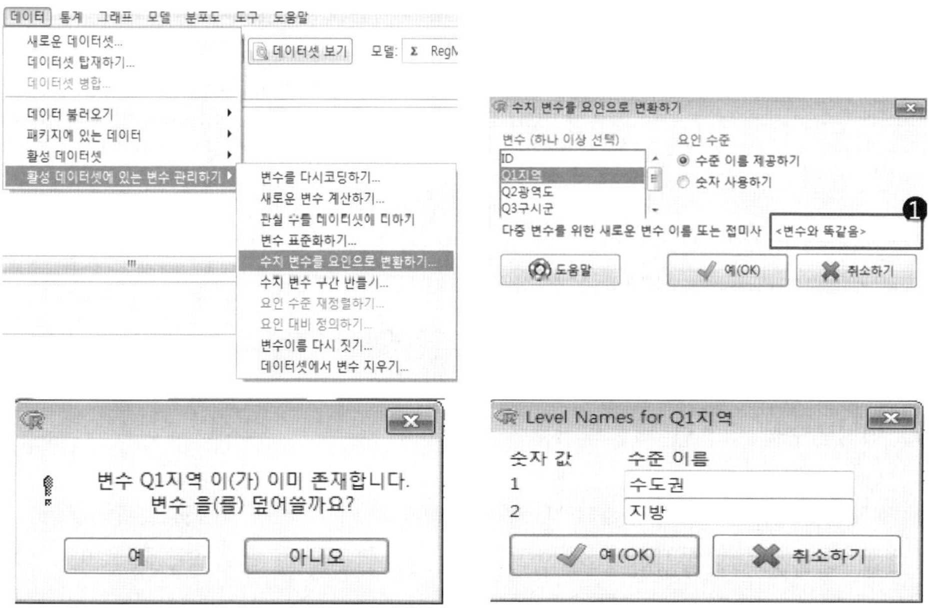

그림 12-10 질적 변수의 더미변수화

있는 변수 관리하기'→'수치 변수를 요인 변수로 변환하기'를 선택하면 '수치 변수를 요인 변수로 변환하기' 대화상자가 활성화된다. '변수'는 'Q1지역'을 선택한다. '예(OK)'를 클릭한다. '변수명을 덮어쓸까요?'라는 대화상자가 활성화되는데 이때 '예'를 클릭한다.[8] 이후 해당 Level 이름을 설정하는 대화상자가 나타나는데 이때 숫자 1에는 '수도권', 숫자 2는 '지방'으로 텍스트를 입력한다.[9] '예(OK)'를 선택하면 'Q1지역' 변수는 질적 자료(요인)로 설정된다.

질적 변수를 회귀분석에 사용하기 위해서는 더미변수로 변화시켜주어야 한다. 질적 변수로 전환시킨 'Q1지역'을 더미변수로 변환하기 위해 [그림 12-11]와 같이 R Commander 메뉴에서 '데이터'→'활성 데이터셋에 있는 변수 관리하기'→'요인 대비 정의하기'를 차례로 선택하면 '요인 대비 설정하기' 대화상자가 활성화된다. 요인 변수 중 'Q1지역'을 선택하고, 하단의 '대비' 부분에서 '(더미) 대비 처리'를 옵션을 선택한 후 '예(OK)'를 클릭하면 더미변수로 변경된다.

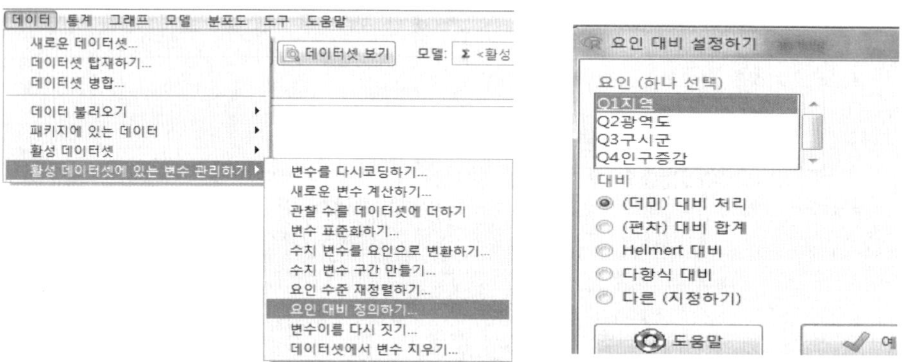

그림 12-11 질적 변수의 더미변수화

2) 더미변수를 이용한 다중회귀분석

다중회귀분석을 위해 메뉴에서 '통계'→'적합성 모델'→'선형 모델'을 선택하면 '선형 모델' 대화상자가 활성화된다. 우선 모델명을 입력하고, 종속변수와 독립변수를

8) 연구 목적에 따라 다른 변수명으로 요인변수를 저장하고자 한다면, ❶부분에 다른 이름을 입력한 후 '예(OK)'를 선택하면 된다.

9) 'Q1지역' 변수에 수도권(서울, 경기, 인천)=1, 지방=2으로 코딩했다.

각각 선택한다. 회귀식과 같이 앞쪽에는 종속변수(Q5재정자립도2013)를 마우스 더블 클릭 또는 직접 변수명을 입력하고, 독립변수(Q7자체수입2013인당 + Q11복지예산2013 인당 + Q13인구2013 + Q1지역) 형태로 마우스를 클릭 또는 직접 입력한다.[10] 이후 아래에 있는 '예(OK)'를 클릭하면 [그림 12-13]과 같이 더미를 이용한 다중회귀분석 결과가 출력된다.

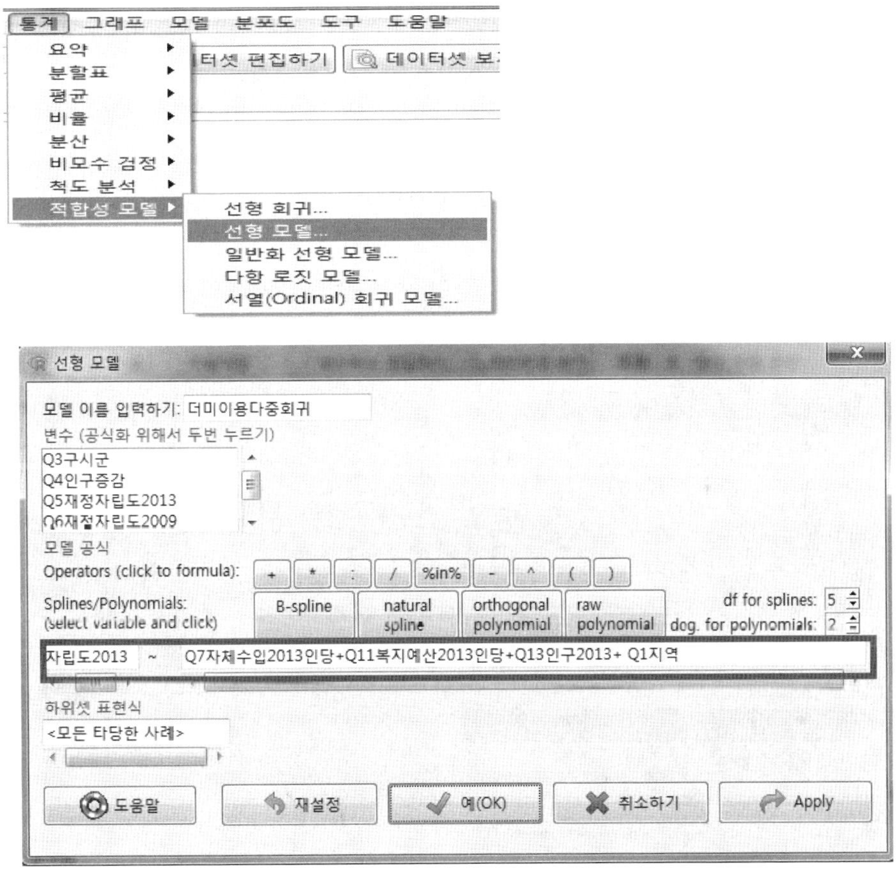

그림 12-12 더미변수를 포함한 다중회귀분석 절차

---

10) R Commander를 이용하여 해당 부분을 입력할 경우 마우스 더블 클릭으로 변수가 입력되지 않는 경우가 발생한다. 이를 경우에는 연구자가 직접 해당 변수명을 입력하면 된다.

```
> 더미이용다중회귀 <- lm(Q5재정자립도2013 ~ Q7자체수입2013인당+Q11복지예산
2013인당+Q13인구2013+ Q1지역, data=지방재정)
> summary(더미이용다중회귀)
Call: lm(formula = Q5재정자립도2013 ~ Q7자체수입2013인당 + Q11복지예산2013인
당 + Q13인구2013 + Q1지역, data = 지방재정)
Residuals:
      Min        1Q    Median        3Q       Max
-30.7883  -3.8363  -0.2831   3.0995  23.5399
Coefficients:              Estimate   Std. Error   t value   Pr(>|t|)
(Intercept)               3.858e+01  2.356e+00    16.37    < 2e-16 ***
Q7자체수입2013인당          2.208e-02  1.658e-03    13.31    < 2e-16 ***
Q11복지예산2013인당        -3.565e-02  2.563e-03   -13.91    < 2e-16 ***
Q13인구2013                1.897e-05  3.225e-06    5.88     1.50e-08 ***
Q1지역[T.지방]             -7.371e+00  1.210e+00   -6.09     4.96e-09 ***
---
Signif. codes:  0 '***' 0.001 '**' 0.01 '*' 0.05 '.' 0.1 ' ' 1
Residual standard error: 6.66 on 221 degrees of freedom
Multiple R-squared:  0.8044,Adjusted R-squared:  0.8009
F-statistic: 227.2 on 4 and 221 DF,  p-value: < 2.2e-16
```

그림 12-13 더미변수를 포함한 다중회귀분석 결과

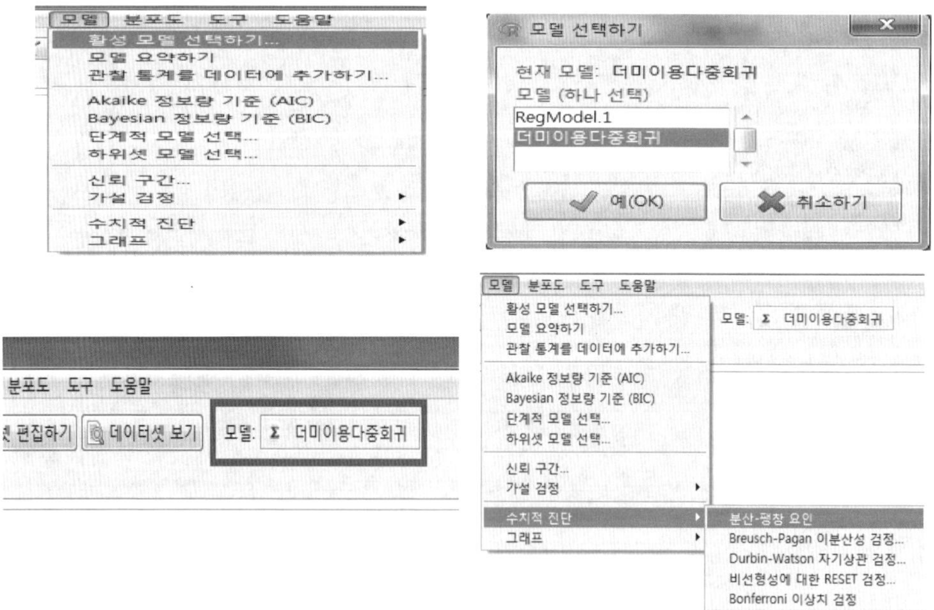

그림 12-14 더미변수를 포함한 다중회귀분석의 다중공선성 확인

```
> vif(더미이용다중회귀)
 Q7자체수입2013인당 Q11복지예산2013인당            Q13인구2013           Q1지역
           1.494886                2.657384               2.246357           1.543620
```

그림 12-15 더미변수를 포함한 다중회귀분석의 다중공선성 결과

회귀모형의 다중공선성을 확인하기 위해 [그림 12-14]에서와 같이 R Commander 메뉴의 '모델' → '활성 모델 선택하기' 선택하면 '모델 선택하기' 대화상자가 활성화 된다. 해당 모형(더미 이용 다중회귀)을 선택한 후 '예(OK)'를 클릭하면 해당 모형이 선택된다. 이후 다시 메뉴에서 '모델' →'수치적 진단' → '분산-팽창 요인'을 차례로 선택하면 [그림 12-15]와 같이 결과가 출력된다.

3) 표준화된 회귀계수 및 결과의 정리

표준화된 회귀계수값을 계산하기 위해서는 우선 해당 변수들에 대해 우선적으로 표준점수로 변환시켜 둘 필요가 있다[11]. [그림 12-16]과 같이 상위 메뉴에서 '데이터' → '활성 데이터에 있는 변수 관리하기'를 클릭하면 '변수 표준화하기' 대화상자가 활성화된다. 변수에 분석에 필요한 종속변수(Q5재정사립도2013)와 독립변수(Q7자체수입2013인당, Q11복지예산2013인당, Q13인구2013, Q1지역)를 선택한 후 '예(OK)'를 클릭하면, 표준점수로 계산된 변수가 항목에서 추가된다.

표준화된 회귀계수값을 구하기 위해서는 앞서 변경시켜놓은 표준화된 변수를 이용해 다중회귀분석을 반복하게 된다. R Commander 상위 메뉴에서 '통계'→'적합성 모델'→'선형 모델'을 선택하면, '선형 모델' 대화상자가 활성화된다. [그림 12-17]과 같이 종속변수와 독립변수의 선택에 표준점수화로 변경시켜놓은 'Z.Q5재정자립도2013'을 종속변수에 입력하고 독립변수에는 'Z.Q7자체수입2013인당 + Z.Q11복지예산2013인당 + Z.Q13인구2013 + Z.Q1지역'을 클릭 또는 키보드를 이용하여 입력한

11) 표준화 작업은 다중회귀분석 이후 실시해도 된다 하지만, 질적 변수(Q1지역)를 요인변수로 설정한 후에는 표준점수로 전환이 불가능하다. 따라서 표준점수를 계산하기 위해서는 R Commander를 종료하고 다시 실해해야 하는 불편함이 있다. 따라서 우선 표준회귀계수를 출력하기 위한 사전 작업으로 변수의 표준점수를 실행한다. 변수를 표준점수화하면 표준점수로 계산된 변수가 추가된다.

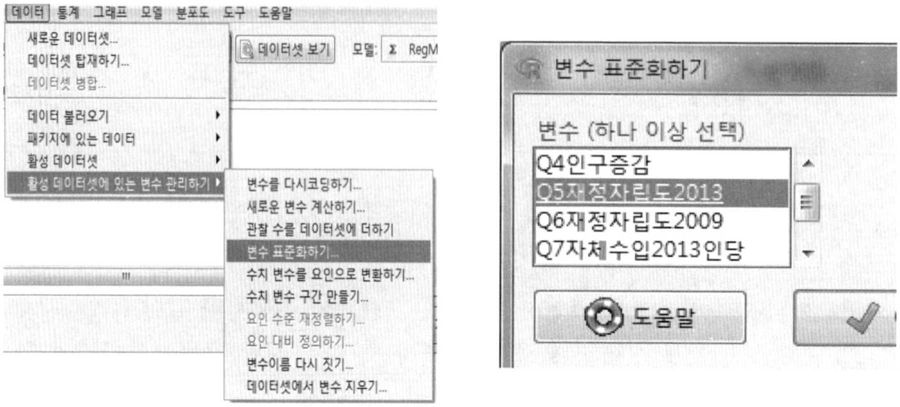

그림 12-16 종속 및 독립변수의 표준화 절차

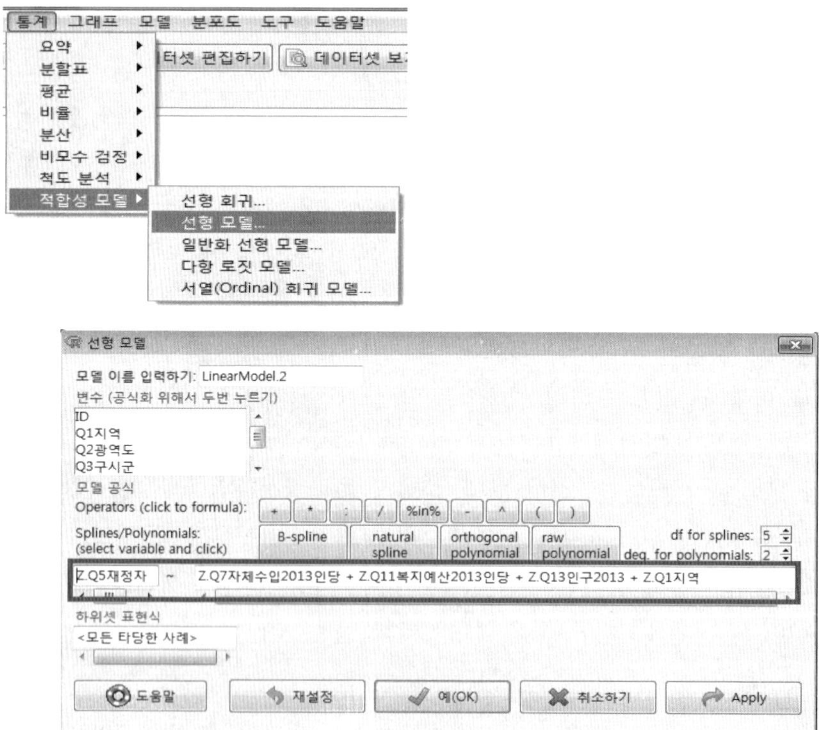

그림 12-17 표준회귀 계수분석 절차

```
> LinearModel.1 <- lm(Z.Q5재정자립도2013 ~ Z.Q7자체수입2013인당 + Z.Q11복지예산2013
인당 +
+   Z.Q13인구2013 + Z.Q1지역, data=지방재정)

> summary(LinearModel.1)

Call:
lm(formula = Z.Q5재정자립도2013 ~ Z.Q7자체수입2013인당 + Z.Q11복지예산2013인당 +
    Z.Q13인구2013 + Z.Q1지역, data = 지방재정)

Residuals:
     Min       1Q   Median       3Q      Max
-2.06313 -0.25707 -0.01897  0.20770  1.57741

Coefficients:
                          Estimate Std. Error  t value   Pr(>|t|)
(Intercept)             -9.349e-17  2.968e-02    0.00         1
Z.Q7자체수입2013인당     4.843e-01  3.637e-02   13.31    < 2e-16 ***
Z.Q11복지예산2013인당   -6.745e-01  4.850e-02  -13.91    < 2e-16 ***
Z.Q13인구2013            2.622e-01  4.459e-02    5.88   1.50e-08 ***
Z.Q1지역                -2.251e-01  3.696e-02   -6.09   4.96e-09 ***
---
Signif. codes:  0 '***' 0.001 '**' 0.01 '*' 0.05 '.' 0.1 ' ' 1

Residual standard error: 0.4463 on 221 degrees of freedom
Multiple R-squared:  0.8044,  Adjusted R-squared:  0.8009
F-statistic: 227.2 on 4 and 221 DF,  p-value: < 2.2e-16
```

그림 12-18 표준회귀 계수 결과

후 '예(OK)'를 클릭하면 하면 [그림 12-18]과 같은 결과가 출력된다.

이상의 분석 결과를 정리하면 <표 12-3>과 같다. 전반적인 회귀모형에 대한 적합도 검성 결과 F=227.2, p=0.000으로 유의 수준 0.01 하에서 회귀모형이 적합한 것으로 나타났다. $adj\,R^2$= 0.80으로 해당 모형으로 통해 재정자립도를 80.0%가량 설명하는 것으로 나타났다. VIF값이 1.49에서 2.26으로 전반적으로 다중공선성에 대한 문제는 없는 것으로 나타났다.

지방자치단체의 1인당 자체수입의 경우 $\hat{\beta}$=0.022, T=13.31, p=0.000으로 유의 수준 0.01 하에서 재정자립도에 통계적으로 의미있는 정(+)의 영향 관계에 보였고, 인구($\hat{\beta}$=0.000018, T=5.88, p=0.000) 역시 재정자립도에 통계적으로 의미있는 정(+)의 영향을 주는 것으로 분석되었다. 한편, 1인당 복지 예산의 경우 $\hat{\beta}$=-0.035 T=-13.91, p=0.000으로 재방재정에 부( )의 영향 관계를 나타냈고, 더미변수인 지역[12)]의 경우

표 12-3 회귀계수에 대한 가설 검정 결과

종속변수: 재정자립도	$\hat{\beta}$ a)	B c)	T a)	p-value a)	VIF b)
Intercept	0.38		16.37	0.000(2e-16)	
1인당 자체수입	0.022	0.484	13.31	0.000(2e-16)	1.495
1인당 복지 예산	-0.035	-0.674	-13.91	0.000(2e-16)	2.657
인구	0.000018	0.262	5.88	0.000(1.50e-8)	2.246
지역(수도권/지방)	-7.371	-0.225	-6.09	0.000(4.96e-9)	1.543
R^2=0.8044 $adj\,R^2$= 0.80, F=227.2 p=0.000					

a) [그림 12-2] 참조, b) [그림 12-5] 참조, c) [그림 12-9] 참조.

$\hat{\beta}$=-7.371 T=-6.09, p=0.000 수도권에 비해 지방이 지방재정에 부(-)의 영향을 주는 것으로 나타났다. 즉, 지역 요인 역시 재정적 격차를 유발하는 원인 변수로 작용하고 있다.

한편 표준화된 회귀계수를 살펴보면 1인당 자체수입 B=0.484, 1인당 복지 예산 B= - 0.674, 인구 B=0.262, 지역 B=-0.225으로 재정자립도에 영향을 미치는 독립변수의 상대적 중요도는 1인당 복지 예산, 1인당 자체수입, 인구, 지역 순으로 나타났다.

12) 지역변수를 더미변수로 변환하면 적은 값을 가진 수도권=0으로 기준 변수가 되고, 높은 값을 가진 지방=1은 대비변수가 된다.

〈부록 1〉 설문 및 코딩 자료

1. 대학 취업 특성 조사 설문지

아래 항목에 대해 귀하께서 현재 근무 중에 있는 직장의 만족도에 대한 동의 정도에 √표 하시오.

	매우 불만	불만	보통	만족	매우 만족
[문1] 임금					
[문2] 고용안전성					
[문3] 직무 내용					
[문4] 근무환경					
[문5] 근무 시간					
[문6] 자기발전 가능성					
[문7] 직장 동료와 관계					
[문8] 복리후생제도					
[문9] 인사제도					
[문10] 사회적 평판					

[문11] 귀하의 전공과 현재 직무와의 일치 정도는 어떻습니까?

① 전혀 일치하지 않는다
② 일치하지 않는다
③ 보통
④ 일치한다
⑤ 매우 일치한다

아래 항목 중에서 취업에 도움이 정도는 어느 정도입니까?
동의 정도에 √표 하시오.

	전혀 중요하지 않다	중요하지 않다	보통	중요하다	매우 중요하다
[문12] 학력(학위)					
[문13] 학벌(출신 대학)					
[문14] 학점					
[문15] 자격증					
[문16] 전공					
[문17] 외국어 능력					
[문18] 인턴 및 경험					
[문19] 외모					

[문 20] 귀하의 근로 형태는?
① 정규직 ② 비정규직

[문21] 귀하께서는 어학연수 경험이 있으십니까?
① 있다 ② 없다

[문22] 귀하의 현재 월평균 소득은? ( )만 원

[문23] 귀하의 대학평균 평점은? ( )점

[문24] 귀하의 토익 점수는 ? ( )점

[문25] 귀하의 출신 대학의 형태는?
① 국공립 ② 사립

[문26] 귀하의 출신 대학이 소재한 지역은?
① 서울 ② 경기도 ③ 충청 ④ 경상 ⑤ 전라

[문27] 귀하의 출신 대학의 유형은 ?
① 2~3년제 대학 ② 4년제 대학

[문28] 귀하의 전공의 유형은 ?
① 인문 계열 ② 사회 계열 ③ 공학 계열 ④ 자연 계열

[문29] 귀하의 성별은?
① 남자 ② 여자

[문30] 귀하의 연령은? ( )세

[문31] 귀하의 출신 지역은? ( )시

끝까지 응답해 주셔서 감사합니다

2. lfin.csv(지방재정) 코딩 참고

Q1 지역: ① 수도권 ② 지방

Q2 광역도: ① 광역시 ② 도

Q3 구・시・군: ① 구 ② 시 ③ 군

Q4 인구증감: ① 인구 감소 ② 인구 증가

Q5 재정자립도2013: 2013년도 재정자립도

Q6 재정자립도2009: 2009년도 재정자립도

Q7 자체수입2013인당: 2013년도 1인당 자체수입

Q8 자체수입2009인당: 2009년도 1인당 자체수입

Q9 복지비비중2013: 2013년 지방재정에서 복지비 예산이 차지하는 비중

Q10 복지비비중2009: 2009년 지방재정에서 복지비 예산이 차지하는 비중

Q11 복지예산2013인당: 2013년 주민 1인당 복지 예산

Q12 복지예산2009인당: 2013년 주민 1인당 복지 예산

Q13 인구2013: 2013년 주민 인구

Q14 인구2009: 2009년 주민 인구

〈부록 2〉 각종 통계표

1. 이항분포표

		p									
n	x	0.05	0.10	0.15	0.20	0.25	0.30	0.35	0.40	0.45	0.50
1	0	.9500	.9000	.8500	.8000	.7500	.7000	.6500	.6000	.5500	.5000
	1	.0500	.1000	.1500	.2000	.2500	.3000	.3500	.4000	.4500	.5000
2	0	.9025	.8100	.7225	.6400	.5625	.4900	.4225	.3600	.3025	.2500
	1	.0950	.1800	.2550	.3200	.3750	.4200	.4550	.4800	.4950	.5000
	2	.0025	.0100	.0225	.0400	.0625	.0900	.1225	.1600	.2025	.2500
3	0	.8574	.7290	.6141	.5120	.4219	.3430	.2746	.2160	.1664	.1250
	1	.1354	.2430	.3251	.3840	.4219	.4410	.4436	.4320	.4084	.3750
	2	.0071	.0270	.0574	.0960	.1406	.1890	.2389	.2880	.3341	.3750
	3	.0001	.0010	.0034	.0080	.0156	.0270	.0429	.0640	.0911	.1250
4	0	.8145	.6561	.5220	.4096	.3164	.2401	.1785	.1296	.0915	.0625
	1	.1715	.2916	.3685	.4096	.4215	.4116	.3845	.3456	.2995	.2500
	2	.0135	.0486	.0975	.1536	.2109	.2646	.3105	.3456	.3675	.3750
	3	.0005	.0036	.0115	.0256	.0469	.0756	.1115	.1536	.2005	.2500
	4	.0000	.0001	.0005	.0016	.0039	.0081	.0150	.0256	.0410	.0625
5	0	.7738	.5905	.4437	.3277	.2373	.1681	.1160	.0778	.0503	.0312
	1	.2036	.3280	.3915	.4096	.3955	.3602	.3214	.2592	.2059	.1562
	2	.0214	.0729	.1382	.2048	.2637	.3087	.3364	.3456	.3369	.3125
	3	.0011	.0081	.0244	.0512	.0879	.1323	.1811	.2304	.2757	.3125
	4	.0000	.0004	.0022	.0064	.0146	.0284	.0488	.0768	.1128	.1562
	5	.0000	.0000	.0001	.0003	.0010	.0024	.0053	.0102	.0185	.0132
6	0	.7351	.5314	.3771	.2621	.1780	.1176	.0754	.0467	.0277	.0156
	1	.2321	.3543	.3993	.3932	.3560	.3025	.2437	.1866	.1359	.0938
	2	.0305	.0984	.1762	.2458	.2966	.3241	.3280	.3110	.2780	.2344
	3	.0021	.0146	.0415	.0819	.1318	.1852	.2355	.2765	.3032	.3125
	4	.0001	.0012	.0055	.0154	.0330	.0595	.0951	.1382	.1861	.2344
	5	.0000	.0001	.0004	.0015	.0044	.0102	.0205	.0369	.0609	.0938
	6	.0000	.0000	.0000	.0001	.0002	.0007	.0018	.0041	.0083	.0156
7	0	.6983	.4783	.3206	.2097	.1335	.0824	.0490	.0280	.0152	.0078
	1	.2573	.3720	.3960	.3670	.3115	.2471	.1848	.1306	.0872	.0547
	2	.0406	.1240	.2097	.2753	.3115	.3177	.2985	.2613	.2140	.1641
	3	.0036	.0230	.0617	.1147	.1730	.2269	.2679	.2903	.2918	.2734
	4	.0002	.0026	.0109	.0287	.0577	.0972	.1442	.1935	.2388	.2734
	5	.0000	.0002	.0012	.0043	.0115	.0250	.0466	.0774	.1172	.1641
	6	.0000	.0000	.0001	.0004	.0013	.0036	.0084	.0172	.0320	.0547
	7	.0000	.0000	.0000	.0000	.0001	.0002	.0006	.0016	.0037	.0078
8	0	.6634	.4305	.2725	.1678	.1001	.0576	.0319	.0168	.0084	.0039
	1	.2793	.3826	.3847	.3355	.2670	.1977	.1373	.0896	.0548	.0312
	2	.0515	.1488	.2376	.2936	.3115	.2965	.2587	.2090	.1569	.1094
	3	.0054	.0331	.0839	.1468	.2076	.2541	.2786	.2787	.2568	.2188
	4	.0004	.0046	.0185	.0459	.0865	.1361	.1875	.2322	.2627	.2734
	5	.0000	.0004	.0026	.0092	.0231	.0467	.0808	.1239	.1719	.2188
	6	.0000	.0000	.0002	.0011	.0038	.0100	.0217	.0413	.0703	.1094
	7	.0000	.0000	.0000	.0001	.0004	.0012	.0033	.0079	.0164	.0312
	8	.0000	.0000	.0000	.0000	.0000	.0001	.0002	.0007	.0017	.0039

	x	0.05	0.10	0.15	0.20	0.25	0.30	0.35	0.40	0.45	0.50
9	0	.6302	.3874	.2316	.1342	.0751	.0404	.0207	.0101	.0046	.0020
	1	.2985	.3874	.3679	.3020	.2253	.1556	.1004	.0605	.0339	.0176
	2	.0629	.1722	.2597	.3020	.3003	.2668	.2162	.1612	.1110	.0703
	3	.0077	.0446	.1069	.1762	.2336	.2668	.2716	.2508	.2119	.1641
	4	.0006	.0074	.0283	.0661	.1168	.1715	.2194	.2508	.2600	.2461
	5	.0000	.0008	.0050	.0165	.0389	.0735	.1181	.1672	.2128	.2461
	6	.0000	.0001	.0006	.0028	.0087	.0210	.0424	.0743	.1160	.1641
	7	.0000	.0000	.0000	.0003	.0012	.0039	.0098	.0212	.0407	.0703
	8	.0000	.0000	.0000	.0000	.0001	.0004	.0013	.0035	.0083	.0176
	9	.0000	.0000	.0000	.0000	.0000	.0000	.0001	.0003	.0008	.0020
10	0	.5978	.3487	.1969	.1074	.0563	.0280	.0135	.0060	.0025	.0010
	1	.3151	.3874	.3474	.2684	.1877	.1211	.0725	.0403	.0207	.0098
	2	.0746	.1937	.2759	.3020	.2816	.2335	.1757	.1209	.0763	.0439
	3	.0105	.0574	.1298	.2013	.2503	.2668	.2522	.2150	.1665	.1172
	4	.0010	.0112	.0401	.0881	.1460	.2001	.2377	.2508	.2384	.2051
	5	.0001	.0015	.0085	.0264	.0584	.1029	.1536	.2007	.2340	.2461
	6	.0000	.0001	.0012	.0055	.0162	.0368	.0689	.1115	.1596	.2051
	7	.0000	.0000	.0001	.0008	.0031	.0090	.0212	.0425	.0746	.1172
	8	.0000	.0000	.0000	.0001	.0004	.0014	.0043	.0106	.0229	.0439
	9	.0000	.0000	.0000	.0000	.0000	.0001	.0005	.0016	.0042	.0098
	10	.0000	.0000	.0000	.0000	.0000	.0000	.0000	.0001	.0003	.0010
11	0	.5688	.3138	.1673	.0859	.0422	.0198	.0088	.0036	.0014	.0005
	1	.3293	.3835	.3248	.2362	.1549	.0932	.0518	.0266	.0125	.0054
	2	.0867	.2131	.2866	.2953	.2581	.1998	.1395	.0887	.0513	.0269
	3	.0137	.0710	.1517	.2215	.2581	.2568	.2254	.1774	.1259	.0806
	4	.0014	.0158	.0536	.1107	.1721	.2201	.2428	.2365	.2060	.1611
	5	.0001	.0025	.0132	.0388	.0803	.1321	.1830	.2207	.2360	.2256
	6	.0000	.0003	.0023	.0097	.0268	.0566	.0985	.1471	.1931	.2256
	7	.0000	.0000	.0003	.0017	.0064	.0173	.0379	.0701	.1128	.1611
	8	.0000	.0000	.0000	.0002	.0011	.0037	.0102	.0234	.0462	.0806
	9	.0000	.0000	.0000	.0000	.0001	.0005	.0018	.0052	.0126	.0269
	10	.0000	.0000	.0000	.0000	.0000	.0000	.0002	.0007	.0021	.0054
	11	.0000	.0000	.0000	.0000	.0000	.0000	.0000	.0000	.0002	.0005
12	0	.5404	.2824	.1422	.0687	.0317	.0138	.0057	.0022	.0008	.0002
	1	.3413	.3766	.3012	.2062	.1267	.0712	.0368	.0174	.0075	.0029
	2	.0988	.2301	.2924	.2835	.2323	.1678	.1088	.0639	.0339	.0161
	3	.0173	.0852	.1720	.2362	.2581	.2397	.1954	.1419	.0923	.0537
	4	.0021	.0213	.0683	.1329	.1936	.2311	.2367	.2128	.2225	.1934
	5	.0002	.0038	.0193	.0532	.1032	.1585	.2039	.2270	.2225	.1934
	6	.0000	.0005	.0040	.0155	.0401	.0792	.1281	.1766	.2124	.2256
	7	.0000	.0000	.0006	.0033	.0115	.0291	.0591	.1009	.1489	.1934
	8	.0000	.0000	.0001	.0005	.0024	.0078	.0199	.0420	.0762	.1208
	9	.0000	.0000	.0000	.0001	.0004	.0015	.0048	.0125	.0277	.0537
	10	.0000	.0000	.0000	.0000	.0000	.0002	.0008	.0025	.0068	.0161
	11	.0000	.0000	.0000	.0000	.0000	.0000	.0001	.0003	.0010	.0029
	12	.0000	.0000	.0000	.0000	.0000	.0000	.0000	.0000	.0001	.0002

2. 포아송분포표

					μ					
x	0.1	0.2	0.3	0.4	0.5	0.6	0.7	0.8	0.9	1.0
0	.9048	.8187	.7408	.6703	.6065	.5488	.4966	.4493	.4066	.3679
1	.0905	.1637	.2222	.2681	.3033	.3293	.3476	.3595	.3659	.3679
2	.0045	.0164	.0333	.0536	.0758	.0988	.1217	.1438	.1647	.1839
3	.0002	.0011	.0033	.0072	.0126	.0198	.0284	.0383	.0494	.0613
4	.0000	.0001	.0003	.0007	.0016	.0030	.0050	.0077	.0111	.0153
5	.0000	.0000	.0000	.0001	.0002	.0004	.0007	.0012	.0020	.0031
6	.0000	.0000	.0000	.0000	.0000	.0000	.0001	.0002	.0003	.0005
7	.0000	.0000	.0000	.0000	.0000	.0000	.0000	.0000	.0000	.0001

					μ					
x	1.1	1.2	1.3	1.4	1.5	1.6	1.7	1.8	1.9	2.0
0	.3329	.3012	.2725	.2466	.2231	.2019	.1827	.1653	.1496	.1353
1	.3662	.3614	.3543	.3452	.3347	.3230	.3106	.2975	.2842	.2707
2	.2014	.2169	.2303	.2417	.2510	.2584	.2640	.2678	.2700	.2707
3	.0738	.0867	.0998	.1128	.1255	.1378	.1496	.1607	.1710	.1804
4	.0203	.0260	.0324	.0395	.0471	.0551	.0636	.0723	.0812	.0902
5	.0045	.0062	.0084	.0111	.0141	.0176	.0216	.0260	.0309	.0361
6	.0008	.0012	.0018	.0026	.0035	.0047	.0061	.0078	.0098	.0120
7	.0001	.0002	.0003	.0005	.0008	.0011	.0015	.0020	.0027	.0034
8	.0000	.0000	.0001	.0001	.0001	.0002	.0003	.0005	.0006	.0009
9	.0000	.0000	.0000	.0000	.0000	.0000	.0001	.0001	.0001	.0002

					μ					
x	2.1	2.2	2.3	2.4	2.5	2.6	2.7	2.8	2.9	3.0
0	.1225	.1108	.1003	.0907	.0821	.0743	.0672	.0608	.0550	.0498
1	.2572	.2438	.2306	.2177	.2052	.1931	.1815	.1703	.1596	.1494
2	.2700	.2681	.2652	.2613	.2565	.2510	.2450	.2384	.2314	.2240
3	.1890	.1966	.2033	.2090	.2138	.2176	.2205	.2225	.2237	.2240
4	.0992	.1082	.1169	.1254	.1336	.1414	.1488	.1557	.1622	.1680
5	.0417	.0476	.0538	.0602	.0668	.0735	.0804	.0872	.0940	.1008
6	.0146	.0174	.0206	.0241	.0278	.0319	.0362	.0407	.0455	.0504
7	.0044	.0055	.0068	.0083	.0099	.0118	.0139	.0163	.0188	.0216
8	.0011	.0015	.0019	.0025	.0031	.0038	.0047	.0057	.0068	.0081
9	.0003	.0004	.0005	.0007	.0009	.0011	.0014	.0018	.0022	.0027
10	.0001	.0001	.0001	.0002	.0002	.0003	.0004	.0005	.0006	.0008
11	.0000	.0000	.0000	.0000	.0000	.0001	.0001	.0001	.0002	.0002
12	.0000	.0000	.0000	.0000	.0000	.0000	.0000	.0000	.0000	.0001

	μ									
x	3.1	3.2	3.3	3.4	3.5	3.6	3.7	3.8	3.9	4.0
0	.0450	.0408	.0369	.0334	.0302	.0273	.0247	.0224	.0202	.0183
1	.1397	.1304	.1217	.1135	.1057	.0984	.0915	.0850	.0789	.0733
2	.2165	.2087	.2008	.1929	.1850	.1771	.1692	.1615	.1539	.1465
3	.2237	.2226	.2209	.2186	.2158	.2125	.2087	.2046	.2001	.1954
4	.1734	.1781	.1823	.1858	.1888	.1912	.1931	.1944	.1951	.1954
5	.1075	.1140	.1203	.1264	.1322	.1377	.1429	.1477	.1522	.1563
6	.0555	.0608	.0662	.0716	.0771	.0826	.0881	.0936	.0989	.1042
7	.0246	.0278	.0312	.0348	.0385	.0425	.0466	.0508	.0551	.0595
8	.0095	.0111	.0129	.0148	.0169	.0191	.0215	.0241	.0269	.0298
9	.0033	.0040	.0047	.0056	.0066	.0076	.0089	.0102	.0116	.0132
10	.0010	.0013	.0016	.0019	.0023	.0028	.0033	.0039	.0045	.0053
11	.0003	.0004	.0005	.0006	.0007	.0009	.0011	.0013	.0016	.0019
12	.0001	.0001	.0001	.0002	.0002	.0003	.0003	.0004	.0005	.0006
13	.0000	.0000	.0000	.0000	.0001	.0001	.0001	.0001	.0002	.0002
14	.0000	.0000	.0000	.0000	.0000	.0000	.0000	.0000	.0000	.0001

	μ									
x	4.1	4.2	4.3	4.4	4.5	4.6	4.7	4.8	4.9	5.0
0	.0166	.0150	.0136	.0123	.0111	.0101	.0091	.0082	.0074	.0067
1	.0679	.0630	.0583	.0540	.0500	.0462	.0427	.0395	.0365	.0337
2	.1393	.1323	.1254	.1188	.1125	.1063	.1005	.0948	.0894	.0842
3	.1904	.1852	.1798	.1743	.1687	.1631	.1574	.1517	.1460	.1404
4	.1951	.1944	.1933	.1917	.1898	.1875	.1849	.1820	.1789	.1755
5	.1600	.1633	.1662	.1687	.1708	.1725	.1738	.1747	.1753	.1755
6	.1093	.1143	.1191	.1237	.1281	.1323	.1362	.1398	.1432	.1462
7	.0640	.0686	.0732	.0778	.0824	.0869	.0914	.0959	.1002	.1044
8	.0328	.0360	.0393	.0428	.0463	.0500	.0537	.0575	.0614	.0653
9	.0150	.0168	.0188	.0209	.0232	.0255	.0280	.0307	.0334	.0363
10	.0061	.0071	.0081	.0092	.0104	.0118	.0132	.0147	.0164	.0181
11	.0023	.0027	.0032	.0037	.0043	.0049	.0056	.0064	.0073	.0082
12	.0008	.0009	.0011	.0014	.0016	.0019	.0022	.0026	.0030	.0034
13	.0002	.0003	.0004	.0005	.0006	.0007	.0008	.0009	.0011	.0013
14	.0001	.0001	.0001	.0001	.0002	.0002	.0003	.0003	.0004	.0005
15	.0000	.0000	.0000	.0000	.0001	.0001	.0001	.0001	.0001	.0002

3. 표준정규분포표

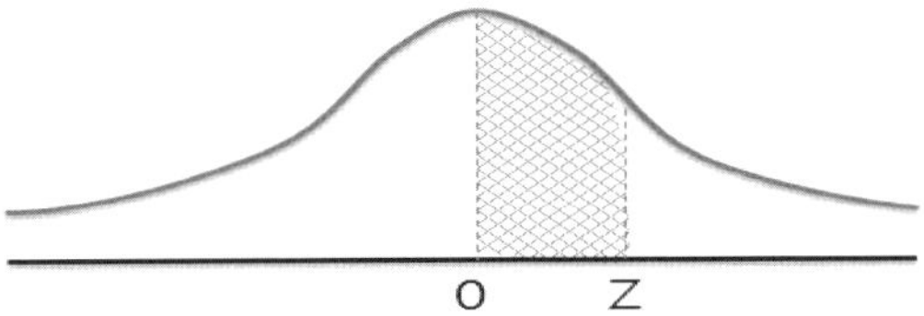

Z	.00	.01	.02	.03	.04	.05	.06	.07	.08	.09
0.0	.0000	.0040	.0080	.0120	.0160	.0199	.0239	.0279	.0319	.0359
0.1	.0398	.0438	.0478	.0517	.0557	.0596	.0636	.0675	.0714	.0753
0.2	.0793	.0832	.0871	.0910	.0948	.0987	.1026	.1064	.1103	.1141
0.3	.1179	.1217	.1255	.1293	.1331	.1368	.1406	.1443	.1480	.1517
0.4	.1554	.1591	.1628	.1664	.1700	.1736	.1772	.1808	.1844	.1879
0.5	.1915	.1950	.1985	.2019	.2054	.2088	.2123	.2157	.2190	.2224
0.6	.2257	.2291	.2324	.2357	.2389	.2422	.2454	.2486	.2518	.2549
0.7	.2580	.2612	.2642	.2673	.2704	.2734	.2764	.2794	.2823	.2852
0.8	.2881	.2910	.2939	.2967	.2995	.3023	.3051	.3078	.3106	.3133
0.9	.3159	.3186	.3212	.3238	.3264	.3289	.3315	.3340	.3365	.3389
1.0	.3413	.3438	.3461	.3485	.3508	.3531	.3554	.3577	.3599	.3621
1.1	.3643	.3665	.3686	.3708	.3729	.3749	.3770	.3790	.3810	.3830
1.2	.3849	.3869	.3888	.3907	.3925	.3944	.3962	.3980	.3997	.4015
1.3	.4032	.4049	.4066	.4082	.4099	.4115	.4131	.4147	.4162	.4177
1.4	.4192	.4207	.4222	.4236	.4251	.4265	.4279	.4292	.4306	.4319
1.5	.4332	.4345	.4357	.4370	.4382	.4394	.4406	.4418	.4429	.4441
1.6	.4452	.4463	.4474	.4484	.4495	.4505	.4515	.4525	.4535	.4545
1.7	.4554	.4564	.4573	.4582	.4591	.4599	.4608	.4616	.4625	.4633
1.8	.4641	.4649	.4656	.4664	.4671	.4678	.4686	.4693	.4699	.4706
1.9	.4713	.4719	.4726	.4732	.4738	.4744	.4750	.4756	.4761	.4764
2.0	.4772	.4778	.4783	.4788	.4793	.4798	.4803	.4808	.4812	.4817
2.1	.4821	.4826	.4830	.4834	.4838	.4842	.4846	.4850	.4854	.4857
2.2	.4861	.4864	.4868	.4871	.4875	.4878	.4881	.4884	.4887	.4890
2.3	.4893	.4896	.4898	.4901	.4904	.4906	.4909	.4911	.4913	.4916
2.4	.4918	.4920	.4922	.4925	.4927	.4929	.4931	.4932	.4934	.4936
2.5	.4938	.4940	.4941	.4943	.4945	.4946	.4948	.4949	.4951	.4952
2.6	.4953	.4955	.4956	.4957	.4959	.4960	.4961	.4962	.4963	.4964
2.7	.4965	.4966	.4967	.4968	.4969	.4970	.4971	.4972	.4973	.4974
2.8	.4974	.4975	.4976	.4977	.4977	.4978	.4979	.4979	.4980	.4981
2.9	.4981	.4982	.4982	.4983	.4984	.4984	.4985	.4985	.4986	.4986
3.0	.4986	.4987	.4987	.4988	.4988	.4989	.4989	.4989	.4990	.4990
3.1	.4990	.4991	.4991	.4991	.4992	.4992	.4992	.4992	.4993	.4993
3.2	.4993	.4993	.4994	.4994	.4994	.4994	.4994	.4995	.4995	.4995
3.3	.4995	.4995	.4995	.4996	.4996	.4996	.4996	.4996	.4996	.4997
3.4	.4997	.4997	.4997	.4997	.4997	.4997	.4997	.4997	.4998	.4998
3.5	.4998	.4998	.4998	.4998	.4998	.4998	.4998	.4998	.4998	.4998
3.6	.4998	.4998	.4999	.4999	.4999	.4999	.4999	.4999	.4999	.4999
3.7	.4999	.4999	.4999	.4999	.4999	.4999	.4999	.4999	.4999	.4999
3.8	.4999	.4999	.4999	.4999	.4999	.4999	.4999	.5000	.5000	.5000
3.9	.5000	.5000	.5000	.5000	.5000	.5000	.5000	.5000	.5000	.5000

4. t 분포표

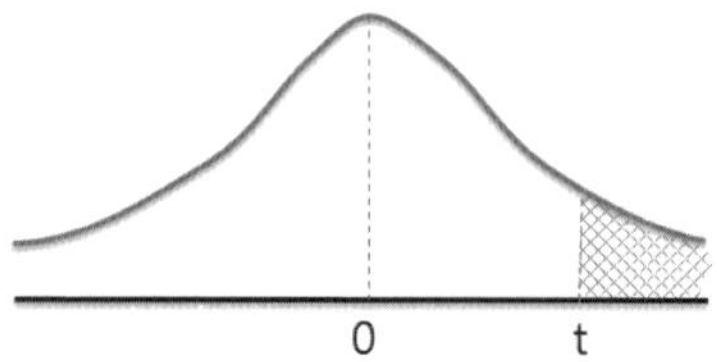

df	유의 수준 .1	.05	.025	.01	.005	.0025	.001	.0005
1	3.078	6.314	12.706	31.821	63.657	127.32	318.31	636.62
2	1.886	2.920	4.303	6.965	9.925	14.089	22.327	31.598
3	1.638	2.353	3.182	4.541	5.841	7.453	10.214	12.924
4	1.533	2.132	2.776	3.747	4.604	5.598	7.173	8.610
5	1.476	2.015	2.571	3.365	4.032	4.773	5.893	6.869
6	1.440	1.943	2.447	3.143	3.707	4.317	5.208	5.959
7	1.415	1.895	2.365	2.998	3.499	4.029	4.785	5.408
8	1.397	1.860	2.306	2.896	3.355	3.833	4.501	5.041
9	1.383	1.833	2.262	2.821	3.250	3.690	4.297	4.781
10	1.371	1.812	2.228	2.764	3.169	3.581	4.144	4.587
11	1.363	1.796	2.201	2.718	3.106	3.497	4.025	4.437
12	1.356	1.782	2.179	2.681	3.055	3.428	3.930	4.318
13	1.350	1.771	2.160	2.650	3.012	3.372	3.852	4.221
14	1.345	1.761	2.145	2.624	2.977	3.326	3.787	4.140
15	1.341	1.753	2.131	2.602	2.947	3.286	3.733	4.073
16	1.337	1.746	2.120	2.583	2.921	3.252	3.686	4.015
17	1.333	1.740	2.110	2.567	2.898	3.222	3.646	3.956
18	1.330	1.734	2.101	2.552	2.878	3.197	3.610	3.922
19	1.328	1.729	2.093	2.539	2.861	3.174	3.579	3.883
20	1.325	1.725	2.086	2.528	2.845	3.153	3.552	3.850
21	1.323	1.721	2.080	2.518	2.831	3.135	3.527	3.819
22	1.321	1.717	2.074	2.508	2.819	3.119	3.505	3.792
23	1.319	1.714	2.069	2.500	2.807	3.104	3.485	3.767
24	1.318	1.711	2.064	2.492	2.797	3.091	3.467	3.745
25	1.316	1.708	2.060	2.485	2.787	3.078	3.450	3.725
26	1.315	1.706	2.056	2.479	2.779	3.067	3.435	3.707
27	1.314	1.703	2.052	2.473	2.771	3.057	3.421	3.690
28	1.313	1.701	2.048	2.467	2.763	3.047	3.396	3.659
29	1.311	1.699	2.045	2.462	2.756	3.038	3.396	3.659
30	1.310	1.697	2.042	2.457	2.750	3.030	3.385	3.646
40	1.303	1.684	2.021	2.423	2.704	2.971	3.307	3.551
60	1.296	1.671	2.000	2.390	2.660	2.915	3.232	3.460
120	1.289	1.658	1.980	2.358	2.617	2.860	3.160	3.373
∞	1.282	1.645	1.960	2.326	2.576	2.807	3.090	3.291

5. *F*분포표

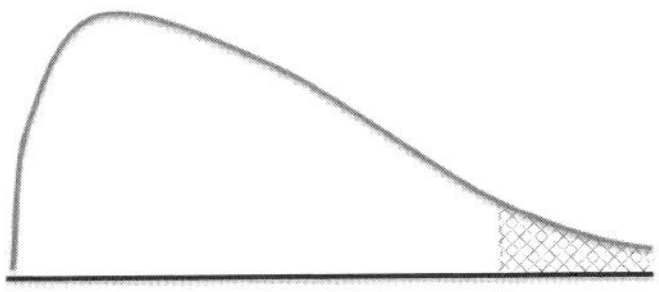

F

df_1=분자의 자유도, df_2=분모의 자유도

α=.05

df_2	df_1: 1	2	3	4	5	6	8	12	24	∞
1	161.4	199.5	215.7	224.6	230.2	234.0	238.9	243.9	249.0	254.3
2	18.51	19.00	19.16	19.25	19.30	19.33	19.37	19.41	19.45	19.50
3	10.13	9.55	9.28	9.12	9.01	8.94	8.84	8.74	8.64	8.53
4	7.71	6.94	6.59	6.39	6.26	6.16	6.04	5.91	5.77	5.63
5	6.61	5.79	5.41	5.19	5.05	4.95	4.82	4.68	4.53	4.36
6	5.99	5.14	4.76	4.53	4.39	4.28	4.15	4.00	3.84	3.67
7	5.59	4.74	4.35	4.12	3.97	3.87	3.73	3.57	3.41	3.23
8	5.32	4.46	4.07	3.84	3.69	3.58	3.44	3.28	3.12	2.93
9	5.12	4.26	3.86	3.63	3.48	3.37	3.23	3.07	2.90	2.71
10	4.96	4.10	3.71	3.48	3.33	3.22	3.07	2.91	2.74	2.54
11	4.84	3.98	3.59	3.36	3.20	3.09	2.95	2.79	2. 6	2.40
12	4.75	3.88	3.49	3.26	3.11	3.00	2.85	2.69	2.50	2.30
13	4.67	3.80	3.41	3.18	3.02	2.92	2.77	2.60	2.42	2.21
14	4.60	3.74	3.34	3.11	2.96	2.85	2.70	2.53	2.35	2.13
15	4.54	3.68	3.29	3.06	2.90	2.79	2.64	2.48	2.29	2.07
16	4.49	3.63	3.24	3.01	2.85	2.74	2.59	2.42	2.24	1.01
17	4.45	3.59	3.20	2.96	2.81	2.70	2.55	2.38	2.19	1.96
18	4.41	3.55	3.16	2.93	2.77	2.66	2.51	2.34	2.15	1.92
19	4.38	3.52	3.13	2.90	2.74	2.63	2.48	2.31	2.11	1.88
20	4.35	3.49	3.10	2.87	2.71	2.60	2.45	2.28	2.08	1.84
21	4.32	3.47	3.07	2.84	2.68	2.57	2.42	2.25	2.05	1.81
22	4.30	3.44	3.05	2.82	2.66	2.55	2.40	2.23	2.03	1.78
23	4.28	3.42	3.03	2.80	2.64	2.53	2.38	2.20	2.00	1.76
24	4.26	3.40	3.01	2.78	2.62	2.51	2.36	2.18	1.98	1.73
25	4.24	3.38	2.99	2.76	2.60	2.49	2.34	2.16	1.96	1.71
26	4.22	3.37	2.98	2.74	2.59	2.47	2.32	2.15	1.95	1.69
27	4.21	3.35	2.96	2.73	2.57	2.46	2.30	2.13	1.93	1.67
28	4.20	3.34	2.95	2.71	2.56	2.44	2.29	2.12	1.91	1.65
29	4.18	3.33	2.93	2.70	2.54	2.43	2.28	2.10	1.90	1.64
30	4.17	3.32	2.92	2.69	2.53	2.42	2.27	2.09	1.89	1.62
40	4.08	3.23	2.84	2.61	2.45	2.34	2.18	2.00	1.79	1.51
60	4.00	3.15	2.76	2.52	2.37	2.25	2.10	1.92	1.70	1.39
120	3.92	3.07	2.68	2.45	2.29	2.17	2. 0	1. 8	1. 6	1.25
∞	3.84	2.99	2.60	2.37	2.21	2.09	1.94	1.75	1.52	1.00

F분포표

α=.01

	df_1									
df_2	1	2	3	4	5	6	8	12	24	∞
1	4052	4999	5403	5625	5764	5859	5981	6106	6234	6366
2	98.49	99.01	99.17	99.25	99.30	99.33	99.36	99.42	99.46	99.50
3	34.12	30.81	29.46	28.71	28.24	27.91	27.49	27.05	26.60	26.12
4	21.20	18.00	16.69	15.98	15.52	15.21	14.80	14.37	13.93	13.46
5	16.26	13.27	12.06	11.39	10.97	10.67	10.27	9.86	9.47	9.02
6	13.74	10.92	9.78	9.15	8.75	8.47	8.10	7.72	7.31	6.88
7	12.25	9.55	8.45	7.85	7.46	7.19	6.84	6.47	6.07	5.65
8	11.26	8.65	7.59	7.01	6.63	6.37	6.03	5.67	5.28	4.86
9	10.56	8.02	6.99	6.42	6.06	5.80	5.47	5.11	4.73	4.31
10	10.04	7.56	6.55	5.99	5.64	5.39	5.06	4.71	4.33	3.91
11	9.65	7.20	6.22	5.67	5.32	5.07	4.74	4.40	4.02	3.60
12	9.33	6.93	5.95	5.41	5.06	4.82	4.50	4.16	3.78	3.36
13	9.07	6.70	5.74	5.20	4.86	4.62	4.30	3.96	3.59	3.16
14	8.86	6.51	5.56	5.03	4.69	4.46	4.14	3.80	3.43	3.00
15	8.68	6.36	5.42	4.89	4.56	4.32	4.00	3.67	3.29	2.87
16	8.53	6.23	5.29	4.77	4.44	4.20	3.89	3.55	3.18	2.75
17	8.40	6.11	5.18	4.67	4.34	4.10	3.79	3.45	3.08	2.65
18	8.28	6.01	5.09	4.58	4.25	4.01	3.71	3.37	3.00	2.57
19	8.18	5.93	5.01	4.50	4.17	3.94	3.63	3.30	2.92	2.49
20	8.10	5.85	4.94	4.43	4.10	3.87	3.56	3.23	2.86	2.42
21	8.02	5.78	4.87	4.37	4.04	3.81	3.51	3.17	2.80	2.36
22	7.94	5.72	4.82	4.31	3.99	3.76	3.45	3.12	2.75	2.31
23	7.88	5.66	4.76	4.26	3.94	3.71	3.41	3.07	2.70	2.26
24	7.82	5.61	4.72	4.22	3.90	3.67	3.36	3.03	2.66	2.21
25	7.77	5.57	4.68	4.18	3.86	3.63	3.32	2.99	2.62	2.17
26	7.72	5.53	4.64	4.14	3.82	3.59	3.29	2.96	2.58	2.13
27	7.68	5.49	4.60	4.11	3.78	3.56	3.26	2.93	2.55	2.10
28	7.64	5.45	4.57	4.07	3.75	3.53	3.23	2.90	2.52	2.06
29	7.60	5.42	4.54	4.04	3.73	3.50	3.20	2.87	2.49	2.03
30	7.56	5.39	4.51	4.02	3.70	3.47	3.17	2.84	2.47	2.01
40	7.31	5.18	4.31	3.83	3.51	3.29	2.99	2.66	2.29	1.80
60	7.08	4.98	4.13	3.65	3.34	3.12	2.82	2.50	2.12	1.60
120	6.85	4.79	3.96	3.48	3.17	2.96	2.66	2.34	1.95	1.38
∞	6.64	4.60	3.78	3.32	3.02	2.80	2.51	2.18	1.79	1.00

6. χ^2 분포표

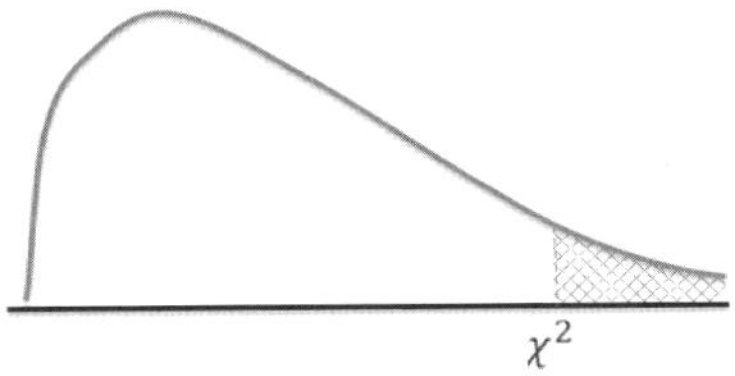

	유의 수준						
df	.250	.100	.050	.025	.010	.005	.001
1	1.32	2.71	3.84	5.02	6.63	7.88	10.8
2	2.77	4.61	5.99	7.38	9.21	10.6	13.8
3	4.11	6.25	7.81	9.35	11.3	12.8	16.3
4	5.39	7.78	9.49	11.1	13.3	14.9	18.5
5	6.63	9.24	11.1	12.8	15.1	16.7	20.5
6	7.84	10.6	12.6	14.4	16.8	18.5	22.5
7	9.04	12.0	14.1	16.0	18.5	20.3	24.3
8	10.2	13.4	15.5	17.5	20.1	22.0	26.1
9	11.4	14.7	16.9	19.0	21.7	23.6	27.9
10	12.5	16.0	18.3	20.5	23.2	25.2	29.6
11	13.7	17.3	19.7	21.9	24.7	26.8	31.3
12	14.8	18.5	21.0	23.3	26.2	28.3	32.9
13	16.0	19.8	22.4	24.7	27.7	29.8	34.5
14	17.1	21.1	23.7	26.1	29.1	31.3	36.1
15	18.2	22.3	25.0	27.5	30.6	32.8	37.7
16	19.4	23.5	26.3	28.8	32.0	34.3	39.3
17	20.5	24.8	27.6	30.2	33.4	35.7	40.8
18	21.6	26.0	28.9	31.5	34.8	37.2	42.3
19	22.7	27.2	30.1	32.9	36.2	38.6	32.8
20	23.8	28.4	31.4	34.2	37.6	40.0	45.3
21	24.9	29.6	32.7	35.5	38.9	41.4	46.8
22	26.0	30.8	33.9	36.8	40.3	42.8	48.3
23	27.1	32.0	35.2	38.1	41.6	44.2	49.7
24	28.2	33.2	36.4	39.4	32.0	45.6	51.2
25	29.3	34.4	37.7	40.6	44.3	46.9	52.6
26	30.4	35.6	38.9	41.9	45.6	48.3	54.1
27	31.5	36.7	40.1	43.2	47.0	49.6	55.5
28	32.6	37.9	41.3	44.5	48.3	51.0	56.9
29	33.7	39.1	42.6	45.7	49.6	52.3	58.3
30	34.8	40.3	43.8	47.0	50.9	53.7	59.7
40	45.6	51.8	55.8	59.3	63.7	66.8	73.4
50	56.3	63.2	67.5	71.4	76.2	79.5	86.7
60	67.0	74.4	79.1	83.3	88.4	92.0	99.6
70	77.6	85.5	90.5	95.0	100	104	112
80	88.1	96.6	102	107	112	116	125
90	98.6	108	113	118	124	128	137
100	109	118	124	130	136	140	149

참고 문헌

국내 문헌

강근식 · 김충락 (1999). 회귀분석. 서울: 교우사.

권세혁 (2010). R을 이용한 통계수학. 자유아카데미.

김동일 (2011). R을 이용한 계량경제분석. Philosophy & Art.

김두섭 (2000). 회귀분석 기초와 응용. 서울: 나남출판.

김태진 (2006). 행정계량분석의 이론과 활용. 대영문화사.

김호정 (2005). 사회과학통계분석. 삼영사.

——— (2013). 사회과학통계분석. 삼영사.

박명섭 · 박광태 (2008). Excel 활용 통계학계론. 몽문사

박성현 · 김성수 (2001). 통계패키지Ⅱ. 한국방송통신대학교출판부.

박주문 (2010). 행정통계학개론. 대영문화사.

서혜선 외 (1999). SPSS를 활용한 회귀분석. SPSS아카데미.

심규박 외 (2009). 논쟁거리로 배우는 통계학. 홍릉과학출판사.

안재형 (2011). R을 이용한 누구나 하는 통계분석. 한나래 아카데미.

양경숙 · 김미경 (2007). R을 활용한 회귀분석. 자유아카데미.

이종원 (1994). 경영경제통계학. 박영사.

이준형 (2000). 통계분석. 대영문화사.

임동훈 (2010). R을 이용한 비모수 통계학. 자유아카데미.

임인재 (1991). 통계방법. 박영사.

정미숙 (2011). Excel과 R을 이용한 통계학. 자유아카데미.

황인창 · 이대용 · 이청호 (2005). 알기 쉬운 통계학, 제2판, 비 · 앤 · 엠북스.

국외 문헌

Bivand, Roger S., Edzer J. Pebesma, & Virgilio Gomez-Rubio (2008). *Applied Spatial Data Analysis with R.* Springer.

Blalock, H. M. (1981). *Social Statistics*, revised 2nd ed. New York: McGraw-Hill Book Company.

Cohen, I. B. (1984). Florence Nightingale. *Scientific American*, 250(3): 128-137.

Galton. Francis (1886). Family Likeness in Stature. *Proceedings of Royal Society,* 40: 42-72. London.

Gujarati, D. N. (1988). *Basic Econometrics*. 2nd ed. New York: McGraw-Hill Book Company.

Hays, W. L. (1981). *Statistics*, 3rd ed. New York: Holt, Rinehart and Winston.

Kendall, M. G. & A. Stuart (1961). *The Advanced Theory of Statistics*, New York: Charle Griffin Pub.

Kleiber, Christian & Achim Zeiles (2008). *Applied Econometrics with R.* Springer.

Kruskal, W. H. & W. A. Wallis (1952). Use of Ranks in on Criterion Variance Analysis. *Journal of American Statistics*, 57: 583-621.

Mann, H. B. & D. R. Whitney (1947). On a Test of Whether One of Two Random Variables is Stochastically Larger than the Other. *Ann. Math Stat.*, 18: 50-60.

Morrison, Donald F. (1983). *Applied Linear Statistical Methods*, New Jersey: Englewood Cliffs. Prentice-Hall, Inc.

Newman, J. R. (1956), *The World of Mathematics*, vol.2, 1247, New York: Simon & Schuster, Inc.

Pearson, K. & A. Lee (1903). *Biometrika*, vol. 2.

Shapiro, S. S. & M. B. Wilk (1965). An Analysis of Variance Test for Normality(complete samples). *Biometrika*, 52: 591-611.

Wickham, Hadley (2009). *ggplot2, Elegant Graphics for Data Analysis*. Springer.

Wilcoxon, F. (1945). Individual Comparison by Ranking Methods, *Biometrics*, 1: 80-83.

Zurr, A. F., E. N. Ieno, H. W. Erik, & G. Meesters (2009). *A Beginner's Guide to R.* Springer.

찾아보기

ㄱ

가설 122, 124
가설검정 122, 126, 133, 140
간격척도 41
검정력 133
검정통계량 123
결과변수 39
결정계수 212
결합(동시)확률 67
계층 91
계통표본추출 91
고전선형회귀모형 210, 219
공분산 186
관측빈도 164
구간추정 110
귀납법 15
귀무가설 124
균일분산 209
그래프 그리기 18, 54
기각(영)역 129
기대빈도 164
기댓값 73
기술통계학 15
기준 227

ㄴ

내재적 변이성 202

ㄷ

다중공선성 222
다중회귀분석 219
단계적 방법 225
단순가설 125
단순무작위추출 91
단순회귀분석 200
단일봉우리형 47
단일표본 T검정 138
단측검정 130
대립가설 124
대응표본 T검정 136, 139
대푯값 46
더미변수 225
도수분포표 43
독립변수 39, 201
독립성 검정 165, 168
독립표본 T검정 136, 138
동질(동일)성 검정 165, 167
두 표본 비율 차의 분포 103

두 표본 평균 차의 분포 101
등간척도 41
등분산성 209

ㄹ

로그우도함수 110

ㅁ

명목척도 40
모수 39, 96
모수적 통계 방법 162
모집단 38
모집단의 분산 50
모집단 크기 90
모집단 회귀계수 205
모회귀함수 208

ㅂ

방향성 203
범위 48
범주 43, 227
베르누이 시행 75
베이즈 정리 68
변동 213
변동계수 51
변이성 202
보통최소자승법 206
복원추출 65
복합가설 125
분산분석 15, 151
분산허용인자 222
분포의 동질성 137
불편성 106
불편추정량 106
비모수적 통계 방법 162
비모수통계검정 162
비복원추출 65
비율척도 41
비표본오차 93
비확률표본추출 91
빈도 43

ㅅ

사건 61
사분위편차 49
사상 61
사전확률 68
사후확률 68
산술평균 46
삼봉우리형 47
상관계수 187
상대적 빈도 43
상호독립적 사상(사건) 65
상호배타적 62
서열척도 41
선행변수 39
선형 관계의 정도 200
선형회귀모형 210
설명되는 자승합 213
설명변수 201
센서스 15
수리통계학 14
수정된 결정계수 222, 223
수학적 관계 201
순위상관 191
스피어만 상관계수 191

신뢰구간 93, 110
쌍봉우리형 47

ㅇ

양적 변수 39
양적 자료 40
양측검정 130
억압 관계 190
억압변수 190
연구가설 124
연속변수 39
연속확률변수 71
연속확률분포 72
영가설 124
오른쪽꼬리 분포 48
오차 206
오차율 111
오차항 210, 211
오캄의 면도날 이론 211
왜도 51, 52
왼쪽꼬리 분포 48
우도함수 110, 207
우측검정 130
원인변수 39
윌콕슨 검정 170, 178
유의 수준 111, 133, 138
응용통계학 14
이분산 210
이산변수 39
이산확률변수 71
이산(불연속)확률분포 72
이항분포 75
일반선형 회귀모형 210
일반화 15, 38
일치성 106
일치추정량 108
임계값 128

ㅈ

자기상관 210
자료 13, 32, 37, 40, 42
자유도 50
잔차 206
잔차자승의 합 213
전방선택법 225
절대편차 49
점추정 105
정규분포 79
정규선형회귀모형 219
정보 14
제1종 오류 133
제2종 오류 133
조건부 확률 65
종 모양 114
종속변수 39, 201
좌측검정 130
주변(한계)확률 68
중심경향값 46, 48
중심극한정리 99
중앙값 47
질적 변수 39
질적 자료 40
집단 간 변량 154
집단 간 평균 변량 154
집단 내의 변량 154
집단 내 평균 변량 154
집락표본추출 92
집중경향값 48

ㅊ

첨도 51, 52
총변량 154
총자승합 213
최대 선형불편추정량 210
최빈값 47
최소분산 불편추정량 107, 221
최소자승법 110
최우도법 207
최우법 109
추론 104
추리통계학 15, 123
추정량 105, 208
추정치 105
추정치의 정밀도 109
추정치의 표준오차 212
측정오차 93, 211
층화 91
층화표본추출 91

ㅋ

켄달의 타우 191
크러스칼-왈리스 검정 170

ㅌ

통계 14
통계량 39, 96
통계 수치 13
통계 자료 14
통계적 관계 201
통계학 14
특성값 73, 96

ㅍ

판단추출 92
편상관분석 190
편의 106
편의추출 92
평균편차 49
포아송분포 78
표본 38, 90
표본공간 62
표본분산의 분포 97
표본 비율의 분포 97, 100
표본오차 93
표본의 분산 50
표본추출 90, 100
표본 크기 90
표본평균의 분포 97
표본회귀함수 208
표준오차 98, 208
표준정규분포 81
표준화 81
표준화된 변수 99
표준회귀계수 222, 224
표준회귀모형 210

ㅎ

할당추출 92
행정통계론 18
행정통계학 17
허용오차 222
허위상관관계 190
혼란변수 191

확률 60
확률교란항 210
확률밀도함수 72, 79
확률변수 70
확률분포 72
확률분포표 70
확률실험 61
확률의 곱셈 법칙 66
확률의 덧셈 법칙 63
확률적 관계 202
확률표본추출 91
확률함수 72
확정적 관계 202
회귀방정식 203
회귀분석 200
회기식의 오차항 210
회귀식의 적합도 212
효율성 106
효율적 추정량 107
후방제거법 225

α 오류 133
β오류 133
CRAN 19
*F*검정 152, 215
GPL 19
*p*값 123
Polar Diagram 16
R 콘솔 화면 24
T 검정 135
T 검정 방법 136
χ^2 검정 173
Z 검정 135
I종 오류 111

저자 소개

정건섭

- 택사스 주립대(댈러스) 도시주택 계량정책 전공
- 택사스 주립대(댈러스) 지역개발연구소(Bruton Center) 연구원
- 택사스 주립대(댈러스) 정치경제학 박사
- 인천광역시 정책연구실장
- 한서대학교 행정학과 교수
- 현재 부경대학교 행정학과 교수

[주요 논문]

- Hedonic Models of Housing Prices: A Critical Appraisal of the Assumptions The Application of the Efficient Housing Price Estimation With and/or Without Heteroskedasticity
- Chow and Wald Tests for Parameter Equality under Conditions of Heteroskedasticity
- The Regional Homogeneity in the Presence of Heteroskedasticity

김성우

- 부산대학교 경영학 석사
- 부경대학교 행정학 박사
- 부경대학교 공공정책연구소

[주요 논문]

- 서비스산업을 중심으로 한 지역경제 구조 변화에 따른 지방세 수입의 영향분석
- 사회서비스 일자리 확충이 경제 성장에 미치는 영향
- 부산의 주택 하위시장 구분 및 특성에 관한 연구
- 그랜저 인과 분석을 통한 매매와 전세시장이 주택가격 결정구조 분석
- 지방정부의 재정 능력에 따른 주민의 사회복지서비스 인식 비교연구

R Commander를 이용한

행정통계분석

펴낸날 / 제1판 제1쇄 2014년 1월 20일

지은이 / 정건섭 · 김성우

펴낸이 / 임춘환

펴낸곳 / 도서출판 대영문화사

주소 / 서울특별시 용산구 청파로 61길 5 (청파동 1가) 제일빌딩 202호

등록 / 1975년 12월 26일 제3-16호

전화 / (02)716-3883, (02)714-3062

FAX / (02)703-3839

홈페이지 / http://www.dymbook.co.kr

ISBN 978-89-7644-466-0

〔값 15,000원〕